中国软科学研究丛书

丛书主编：张来武

“十一五”国家重点图书出版规划项目
国家软科学研究计划资助出版项目

人才集聚的理论分析与实证研究

孙 健 著

科学出版社
北 京

内 容 简 介

本书将时间因素纳入模型，考察人才集聚、产业聚集和城市化进程的动态均衡问题，构建人才集聚、产业集聚和城市化的三维动态模型，系统分析影响人才集聚的初始诱因条件。在此基础上，构建SPPD的分析范式，研究不同地区人才集聚的成本－收益分析和绩效评价，探讨克服" 人才集聚陷阱" 的解决方法，得出我国人才集聚运行的内在机理；根据主导诱因条件，重构不同地区的人才集聚模式，并提出相应的发展思路和政策建议。

本书可供劳动经济学领域的研究者与学习者，以及从事人才工作的政府人员等参阅。

图书在版编目(CIP)数据

人才集聚的理论分析与实证研究/孙健著．—北京：科学出版社，2014
(中国软科学研究丛书)
ISBN 978-7-03-040116-8

Ⅰ．①人…　Ⅱ．①孙…　Ⅲ．①人才资源开发—研究—中国
Ⅳ．①C964.2

中国版本图书馆 CIP 数据核字（2014）第 045632 号

丛书策划：林　鹏　胡升华　侯俊琳
责任编辑：石　卉　程　凤/ 责任校对：宋玲玲
责任印制：徐晓晨/ 封面设计：黄华斌　陈　敬
编辑部电话：010-64035853
E-mail：houjunlin@mail. sciencep. com

科 学 出 版 社出版
北京东黄城根北街 16 号
邮政编码：100717
http://www.sciencep.com
北京厚诚则铭印刷科技有限公司 印刷
科学出版社发行　各地新华书店经销
*
2014 年 5 月第　一　版　开本：720×1000 1/16
2025 年 2 月第十次印刷　印张：12 3/4
字数：257 000
定价：75.00 元
（如有印装质量问题，我社负责调换）

“中国软科学研究丛书”编委会

总 序 PREFACE

软科学是综合运用现代各学科理论、方法，研究政治、经济、科技及社会发展中的各种复杂问题，为决策科学化、民主化服务的科学。软科学研究是以实现决策科学化和管理现代化为宗旨，以推动经济、科技、社会的持续协调发展为目标，针对决策和管理实践中提出的复杂性、系统性课题，综合运用自然科学、社会科学和工程技术的多门类多学科知识，运用定性和定量相结合的系统分析和论证手段，进行的一种跨学科、多层次的科研活动。

1986年7月，全国软科学研究工作座谈会首次在北京召开，开启了我国软科学勃兴的动力阀门。从此，中国软科学积极参与到改革开放和现代化建设的大潮之中。为加强对软科学研究的指导，国家于1988年和1994年分别成立国家软科学指导委员会和中国软科学研究会。随后，国家软科学研究计划正式启动，对软科学事业的稳定发展发挥了重要的作用。

20多年来，我国软科学事业发展紧紧围绕重大决策问题，开展了多学科、多领域、多层次的研究工作，取得了一大批优秀成果。京九铁路、三峡工程、南水北调、青藏铁路乃至国家中长期科学和技术发展规划战略研究，软科学都功不可没。从总体上看，我国软科学研究已经进入各级政府的决策中，成为决策和政策制定的重要依据，发挥了战略性、前瞻性的作用，为解决经济社会发展的重大决策问题作出了重要贡献，为科学把握宏观形势、明确发展战略方向发挥了重要作用。

20 多年来，我国软科学事业凝聚优秀人才，形成了一支具有一定实力、知识结构较为合理、学科体系比较完整的优秀研究队伍。据不完全统计，目前我国已有软科学研究机构2000 多家，研究人员近4 万人，每年开展软科学研究项目1 万多项。

为了进一步发挥国家软科学研究计划在我国软科学事业发展中的导向作用，促进软科学研究成果的推广应用，科学技术部决定从2007年起，在国家软科学研究计划框架下启动软科学优秀研究成果出版资助工作，形成“中国软科学研究丛书”。

“中国软科学研究丛书”因其良好的学术价值和社会价值，已被列入国家新闻出版总署“‘十一五’国家重点图书出版规划项目”。我希望并相信，丛书出版对于软科学研究优秀成果的推广应用将起到很大的推动作用，对于提升软科学研究的社会影响力、促进软科学事业的蓬勃发展意义重大。

科技部副部长

2008 年 12 月

前言 FOREWORD

在经济全球化和区域经济一体化深入发展的背景下，国家及区域间竞争的一个突出表现就是人才的竞争。全球化的科技与经济竞争归根到底是人才尤其是关键人才的竞争，这表明人才已成为决定组织命运的稀缺性战略资源。很多国家的地方政府通过制定鼓励性政策，吸引大批优秀人才以促进地方经济的发展。

在市场经济条件下，人才资源的流动是人才为实现自身价值增值而进行的市场投资和运作，从而实现人才自身价值的最大化。人才集聚是人才流动过程中的一种特殊行为，指人才受某种因素影响，从各个不同的区域（或企业）流向某一特定区域（或企业）的过程。人才集聚不仅可以实现人才自身的价值，而且还会产生集聚效应，使集聚地获得先行发展的机会，促进其社会、科技、经济等方面持续高效发展。因此，人才集聚引起了学术界、政府、企业及有关部门的广泛关注。

本书正是在这种背景下，以人才集聚为研究对象，综合运用新国际贸易理论、新地理经济学、劳动经济学等相关理论和方法，系统地分析人才集聚与产业集聚、城市化进程间的三维动态关系及影响人才集聚的初始诱因条件；在此基础上，构建出 SPPD（situation，patterns of HR’s convergency，performance，dominant inducement）分析范式，然后用该范式对我国不同地区人才集聚模式进行实证研究，得出我国人才集聚运行的内在机制；根据主导诱因条件，重构不同地区的人才集聚模式，并提出相应的发展思路和政策建议。

本书在分析过程中将时间因素纳入模型，考察人才集聚、产业聚集和城市化进程的动态均衡问题（统筹发展），均衡点的存在性、稳定性及均衡路径问题，构建人才集聚、产业集聚和城市化的三维动态模型。在此基础上，本书研究不同地区的人才集聚模式，进行成本-收益分析、绩效评价，提出克服“人才集聚陷阱”的对策建议，从而构建出人才集聚问题的理论框架。

本书内容沿着从理论研究到实证研究的脉络展开。首先，对有关人才集聚的理论进行总结，对人才流动、人才集聚的规律进行分析；其次，研究人力资本、人才集聚对经济发展的意义，从实证的角度对人才集聚的重要性进行客观的阐述；再次，对SPPD分析范式的分析与阐述是本书的一个重点，通过构建理论模型及进行实证分析，对有关人才集聚、产业集聚及城市化的内在关系进行全面的分析，从而使得SPPD分析范式具有较好的解释和分析能力；最后依次对人才集聚的诱因、人才集聚的环境建设及人才集聚模式进行分析，并对如何促进人才集聚的实现提出相关的政策建议，从而使得SPPD分析范式在人才集聚方面的研究更为全面，更具有现实意义。

本书对人才集聚问题的研究还涉及农村发达地区。在建设社会主义新农村的大背景下，农村地区的发展与人才集聚也存在着密切的关系，因此本书在加强人才集聚理论研究的同时，也以农村发达地区作为切入点对人才集聚问题进行了相关的实证研究。通过研究，不仅丰富了人才集聚的理论体系，而且对如何更有效地实施人才集聚、如何通过人才集聚来促进农村地区经济的发展都提供了可借鉴的思路，从而使人才集聚问题在理论上和实践上都获得了新的突破。

当前，企业作为市场经济的微观运营主体，吸引集聚人才对提升企业竞争力具有积极意义，因此本书还对企业如何集聚人才进行了研究。当前我国企业的人才状况相对于国外企业来说仍然有差距，这有多方面的原因，本书对这些原因进行了分析并提出了有针对性的建议；同时，本书还选取华为技术有限公司（简称华为）的人才集聚机制作为案例进行研究，期望能够在人才集聚问题上对前述的理论分析作一个有益的补充。

孙　健

2013年12月20日

目录 CONTENTS

第一章 绪 论

第一节 人才集聚概述

一 人才

人才一词是《诗经》最早提出的。随着我国改革开放的进行，人才这个宽领域、多序列、多层次的概念，随着时代的发展具有不同的内涵。国际国内有关学者对人才的定义与界定也不尽相同。

王康、王通讯在《人才知识手册》中将人才表述为“在一定社会条件下，能以其创造性劳动，对社会发展、人类进步做出较大贡献的人。人才是人群中比较精华、先进的部分”。叶忠海等在《人才学概论》中认为“人才，是指那些在各种实践活动中，具有一定的专门知识，较高的技术和能力，能够以自己的创造性劳动，对认识、改造自然和社会，对人类进步做出了某些较大贡献的人”。《管理人才现代化手册》将人才定义为：“凡是具有一技之长，并自觉对社会尽职尽责，为人民服务，在四化建设的岗位上做出贡献的人都是人才。”也有人把“有才识学问的人、精明强干的人，能为社会发展和人类进步进行创造性劳动并在某一领域或某项工作中做出较大贡献的人”称为人才。

综合上述观点，人才包含三层含义：首先，它是相对性概念，相对于一般人而言；其次，它是阶段性概念，不同时期有不同标准；最后，它是层次性概念，从类别上可分为科技人才、管理人才、艺术人才等，从水平上可分为高级人才、中级人才和初级人才，从表现形式可分为显性人才和隐性人才等。

本书认为，人才是指那些具有专门的知识和技能，对社会进步和经济发展做出一定贡献的特殊群体。具体来说，人才是指具有中专以上学历的人员、具有初级以上专业技术职称的人员或在专业技术岗位上工作的人员，这是人力资源和社会保障部的人才统计口径，它涵盖了人才群体的绝大部分，而且具有确定性、可比性和可操作性，因而本书也使用该口径意义上的人才。

（一）人才的属性

1. 再生性

人才的基本特点是可以再生，也就是说，人才能够通过自然补偿和更新，达到持续开发和利用的目的，以至于在相当长一段时间内得到不断提高和发展。

2. 能动性

在再生产过程中，自然资源只作为开发利用的对象和客体，而人才资源不仅是开发的对象和客体，而且也是开发的动力和主体。人才资源的开发和利用，是通过自身有目的的活动来完成的。

3. 社会性

人才资源的发展变化是人类自身再生产发展变化的直接结果，社会的经济条件对人才资源的再生产具有决定性作用。

4. 流动性

流动性是人才资源的重要属性。俗话说“人往高处走”，意味着人们希望去追求收入的增长、生活的美好、工作的舒适、环境的优雅等，但是，人各有志，也并不是千篇一律的。

（二）人才的特点

人才同样具有一般人力资源的特点，但其自身突出的特性更应引起社会组织的重视。

1. 高智能性

智能的高低是先天赋予和后天继承共同作用的结果。在变幻复杂的当今社会，在知识爆炸的信息经济时代，后天继承能力对智能的提高更加重要。

2. 高创新性

人才的高层次不仅应表现在较好的继承性上，更应表现在较高的悟性上，即在对已有知识与技能的吸收、消化、提高、再创造等方面独具慧眼，这是人才高层次的突出特征。

3. 强事业性

人才之所以鹤立鸡群，主要是因为他们在事业上孜孜以求、不断进取。极强的事业心是人才的立身之本。

4. 强责任性

极为突出的成就来源于对自身、对事业、对组织、对社会的极强的责任感。这种责任感是人才学习、工作、生活的动力。对于人才来讲，生命不息，动力不止。

5. 高稀缺性

各种学科、技能领先人物的卓尔不群是因为大多数人还未能够达到他们的水平。因此人才的稀缺是客观存在的事实。

6. 高动态性

人才的高动态性体现在两个方面：一是学科、技能方面，二是行为方式方面。前者是由于科技发展日新月异，高层次人才本身的学识、技能高低变化不一；后者是由于人才的高稀缺性引起各类组织的争夺，这造成他们学习、工作、生活场所与方式的变动。

二 人才流动

人才流动是指人才在职业间、产业间和地区间的移动。人才流动是市场经济发展的客观要求和必需条件，是调节人才需求与供给、充分发挥人才效益的重要机制。帕拉斯在《西方工业组织》中定义，广义的人才流动，是指人才从一种工作状态到另一种工作状态的变化，工作状态可以根据工作的岗位、工作的地点、职业的性质、服务的对象及其性质等因素来确定。进一步说，人才流动是指使人才流通起来，即人才的任用要随时按照人才、岗位的要求及其他客观环境的变化不断进行调整，使人才队伍在流动中不断得到调整、优化。只有实行人才的动态管理，才能使人才的培养、选拔和使用取得最佳效果。

劳动经济学理论认为，当预期收益大于流动所需要的心理成本和货币成本时，人的流动就会发生。从根本上说，人才流动的过程就是个人价值进一步实现和不断升值的过程，在其他条件相同或相似的情况下，如果一个国家、地区、行业更加尊重人的价值，鼓励个人发展，就更能吸引人才。如果一个国家、地区能够持久、稳定地保持对人才价值的尊重，那么，这个国家和地方的人才汇集机制就会形成（林双泉，2004）。

（一）人才流动的特点

1. 人力资源流向高科技产品市场

人才，特别是高科技人才，是高技术含量、高“附加值”的人力资本、作为一种生产要素、一种资本离不开市场。作为一种能动的生产要素及资本，其会主动寻求高科技产品市场，只有高科技产品市场才能聚集高科技人才。当一个国家（或地区）尚没有形成高科技产品市场时，这个国家（或地区）不可能吸引高科技人才。

2. 人力资源流向研究与开发水平高的地方

人才绝大部分从事研究和开发工作，同样研究和开发工作也培育了人才。人才需要良好的科研环境和条件，研究与开发的投入和教育经费的投入是形成人力资源凝聚力的重要环节。研究与开发经费和教育经费的绝对额及其占国民生产总值比重高的国家（或地区）也是人力资源相对集中和聚集的国家（或地区）。

3. 人才流向适合自己创业的地方

人才特别是高科技人才需要创造事业的空间，需要研发的自由度。在薪酬水平一定的情况下，高科技人才更希望有事业发展的空间。高科技人才创业需要两个利器：一是孵化器，二是风险投资。孵化器是高新技术的孕育者和加速器，为高科技人才创办企业构筑良好的创业基础和创业环境。风险投资是高新技术企业的稳产婆和催化剂，以风险资本方式培育企业。美国的“硅谷”具有这两个利器。硅谷聚集了世界上最优秀的创业人才，拥有最丰富的人力资源，是世界上人才密度最高的地方。因此，美国的“硅谷”成为高新技术成长和发展的圣地，也是高科技人才向往的地方。

4. 人才流向能体现自身价值的地方

人才有价：一是指人才劳动力的薪酬价值（人才劳动力价值的货币表现）；二是指人才的社会价值，人才对社会的贡献及在社会中的地位；三是指人才自我价值的实现；四是指人才发挥能量的财富基础。人才价值的实现必须以国家财力为基础。一个国家要成为人力资源的会聚地，提高国家的综合实力是关键所在。同理，一个地区、一个企业要吸引高科技人才也要以自己的“财力”作为后盾，包括无形资产和有形资产，特别是无形资产。人力资源与财富的这种相互依存的关系，决定了财富是聚集人才的条件。反过来，人力资源的聚集也使财富急剧增加，其中包括社会财富和个人财富。

5. 人才资源流向具有“马太效应”

在全球或一个国家范围内，资金总是流向资本丰富的地方，一个地方资本越丰富，越能聚集资金，而一个贫穷的地方却很难筹集到资金，这就是经济学中的“马太效应”。人力资源的流动也明显表现出“马太效应”。人力资源作为最重要的生产要素，是拥有大量知识、技能的人力资本，因此，人力资源也具有资本的基本属性。一个国家或一个企业人力资源越丰富，越能吸引并聚集人才，人才总是能动地向人力资源丰富的地方流动。

（二）人才流动的相关分析

1. 人才流动的基础——竞争就业的体制

人才流动这种现象的存在与一个社会的市场经济、双向选择、竞争就业的体制有关。如果没有这种体制，人才的流动努力就是一种盲目的、一相情愿的、难以实现的意愿，而不是现实的制度化行为。

在市场经济体制下，人才这种经济要素的“买方”与“卖方”通过市场相联结，自由选择、自由竞价，没有人为的干预，是在双方认可的情况下实现用人单位的工资成本与个人的预期劳动报酬的交换，达到双向选择的目的。这种就业方式最主要的优点是保证了用人单位与个人以最优状态完成资源的配置。

在双向选择的条件下，用人单位基于自己对市场的预测和预期利润的追求，决定所要购买的人才要素的数量、质量与类别。由于各种因素（如宏观上的经济衰退、中观上的行业市场萎缩、微观上的管理不善或员工老化等），企业出现了经济效益下降，用人单位就要采取各种措施改变既有的资源配置，辞退或更换人员，从而造成员工的流动、失业和更替。

从一般意义上说，求职者凭借自己的能力在人才市场上寻找工作，参与就业竞争，最后被某个用人单位录用。可以说，市场经济是唯才是举的体制，能力较强的人才在与其他求职者的就业竞争中，在与用人单位的工作竞价中，占据明显的优势。个人的充分择业权，使得人才要素的高流动具备了客观条件。

2. 人才流动的决策——个人的成本效益

对于每一个再次寻找工作的人来说，都要进行流动成本与收益的价值衡量与比较，这就是人的经济决策行为。

职业流动的成本，可分为用货币计量的经济成本和不能用货币计量的非经济成本。经济成本包括寻找工作而支出的各项费用、参加有关培训的成本、流动期间的衣食住行等生活成本等。非经济成本包括所放弃的原单位收入、所丢掉的可能发展机会、离开熟悉环境与人群的心理成本等。

职业流动的收益，可分为四个部分：①货币性收益，即在新职业岗位所获得的货币收入；②技能性收益，指在新职业中获得的工作技能及各种有关的知识；③机会性收益，即个人在新职业和新单位的发展机会；④文化性收益，指在新工作氛围中所获得的文化和其他的社会生活知识。

当一个人准备流动并具备能够找到新职业的条件时，要对“流动”和“维持现状”两种情况进行比较，权衡利弊，从而判断流动以后对个人生涯的发展究竟有什么益处，有多大益处，最后做出流动与否的判断和决策。

在对“流动”和“维持现状”两种情况进行比较并做出决策时，还应当注意，这种选择一定要符合自己的职业价值观，并且要再一次做出“流动”和“维持现状”两条路的未来前景甚至是终身生涯的预测比较，还要再一次验证将要流入单位的现实性。

在一个人成功地进行了人才流动后，自身的人力资本往往会在运动中获得增值，即“跳槽”者的薪金可能逐渐提高。而新的单位之所以能够付给其较高的工资，是因为个人所得到的工资就是企业的人工成本，新单位通过使用人才而创造更多的价值，取得更高的效益，同时，通过企业产品的销售，人才也为社会增加了有用的产品和劳务，即增加了社会价值。

3. 人才流动的文化——不同的管理模式分析

市场经济体制不仅有着上述“双向选择”的一般性内容，在具有不同文化的国家，也有着很大的差异。这里就美国、日本两种代表性文化和流动现象进行分析。

美国是典型的市场经济国家，其管理的基本宗旨是客观主义和能力主义。美国的企业文化与其创业、拼搏、竞争的“西部精神”有着密切的联系。一般来说，美国的企业管理注重最终结果，即“业绩至上”。这在人力资源管理方面会导致“唯才是举”的用人观，促使用人单位加强对员工的选拔和淘汰。这是西方国家人才高流动性的需求方经济动因。美国文化讲求个性、讲求自我的个体主义特征，使美国人注重工作生活质量，注重自身的发展，注重自身的价值实现，促使人才努力寻找更加适合自身的职业。这是西方国家人才高流动性的供给方心理动因。加之，西方国家经济水平较高、新就业机会较多、社会福利也较高，这就使得人才在流动方面有着切实的保障。

在东方市场经济国家日本，其管理的基本宗旨是亲和关系和团体主义。这与其东方民族文化及教育中的“忠诚”、“规矩”、“感情”、“传统”有着密切的联系。而日本的企业文化，是以所有者为中心的“家族主义”，这实际上是在市场竞争的体制环境中形成的“人际关系共同体”，是具有强有力的竞争性团队组织的文化。在日本，“终身雇佣制”、“年功序列工资”和“家族主义”成为其经济成长的三大神器。与高度自由竞争的美国相比，日本的人才流动水平自然就低得多。

管理文化对人的流动有重大影响。据美国麻省理工学院院长瑟罗的分析，20世纪90年代，美国的企业劳动力月流动率为4%，日本的年流动率仅为3.5%，二者相差10多倍。应当指出，不能一般性地判断哪一种文化好、哪一种文化坏，每一种文化都有其优缺点，关键看它们对社会生活的适应程度和促进作用如何。应当指出，东西方的管理，都在有意识和无意识地学习对方的长处。从美国的情况看，20世纪30年代组织管理中的“行为科学”，第二次世界大战后的“人民资本主义”和“分享经济”，现代管理的“职业生涯设计”、“员工持股计划”、“团队精神”，以及部分大企业（如IBM）的“终身雇佣制”，都越来越体现出东方的亲和关系的思想。从日本的情况看，“终身雇佣制”的减少、业绩考核的强化和近年失业的增加，则体现了西方的竞争、客观评价、契约关系和能力主义的文化。但从总体发展趋势上判断，西方国家人才的高流动性反映了经济的活力（姚裕群，2000）。

（三）人才流动的规律

1. 经济利益驱动规律

物质资料基础是人类生存发展的必需条件，也是人才流动的基本动力因素。

在人类走出自然的必然王国之前，经济利益驱动机制会长期统治着劳动力的流动。改革开放和市场经济体制的实施，打开了禁锢我国人才流动的枷锁，理想、信念、觉悟虽然可以作为意识对物质起反作用，从而影响人才流动的趋势、方向，但是从总体来看，社会不能超越自身发展的生产力水平和生产关系阶段而提出对全体成员认识的高度要求。当然，不可否认，理想、信念、觉悟仍然在很多人身上发挥着作用。

2. 自由需要规律

自由一直是人类追求的最高目标，广义的人类自由包括人对自然和对社会的自由两大方面。虽然自由的内容分为多个层次，其发展也是一个漫长的过程，但追求对自身的思想、行为的自由支配权利，一直是人类，特别是高级人才决定自己流动方向的内在要求。正如马克思所言，资本主义的发展内在地要求劳动力的自由流动，“大工业的本质决定了劳动的交换、职能的变动和工人的流动性”。正是生产力发展的内在要求和社会体制决定了人才的流动方向。

3. 结合应变规律

所谓结合应变规律，是指人与事结合一直存在着相互制约、相互促进的规律性。20 世纪后半期以来，随着科学技术的发展，社会逐步进入信息时代。近十几年的发展证明，信息社会将为人类创造更多的脑体结合运用的条件与手段。脑体结合运用的实现、先进科学手段的引入，将使人类社会生产、生活方式、思维方式、价值观念，甚至社会组织结构发生深刻的变化。人与事结合这种人类历史发展的基本形式及其由低级向高级运动的事实告诉我们，人才资源开发的最佳效果，应取决于人才与事、人才与组织结合的最佳性（即科学性、先进性），如果我们能够清醒地认识这一规律，并把握这种规律，我们就能在人才流动、人才资源开发中做出正确的决策，获得开发的最佳效益。

三 人才集聚

人才是一种特殊的经济要素，它在物理空间或逻辑空间上的集中会导致人才聚集现象。所谓的人才聚集现象是指在一定的时间内，随着人才的流动，大量同类型或相关人才按照一定的联系，在某一地区（物理空间）或某一行业（虚拟空间）所形成的聚类现象。人才集聚有利于生产要素的优化配置和社会生产力的发展，不仅可以实现人才自身的价值，而且还会产生集聚效应，使集聚地获得先行发展的机会，加速创新和进步，促进经济社会持续高效地发展。因此，人才集聚引起了学术界、政府、企业界的广泛关注。

（一）人才集聚的效应

人才聚集现象是人才在流动过程中产生的，也是区域社会经济发展不平衡的产物。它不仅对区域经济社会的发展具有正面作用，在某些条件下也会产生负面效应，因此，需要对人才集聚效应进行全方位的分析，以便趋利避害。

1. 人才集聚的正面效应

（1）正反馈效应。人才集聚可以使集聚地优先得到发展。发达地区的城市凭借区位优势和雄厚实力，再加上一些招揽人才的灵活政策，吸引了许多高层次人才，形成了高层次人才的集聚现象，因而得到高速度和高质量的发展。在知识经济社会，可以说哪里最先得到优秀人才，哪里最先得到发展，而且人才集聚形成与集聚地的发展可以形成一个增强回路，进一步加速集聚地的发展。一个区域构建或拥有了吸引高层次人才的环境与条件，就会引来一部分人才，从而形成人才集聚。人才集聚的形成会使集聚地优先得到发展，而集聚地发展了，各方面的实力都会提高，吸引高层次人才的环境与条件就会更加优越，就会有更多的人才流向这里，人才集聚规模就会更大，集聚地也就发展更快，循环下去，形成一个增强回路，产生正反馈效应。

（2）引力场效应。根据牛顿的万有引力定律，整个宇宙的任意两个物体之间都有引力存在着。这一定律不仅适用于解释自然现象，而且同样适用于解释人类社会的某些现象，所不同的是人类之间的引力是主动的、有选择性的。达到一定规模的高层次人才与他们所创造的物质财富和精神财富集聚在一起形成一个引力中心，吸引更多的人才加入这个中心，创造出更多的物质财富和精神文明，这就是人才集聚的引力场效应。

（3）群体效应。在自然界中，有一种物理现象，即当两个或两个以上的原子聚合在一起时，便会释放出一种新的能量，这种新产生的能量比原来大许多倍。借用这一现象来看人才集聚，发现人才集聚产生的能量，比单个人才能量的简单相加要大得多，即产生群体效应，也就是“1＋1＞2”的效果。单个人才是无法充分发挥其作用的，把高层次人才集聚在一起，通过群体内部的有效机制，可以实现知识和技能的互补、替代，集思广益，激发创造力和积极性，开发出新的技术和成果，充分发挥高层次人才的作用，最大化体现高层次人才的价值，促进集聚地区发展目标的实现。

（4）联动效应。高层次人才的集聚必然带来竞争。竞争使人才始终有危机感，会不断激发人才不断学习、终身学习的欲望，并增强创新意识，通过有效的组织和引导，使集聚地高层次人才的水平都得到进一步提高，真正实现高层次人才的高价值，产生联动效应。另外，当今是科技快速发展的信息知识经济时代，面对知识经济的挑战和经济全球化的发展，高层次人才在面临机遇的同时也面临巨大的挑战，适度的危机感会促使高层次人才的知识更新加速，提高适应性和应变性，迈向更高层次。

2. 人才集聚的负面效应

人才自由流动还会导致另一方面的负面效应，就是用人单位对人才培养的投入缺乏积极性。低位势地区和单位由于引进人才困难，需要自己培养人才，然而培养成才的人，往往是翅膀长硬了，路子摸清了，就要飞走了，培养的结果是“为他人作嫁衣”，实在不划算。对欠发达地区，以及艰苦行业、单位，国家在引进和培养人才方面所给予的巨大投入，由于人才流失而实际上转移到别处，已成为投入产出效益上的严重问题。高位势地区和单位培养的人才固然要稳定得多，但是可以轻易引进现成的人才，而且立即就能派上用场，也可能使这些单位认为犯不着花更大的气力和更多的投入去培养人才。如果真是发展到谁都不愿意在人才培养上投资，那么人才匮乏的受害者最终可能是所有地区和单位。

（二）人才集聚环境

1. 概念阐释

人才环境是一个由多因素、多层次、多环节构成的复杂系统，不同的学者对这一概念有着不同的解释。李玉平（2003）认为，人才环境具体指直接或间接影响人才能力的培养和发挥的各种外在条件和环境的总和，包括硬环境、软环境、文化环境。其中硬环境指影响人力资源能力发挥的物理结构和设施，包括基础设施、住房环境、生态环境。第一，良好基础设施是经济发展的基本保证，是影响人力资源流动和人才发挥作用的主要因素，包括道路建设、通信与信息网络设施。第二，安居方能乐业，人才居住环境历来是决定人才流向的首要因素之一，住房条件的好坏直接决定人才集聚地对人才的吸引力。第三，经济、社会发展的同时，越来越多的人开始重视生态环境的质量，“全民环保”的意识正在逐渐增强，良好的生态环境开始成为一个国家、一个地区争夺人才的核心竞争力之一。软环境指的是市场化的服务体系和包括政策法规、政府行为在内的制度体系。第一，宽松政策环境为集聚地的发展巩固人才基础，并构筑起人才高地。第二，人才市场配置机制。市场是资源配置最有效的手段，市场机制在人力资源配置中发挥作用的程度直接影响人力资源的利用效率。第三，包括教育、医疗、文化、娱乐在内的社会配套环境。优秀的人文环境是集聚地持久发展的精神源泉。硅谷成功的重要因素之一在于它所具有的以高新技术为核心的创业文化特质。

张志刚（2001）则提出，人才环境是指与人才的成长发展密切相关的各种物质条件和精神条件的总和。其内容细分起来有以下几个层面。一是生态环境，包括气候、河流山川、海滨绿地、城市建筑等。二是经济环境，包括经济发展水平、经济收入和物质供应等。三是政治环境，如党政机关的办事效率、党风政风、社会风气等。四是人居环境，如住房条件、服务设施、文化娱乐设施等。五是舆论环境，包括大众传媒的水平、人际关系状况、群团的氛围等。六是工作环境，包括办公条件、科研条件、写作条件、资料条件等。七是国际形势，包括国家关系、域外文化和社会思潮等。环境这几方面相互影响、相互渗透，构成了影响人才成长的外在因素和空间条件。

解读人才环境应该顺着人与人、人与社会及社会与社会这条脉络，按照系统论相关性原理进行。在此基础上，朱达明（2001）将人才环境分为自然地理环境、社会人文环境和国际环境三方面（图 1-1）。

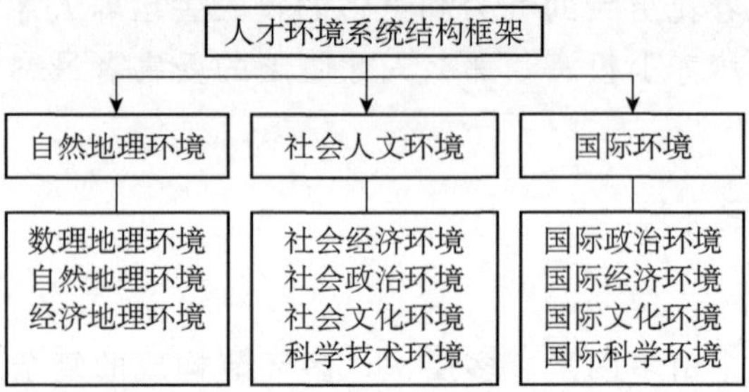

图 1-1　人才环境构成图

2. 环境对人才集聚的意义

美国著名的心理学家勒温认为，个人的能力和条件，以及其所处的环境直接影响个人绩效。人是社会存在物，必然要受到其所处的生存条件、学习工作条件、领导作风、人际关系、专业对口等组织环境条件的重要影响。一般而言，个人对环境的抵御和影响力是十分有限的，而环境对于个人却有着某种决定性的影响。因此，人才环境建设，对人才特别是高科技人才的吸引、开发和创新起着至关重要的作用。

（1）有利于在国际竞争中吸引高科技人才。进入 21 世纪，经济全球化速度加快，经济增长要素在市场法则驱动下进行全球性流动和组合，超越国界的统一大市场形成，使资本、信息、技术、商品和服务全球流动。经济全球化把所有国家都卷入了竞争，竞争已由自然资源竞争转向“专业化人力资本”占有的竞争。人力资本特别是专业化人力资本成为 21 世纪最重要、最稀缺的资本。因此，各国之间的竞争，主要是人力资本的竞争，未来国与国之间的贫富差距，也是拥有专业化人力资本的差距。经济全球化使得要素流动的各种障碍减少，使之得到更有效的利用，进而提高全社会劳动生产率。经济全球化，人力资本竞争与流动国际化，人力资本流动的范围拓宽、选择空间加大，使人力资本的全球配置成为知识经济时代的基本特征。在经济全球化背景下，人力资本流动全球化是必然的趋势。西方发达国家凭借雄厚的经济实力，放宽各种限制，在全球范围内广泛吸纳专业化人力资本，从而成为人力资本流动全球化的最大受益者。美国不仅有发达的教育体系，能够对人力资本进行积累和使用，而且还运用种种优惠手段，从世界各国引入一流的专业化人力资本，从而奠定了其经济、科技始终处于世界领先地位的坚实基础。面对这种差距，我们只有正视知识经济背景下人才流动的规律，不断优化人才环境，创造出比发达国家更有利的条件，才能在国际人才竞争中吸引人才。

（2）有利于加大人才资源开发的力度。知识经济是一种以人才资源为依托、以高科技产业和智力为支柱的一种全新的经济形态，人才资源的深度开发已经成为解放和发展生产力、推动社会进步的主要环节。1995 年，诺贝尔经济学奖获得者卢卡斯指出：现实经济是以不完全竞争为条件的，因而规模收益随着人力资本的积累而递增，产业化的人力资本不仅能使自身的收益递增（即水平效应），而且使经济增长动态化、长期化。在开放经济条件下，各国间人力资本禀赋的差异通过国际贸易可能得到强化，并形成专业化生产，从而更有助于人力资本禀赋较富裕的国家的经济增长。结果，各国的经济发展不仅存在差异，而且这种差异还有可能进一步扩大。人力资本的投资开发与人力资本的利用中间有人力资本配置这一环节。人力资本配置不当将会导致人力资本供求失衡，从而阻碍人力资本效率的发挥，造成人力资本的浪费，而人力资本能否合理配置与其配置机制密切相关。人力资本自由流动、自主择业是实现人力资本市场化配置的前提，为此必须重新确立人力资本供给者的主体地位，实现供给主体个人化。其中最关键的是要转变传统的观念，承认人力资本归劳动者个人所有，打破人力资本归国家或部门、单位所有的局面，使其在全国范围内自由流动，对妨碍人力资本自由流动、自主择业的传统体制进行改革与创新。

（3）有利于推动科技人才的技术创新。技术创新的目的是增强我国经济和科技实力，实现科技成果的产业化是一个基本途径，加强创新人才队伍的建设是基本保证。集聚区内人才环境建设，有利于这三个问题的综合解决，它的作用在中外人才集聚区的发展中也得到验证。美国学者所说的硅谷精神，实质上指的是硅谷的创新精神和良好人才环境造就出的硅谷人的新思想、新观念和思维方式。正因为如此，硅谷现在不仅仅是一个地域概念而且是一种文化概念、一种生活方式。

（三）人才集聚对经济发展作用的分析

人才集聚不仅能使人才价值得以实现，而且还能带来集聚效应，产生“1＋1＞2”的效果。集聚效应作为一种经济现象，同区域经济的发展有直接关系。伴随着工业化的进程，人类的经济活动总要在特定区域大量聚集，区域之间总是在不断地进行着物质、能量、人员和信息的交换，把各个城市在空间上结合为具有一定结构和功能的有机整体。正是由于人流、物流、货币流和信息流等空间相互作用，城市与城市之间、城市与区域之间，以及区域之间或各种不同的经济实体之间的经济和社会活动相互关联，构成不同层次和总体规模庞大的城市群空间经济系统，系统内各个城镇通过产业的协调分工，生产要素自由流动和高密度基础设施的密切联系，构成具有竞争力的区域整体。美国斯坦福大学成功的主要原因是该校集聚了大批极优秀人才，该校历史上共有20多位诺贝尔奖获得者。美国加利福尼亚州的硅谷，集中了全美90%的超大规模集成电路公司，40%的全美合资企业资金，以及相当数量来自斯坦福大学的优秀人才。人才集聚对促进区域经济的发展至少起以下几方面的作用。

1. 人才集聚可以有效地降低交易成本

劳动力市场搜寻理论认为，由于人们的信息有限，人们在搜寻工作的过程中，需要付出一定的搜寻成本。影响搜寻成本大小的因素很多，其中两个最重要因素是搜寻的密度和广度，随着搜寻密度和广度的增加，搜寻成本也逐渐增加。同时，随着分工的深化和技术的专业化，人力资本的资产专用性增强，人们的职业搜寻成本也呈上升趋势。同一产业或相关产业的人才集聚在一起，如同形成了一个专门的劳动力市场，市场中就业信息丰富，这不仅大大减小了人才搜寻就业岗位的密度和广度，降低了搜寻成本，同时也意味着更多的机会和较低的流动风险，人才为此所付出交易成本也大为降低。

同时，在集聚区内，人与人之间的合作往往基于共同的社会文化背景和共同的价值观念。人与人之间的信任度较高，地方社会网络的形成与发展拥有良好的信任基础。若从交易效率来看，地方社会网络显然有利于成员之间的合作与彼此信任，从而促使交易双方很快达成并履行合约，地方社会网络还可以节省企业搜索市场信息的时间与成本。基于地方社会网络信任基础上的交易或合作，有利于提高交易效率，节约交易成本。因此，美国硅谷的迅猛发展与产业竞争优势的获得与人们之间形成稠密的社会关系网络密切关联。

2. 人才集聚推动了人与人之间竞争与协作

集聚加剧了竞争，而竞争是增进个人能力的重要因素。大量优秀的人才同居一地，使得个人绩效评价的尺度明确，也为个人带来了竞争的压力。业绩好的个人能够从中获得成功的荣誉，而业绩差的甚至平庸的个人会因此感受到压力。这种压力，使得个体努力学习，从而使自身人力资本不断增值。人才集聚在一起虽然加剧了竞争，但竞争并不排斥合作。竞争并不仅仅表现为在市场上的争夺，而更多地表现为追求卓越的心理压力。在不断出现的技术创新过程中，没有一个人能够独立地完成一件产品的研究与开发，同时，个人要应付复杂多变的外部环境，也必须与其他人结成伙伴，共同解决问题。与竞争的同行相互交流合作，共同分享本行业的知识与信息，不仅是可能的，而且是十分必要的。当代的技术创新是一种社会过程，需要企业既竞争又合作的特殊文化氛围。在商业竞争中与对手分享信息和成果，似乎不可思议，但在实际中知识共享对于不断创新的人来说极为重要。因为他们会争取主动赢得时间，以攻为守获得成功。在硅谷，竞争者之间经常相互交流，讨论技术问题。这是硅谷地区文化的一个主要方面。在硅谷人看来，在一个技术飞速发展的时代，与其保守技术秘密，不如相互交流迅速取得技术创新上的竞争优势。

3. 人才集聚对促进创新活动具有积极意义

人才集聚对促进创新活动的意义主要表现在知识、信息的快速流动方面。在集聚区内，人才作为高度专业化技能和知识的载体在地理上的集中，能产生较强的知识与信息累积效应，为集聚区提供实现创新的重要来源及所需的物质基础，这在加强集聚区持续创新能力方面起着关键作用。虽然说现代通信技术及交通条件使得全球范围的沟通和来往比以往更为快捷，但在技术开发及解决问题过程中，面对面的接触交流更为重要，它与打电话、发邮件、乘飞机有着本质上的区别。一般而言，隐含经验类知识主要蕴藏在人们（尤其是专家、工程师和技术工人）的大脑之中，很难用语言表达，个人属性较强。人才在地理上的接近，便于人们通过人员流动与私人交流等形式建立稳定和持续的关系，为隐含经验类知识的准确传递与扩散提供基础条件，从而有利于加快创新速度。

（四）人才集聚及其形成原因

资本是能够增值的价值，人既然是一种资本，就具有资本的一般属性，即增加自身价值。所以，“人力资本，即人力形态的资本，是通过对人力投资而形成的凝结在人体中的能使价值迅速增值的知识、体力和技能的存量总和”（王乾亮，1998）。人力资本的不断投资与不断增值的过程就是人力资本积累。通过人力资本积累不断增大的人力资本存量就是人力资本积聚。如果人力资本积累是人力资本积聚的动态过程，那么，人力资本积聚则是人力资本积累的静态产物。如果对人力投资不能增加其价值，也就构不成人力资本。因此，人力资本积累的实质就是投资主体使被投资者的自我价值不断实现增值和再增值，人力资本投资越多，人力资本存量越大。由于人力资本具有各种形式，所以人力资本投资也相应地具有不同的形式。人力资源也好，物质资源也好，其合理的配置都不是一个一次性的静态过程，而是一个不断被调整和重新配置的动态过程。所谓人力迁移投资，就是指通过花费一定的成本实现人口与劳动力在地域或产业间的迁移与流动，变更就业机会，以便更好地满足自身的偏好，创造更高的收入。由于人口与劳动力的迁移改善了人力资源配置的效率，提高了劳动力的质量与竞技状态，所以也属于一种重要的人力投资形式。社会上已经积存和正在生成的分散的人力资本通过流动向某一特定区域集中，从而形成较大的群体人力资本。我们可将这一过程看做是人力资本的集聚。资源集聚是实现资源优化配置的前提条件，是经济高效运行的重要标志。产业集聚是现代区域经济增长的一个重要现象，也是理论界讨论比较多的问题。但随着知识经济时代人力资本逐渐取代物质资本，成为经济发展的决定因素，人才集聚问题越来越引起大家的关注。

目前人才集聚大体有两种方式：一种是自发形成，如美国的硅谷；另一种是政府促成。不论哪种集聚方式，在对引起集聚的各种要素作进一步分析后，可以发现人才集聚的原因有以下几个方面。

1. 资源禀赋是人才集聚形成的最初诱因

资源是企业进行生产经营的基础。资源在经济学上一般包括各种有经济价值的自然资源、资本、劳力、土地、技术和管理等。早期农业集聚，多表现在对自然资源富集程度的强烈依赖性上。例如，在光照充足、雨水充沛、气候宜人的地区发展起来的农业集聚，像古代中亚的两河流域、印度的恒河流域、我国的黄河和长江流域都曾是世界最著名的农业文明发祥地。在工业时代，矿藏资源富集的地区多为冶炼或重工业集聚地，如德国的鲁尔工业区、美国的钢铁带、我国东北三省的钢铁重工业区。在知识经济时代，作为知识和技术的重要载体和创新主体的人才，以及从事知识研究和创新的院校、科研机构已成为区域重要的知识资产。这种新的高级资源禀赋优势正越来越成为各国和区域发展的主要动力来源。因此，可以说以新型的高级要素为主形成的人才集聚，建立的是更富有生命力的动态竞争优势，这种优势是培养企业或地区长久竞争力的新动力。

2. 人力资本投资是人才集聚发展的推动力量

人才集聚是人才流动过程中的一种特殊行为，而人才流动能使人才的价值得到真正实现。人才是人群中的一部分，他们由于先天的条件和后天的努力，在实践中形成了较高的智力，他们凭借自己的智力优势和专长能够为社会做出比一般人更多的贡献（刘思安，2003）。以知识为基础的知识经济，它的繁荣和发展直接依赖于知识、学术和技能的积累、转移、创新和充分利用。在不同的国家和地区，在不同的专业领域之间都会发生知识的流动，人才则是这种流动的基本载体。单纯的人力资本投入在任何时候都不能形成生产能力，一定量的人力资本只有与物质资本相匹配，与其他适当的人力资本相互补，才能产生人类的生产活动，才能真正体现人力资本的效能和价值。也就是说，任何个人所拥有的人力资本需要与特定的物质资本相配合，需要借助一定组织的人力资本群体优势，才能有所作为。人力资本的这一属性必然使人力资本趋向流入物质资本雄厚、生产要素先进、文化积淀丰厚、人才有群体优势、资源配置合理、运作高效、能为自身特有的人力资本存量提供更为优良的综合匹配条件的地域和组织，以便把自身理想的价值尽可能完整地转换为现实的价值。

人力资本的形成、开发和使用都受制于时间，具有时效性和损耗性。人力资本的时效性一方面指作为人力资本载体的以生物有机体形式存在的人，其生命周期决定人力资本能够做出贡献的时间只占生命中的一部分；另一方面指人力资本所包含的知识、技能、经验等，在知识加速更新的当今时代也有其生命周期，效益最大的阶段越来越短（马新建，1999）。人力资本的损耗同物质资本类似，既包括人体衰老所造成的体力、智力等有形损耗，也包括知识、技能、经验老化所造成的无形损耗。与物质资本损耗不同的一点在于，人力资本是一种活的能动的智能型资本，伴随正常使用中丰富的生产实践活动和各种形式的人力资本追加投资活动，形成了一系列自我强化、自我丰富、自我发展的人力资本存量补偿和增量添加的独特过程，从而大大降低了人力资本的无形损耗。人力资本的时效性、损耗性导致人力资本趋于流向能及时量才用人、发挥人的潜能，并能连续进行人力资本投资，使人才自身的人力资本损耗不断得以补偿和增值的地域或组织，从而使自身有限的人力资本及时转化为更大的实际价值。

3. 独特的竞争优势是人才集聚的决定因素

集聚之所以成为当今世界发展的一种潮流和趋势，是因为独特的竞争优势对人才集聚有决定性的影响。波特指出：集聚区能够提高生产率，能够提供持续不断的企业改革的动力，促进创新，能够促使新企业的诞生。人才集聚的竞争优势来源于区内集聚效应的发挥。集聚区大多靠近大学和科研院所，它们为集聚区提供了大量丰富稳定的高级研究人才，同时专业化的人才集聚又能够吸引区域外的专业技术人员、研究人员和管理人员进入，这种人力资源的集中形成了集聚区内健全和稳定的劳动力市场。这种有形的集中，使得人才的信息成本、搜寻成本等都降低。因此，人才在空间上集聚就具备了必要性。同时，集聚区可以提供给人才大量的便利条件，如培训设施的共用性、良好的创业氛围等，这些竞争优势使人才集聚成为必然。

第二节 人力资本

人力资本理论成为一种经济理论兴起于20世纪50年代，而人力资本理论的历史渊源可以追溯到17世纪。英国古典经济学家威廉·配第关于“土地是财富之母，劳动是财富之父”的著名论断，被认为是首次严肃地运用了人力资本的概念。

随后人力资本理论获得了迅速发展，到20世纪50年代以后，以舒尔茨为代表的经济学家将人力资本理论的研究推向了一个新的高度，并与经济增长理论相结合提出了动态经济增长理论。国内经济学家也对我国的人力资本问题进行了系列研究，特别是对人力资本促进经济发展的问题进行了计量验证，这使得人力资本理论的研究不断向纵深发展。

一 早期的人力资本理论

著名的古典学派代表亚当·斯密首先注意到人力资本问题。在1776年出版的《国富论》中，他提出了初步的人力资本的概念："学习是一种才能，须受教育、须进学校、须做学徒，所费不少，这样费去的资本，好像已经实现并且固定在学习者的身上。这些才能既是他个人财产的一部分，也是他所属的社会的财产的一部分。"他提出劳动力是经济进步的主要力量，全体国民后天取得的有用能力，都应被视为资本的一部分。工人的工作效率提高，可减少劳动力耗费，其花费成本可以由增加的利润加以回收。因而，人力资本投资可以由私人出于追求利益的投资行为来完成。他建议由国家"推动、鼓励甚至强制全体国民接受最基本的教育"。

继亚当·斯密之后，约翰·穆勒在其《政治经济学原理》中指出，"技能与知识都是对劳动生产率产生重要影响的因素"。他强调取得的能力应当同工具、机器一样被视为国民财富的一部分。同时由于教育支出将会带来未来更大的国民财富，对教育的支出是与其他公共事务支出完全相容的。

而阿弗里德·马歇尔是现代人力资本理论形成之前的著名经济学家，是有关经济思想的集大成者。他在《经济学原理》中对人的能力作为一类资本的经济意义提出了新的认识，"老一代经济学家对人的能力作为一种资本类型参与生产活动的认识是十分不足的"。他将人的能力分为"特殊能力"和"通用能力"两种。前者指上述的决策能力、责任力、通用的知识与智力，后者指劳动者的体力与熟练程度。马歇尔还强调人力资本投资的长期性和家族、政府的作用，并且将"替代原理"用于说明对人力资本和物质资本投资的选择等方面。马歇尔一方面认真地研究教育的经济价值，主张把"教育作为国家投资"，教育投资可以带来巨额利润，但他又认为人是不可买卖的，因而拒绝"人力资本"这一概念。

著名的美国经济学家欧文·费雪在1906年出版的《资本和收入的性质》一书中专门阐述了人力资本的概念。然而，这一时期，受生产力发展水平的限制，知识和技能对劳动能力还没有直观而明显的影响，并且受传统伦理观念的束缚，占主导地位的经济学流派仍然突出强调生产的物质条件，对活劳动估计不足，把人这一要素看做是"非资本的"。

第一次正式提出"人力资本"这个概念的是美国经济学家沃尔什。沃尔什在1935年发表的《人力资本观》中，将个人的教育费用和以后收入相比较，来计量教育的经济效应，他采用的方法为“现值计算法”，即对不同教育程度支付的费用，与受教育后因能力提高而取得的收入进行比较，除考虑到死亡率、就业率等因素外，再用一定的利率把退休年龄以前的各年收入折算成现值后加总，以此算出各级学校及各种专业的净收益，其收益大小虽然不同，但收入的现值都超过了所花费用的现值，从而证明了教育上的投资符合一般的资本投资性质。

早期对人力资本理论研究做出突出贡献的是美国经济学家雅各布·明瑟尔(Jacob Mincer)，他在1958年发表了题为“论人力资本投资与个人收入分配”的文章，首次尝试建立个人收入分配与其所接受的培训量之间关系的经济数学模型。在其后不久发表的另一篇论文《在职培训：成本、收益与某些含义》中，他又根据对劳动者个体收益差别的分析，估算出美国在在职培训方面的投资总量和在这种投资上获得的私人收益率。明瑟尔还是最早提出“收益函数”的经济学家之一，他用收益函数揭示了劳动者收入差别与接受教育和获得工作经验年限长短的关系。

二 经典的人力资本理论

人力资本管理成为一门学科是从20世纪60年代开始的。美国著名经济学家、诺贝尔经济学奖获得者舒尔茨是这门学科的奠基人，他对人力资本的诸多概念进行了界定，并计量研究了人力资本对经济发展的积极作用，随后贝克尔、罗默、卢卡斯等都对人力资本理论的发展做出了不可磨灭的贡献。

(一) 舒尔茨的人力资本投资理论

舒尔茨研究人力资本问题的初衷就是要寻找能解释生产力提高但被人们忽视的因素。舒尔茨在研究美国的农业问题时发现，从20世纪初到50年代，美国农业生产产量迅速增加和农业生产率提高的重要原因已不是土地、人口数量或资本存量的增加，而是人的能力和技术水平的提高。据此，在1960年美国经济学会年会上，他发表了题为“人力资本投资”的演讲，正式提出人力资本问题。在随后长达10年的深入研究中，舒尔茨越来越清晰地认识到：“人所获得的能力是尚未得到解释的生产力提高的一个重要原因。”

其后，舒尔茨又发表多篇著作，如1963年的《教育的经济价值》、1971年的《人力资本投资：教育和研究的作用》和1981年的《人力投资：人口质量经济学》。在这些著作中，舒尔茨提出并明确阐述了人力资本的性质、人力资本投资内容与途径、人力资本在经济增长起到的作用等思想与观点。

舒尔茨对人力资本概念进行了明确的阐述。舒尔茨认为：人力资本和体现于物质产品上的物质资本一样，人力资本是体现于劳动者身上的，通过投资形成并由劳动者的知识、技能和体力所构成的资本。换言之，体现在劳动者身上并以其数量和质量表示的资本就是人力资本。舒尔茨指出："我们所以称这种资本为人力资本，是由于它已经成为人的一部分，又因为它可以带来未来的满足或收入，所以将其称为资本。"

舒尔茨人力资本投资范围和内容归纳为五个方面：①医疗和保健；②在职培训；③初等、中等和高等教育；④不是由企业组织的成人教育计划，包括农业技术土管项目；⑤个人和家庭的就业迁移。舒尔茨批判了传统经济学关于资本同质性的假定，认为研究经济发展的动力应引进包括物质资本和人力资本在内的总括性资本概念；论证了人力资本投资是经济增长的主要源泉，而且在经济发展过程中，人力资本投资收益率高于物质资本收益率。他还采用收益率法测算了人力资本投资中最重要的教育投资对美国1929～1957年的经济增长的贡献，其比例高达33%。这个结果后来被广泛引用，作为说明教育经济作用的依据；同时他还研究了制度变迁与人的经济价值之间的互动关系，从人力资本产权角度解释了有关制度变化的社会选择，注意到了利用包括人力资本在内的广义资本概念对分析、研究企业制度安排的重要意义。

舒尔茨较重视从宏观方面分析人力资本而缺乏微观的支持。对影响人力资本投资的诸项因素缺乏具体化、数量化的分析，内容显得单薄了一些。他所指出的人力资本形成的四大途径，只对教育投资作了深入的分析，缺乏一个人力资本形成的一般模型。他在人力资本概念中只强调人力资本是外部因素决定的，但是一个范畴的产生，既有外因又有内因，这就导致其概念模糊。这些都需要在研究中进一步明确和界定。

（二）贝克尔的理论

贝克尔是当代美国著名经济学家，其对人力资本理论的发展，做出了重大贡献。他是1992年诺贝尔经济学奖获得者。

关于人力资本投资，贝克尔认为用于教育、在职培训、卫生保健、劳动力迁移及收集价格与收入信息等实际活动的支出都是一种人力资本投资，而不是消费，因为它们不仅能在短期内提高劳动生产率，而且可以长期起作用。关于人力资本的内涵，贝克尔认为人力资本不仅意味着才干、知识和技能，而且还意味着时间、健康和寿命。关于人力资本的特性，贝克尔认为人力资本首先是一种人格化的资本，表现为人的能力与素质与人本身不可分离。因此，工作性质、种类等都会影响人力资本的使用，同时也意味着人力资本具有私有性质，如何使用取决于个人。其次，人力资本生产率取决于拥有这种资本的人的努力程度，因此，适当而有效的刺激可以提高人力资本的使用效率，这是人力资本与物质资本最大的区别。最后，人力资本的价值是由人力资本的各项开支构成的，但是人力投资的成本计量除这些实际费用支出外，还必须计算“放弃收入”，即“机会成本”。贝克尔认为人力资本可以通过后天投资获得，并影响后期的生产率和收益，因此，用于物质资本的投资收益分析方法，也同样适用于人力资本研究。贝克尔对人力资本的理解极大地突破了物质资本的传统经济学局限，使经济学研究朝着主体化的方向发展。

贝克尔的突出贡献之一是首次用传统的微观均衡分析方法建立了人力资本投资均衡模型。贝克尔认为人力资本与物质资本投资一样，与个人未来收入之间存在着紧密联系，在假设每个家庭或个人都追求效用最大化的基础上，贝克尔证明了在人的生命周期的某个阶段，人力资本投资的均衡条件为“人力资本投资的边际成本的当前价值等于未来收益的当前价值”。

贝克尔研究了在职培训对收入、就业和其他经济变量的影响，他将培训分为“在职培训”和“特殊培训”；在关于抚养孩子的成本问题上，贝克尔认为发达国家生育率下降，一方面是因为随着经济增长，时间价值提高，而已婚妇女时间价值的提高使孩子数量减少。另一方面是因为随着经济增长，对孩子的投资回收率提高。在人力资本投资回收率问题上，贝克尔认为，人力资本投资的多少取决于其回收率不能小于利率和有形资本的回收率。在具体计算时，要考虑经济增长对未来收入提高的作用，也要考虑不劳动者的人数的变化等。

（三）新经济增长理论中的人力资本研究

大量的实证研究表明，人力资本是经济增长的重要引擎。20 世纪 80 年代以来兴起的内生增长理论，系统地分析了人力资本对经济增长的作用，认为由生产中的专业化知识积累而形成的人力资本对经济增长会产生“溢出”效应；研究发展部门的人力资本开发对经济增长将产生促进作用；正规教育开发积累的人力资本对经济增长将产生“内生效应”。自从舒尔茨首次论证了“人力资本是实现经济增长的重要因素”这一现代增长观，20 世纪 80 年代西方出现了“新经济增长论”，并建立了许多“增长模型”。

阿罗（Arrow，1962）在《边干边学》中指出，在生产与学习的过程中，生产更多的物质资本品而积累的更多知识，使下一代资本品所含的技术得以提高，技术的“溢出效应”又使得所有劳动力和固定资产在生产最终产品时的效率都有所提高，这样阿罗就把经济增长完全归功于学习过程和技术的外部效应。阿罗模型试图将新古典经济增长模型中的外生技术进步内生化，但由于技术的溢出效应不够强烈，在经过一段时间的溢出之后就会进入平台，内生的技术进步不足以推动经济持续增长，这样就必须引入一个外生的人口增长率来解释经济增长。根据阿罗这一理论思想，罗默（Romer，1986；Romer，1990）、卢卡斯和罗伯特（Lucas and Robert，1988）分别提出了各自的经济增长模型。在建立的模型中，他们把人力资本视为最重要的内生变量，特别强调人力资本存量和人力资本投资在内生性经济增长和从不发达经济向发达经济转变过程中的首要作用。这些研究都充分揭示了人力资本投资水平及其变化对各国经济增长率和人均收入水平收敛趋势的影响，进而确定人力资本和人力资本投资在经济增长和经济发展中的关键作用。

1. *罗默的知识溢出和驱动模型*

罗默（Romer，1986）的第一个模型并没有提出人力资本这一概念。罗默认为正向外部经济技术效果来源于资本要素K的积累，而这个资本要素不一定是有形资本，并使用了“知识”这个表达式来替代“资本”。根据阿罗的思想，罗默引入了知识的溢出效应，并假设知识的溢出效应足够大，足以抵消由固定生产要素存在而引起的知识资本边际产品递减的趋势，从而使知识投资的社会收益率保持不变或呈递增趋势。这样就将阿罗模型向前推进了一步，说明在人口增长率为零时，经济也能保持增长。罗默最后的结论是，知识积累是现代经济增长的新源泉。

罗默（Romer，1990）的第二个模型引入了人力资本的概念。在这个模型中，产出分为两大部分。部门1是消费品生产部门（包括中间产品部门），部门2是研究与开发部门，即知识生产和积累部门，罗默认为新古典增长理论关于边际收益递减的假设是其失效的根本原因。因此，在他提出的增长模型中放弃了这一假设。首先，罗默认为在经济增长中知识和资本一样，也是一种要素，但是与资本是由放弃当前消费来积累不同，新知识是由规模收益递减的研究技术生产的。另外，对知识的投资具有正的外在效应。更为重要的是，消费品的生产作为知识及其他投入的函数，具有递增的规模收益。

而生产投入有四种要素：物质资本、非技术劳动、人力资本和技术水平。在这个模型中，技术进步并没有归结为人力资本的增长，人力资本只是一个独立影响经济增长的因素。罗默认为，专业化的知识可以产生“内在经济效应”，使个别厂商产生垄断利润，而垄断利润的形成又为厂商用于开发新产品新技术的研究提供了资金来源，这样就形成了技术进步的内在循环与驱动机制。罗默认为，一个企业乃至一个国家用于研究与开发部门资源的多少决定着其经济增长率和收入水平的高低，因而要提高经济增长率，必须在研究与开发部门多投入资源以提高知识积累率，尤其是加强该部门中人力资本的投入与培养。最后罗默认为只有人力资本才能促进经济增长。

2. *卢卡斯的人力资本积累与溢出模型*

卢卡斯模型实际上是阿罗模型和宇泽模型（Uzawa，1961）的结合。卢卡斯通过将人力资本作为一个独立的要素纳入经济增长模型中，并运用微观分析方法将舒尔茨和贝克尔的人力资本、索罗的技术进步和罗默的知识积累概念结合起来，归结为“专业化的人力资本”，认为专业化的人力资本积累才是经济增长的真正源泉。卢卡斯认为，人力资本可以通过两种途径形成：一种是舒尔茨式的学校正规教育，一种是阿罗式的“边干边学”或在职培训。前者可以提高劳动者本人的生产技能和收入水平，产生“内在效应”(internal effect)；后者可以为他人提供生产经验积累，从而产生“外在效应”（external effect)。据此，卢卡斯分别构建了两个相应的增长模型，以说明人力资本对经济增长的作用。

在两种资本品模型中，卢卡斯把资本区分为“有形的资本”和“无形的资本”，并据此将劳动力划分为表现为“纯体力”的有形人力资本和表现为“劳动技能”的无形人力资本。因为两者不可以完全替代，所以只有后者才能促进经济增长。这样就得到人力资本的内在增长率公式

$$\frac{h(t)}{u(t)}=\frac{h(t)\Delta(1-ut)}{u(t)} \tag{1-1}$$

式中，$h(t)$为无形人力资本；Δ为人力资本的产出弹性；$u(t)$为全部生产时间；$1-u(t)$为脱离生产的学习时间。在这个模型中，卢卡斯将技术进步归结为人力资本的增长，并具体化为体现在生产中社会共有的一般知识形式的人力资本和体现在个别劳动者身上的特殊化的人力资本。这里，卢卡斯把知识直接归结为人力资本。这与罗默不同。

在两种商品模型中，卢卡斯提出了外在的人力资本积累公式

$$C_i=h_i(t)u_i(t)N(t), \quad i=1,\ 2 \tag{1-2}$$

式中，C为第i种商品的产出；$u_i(t)$为全部生产时间或生产i商品使用的劳动量；$h_i(t)$为生产i商品所需的专业的人力资本；$N(t)$为以人时计量的劳动投入。在这个模型中，因为劳动者将他的全部劳动时间M用于商品生产，表明人力资本是通过边干边学形成的，所以它所产生的是一种外在效用。卢卡斯的这种人力资本演出效应的划分方式，具有一定的现实意义，它拓展了人力资本的形成途径：一方面可以通过教育学习来积累，另一方面又可以通过引进先进技术，在生产中积累。

卢卡斯模型与罗默模型的不同之处是显而易见的：后者的贡献在于直接把技术内生化，而前者的贡献则是把原来外生的技术因素转变为人力资本来研究，从而根据贝克尔理论把人力资本内生化。共同之处是都充分强调人力资本投资，并把它作为经济增长的关键因素，这就是后人把罗默模型理论和卢卡斯模型理论统称为新经济增长理论的原因。

第三节　人才流动

一　国外人才流动理论的回顾

人才流动理论的发展经历了从早期的人口流动理论向现代人才流动理论的转变。早期的人口流动理论主要针对农村人口向城市转移的问题，虽然与人才流动的研究对象不同，但研究思路对人才流动具有很强的借鉴意义；现代的人才流动理论则运用了劳动经济学等学科的知识对人才问题进行了全面研究，下面分别对两部分理论进行回顾。

（一）早期的人口流动理论

在人口流动的理论研究中，阿瑟·刘易斯（1989）最早提出农村人口转移的模型。刘易斯认为，不发达经济具有二元结构特征，只有现代化的城市工业部门才是增长的主导部门，也只有工业部门的发展才能吸收农业剩余劳动力。吉斯塔夫·拉尼斯（Gustay Ranis）和费景汉（John C. H. Fei）在《经济发展的一种理论》一文中接受了二元结构的观点，但他们认为刘易斯没有看到农业在促进工业增长中的作用，事实上农业生产率提高而出现剩余产品是劳动力流向城市的先决条件。一般把以上三位学者的观点称之为“刘易斯-费-拉尼斯模式”。麦茜（Massey，1993）认为，如果把上述理论延伸，那么人口区际流动就是由劳动力供需的空间差异引起的。相对于资本而言，具有劳动力禀赋的地区工资水平较低，而具有资本禀赋的地区工资水平较高，这导致低收入地区的劳动力流向高收入地区。

托达罗（1980）从个人决策的微观角度提出人口流动的又一解释。他认为区域发展差异是人口流动的原因，但对于个人而言，是经过迁移的成本-效益计算后才做出是否迁移的决策。在这里，成本包括旅行费用、找到工作之前维持生活的费用等，效益则不仅包括较高的收入，而且包括发挥自己的潜力。他认为，即使城市存在大量失业人口，只要城市的预期收入高于农村，则农村人口就向城市流动。

斯塔克和布罗姆（Stark and Bloom，1985）提出移民的新经济学解释。该理论强调移民是家庭集体决策的结果。迁移不仅是为了获得预期收入，同时也为了使家庭收入的风险最小，因此区域间的收入差异不是人口迁移的必要条件。即使区际收入差异缩小，由于其他市场（资本、保险市场等）没有得到有效发展，农村人口仍然会向外迁移。由此得出的政策是，政府不仅需要缩小区际发展水平的差异，还需要在经济落后地区建立比较完善的市场体系，这样才能减少人口流出的数量。

以上理论都是从城乡差异角度探讨农村人口流出的原因的，派尔对此持不同看法。他认为人口流入地对低级劳动力的需求是人口流动的原因，其最重要的观点是工资不仅反映了劳动力的供需条件，也象征着个人的社会地位，各种职位构成一个等级体系，一旦提高最低工资以满足这一岗位的劳动力需求，必将产生连锁反应，产生工资的结构性膨胀。因此，发达地区才从低收入地区引进劳动力以满足低级劳动力市场的需求。如果把这一理论引申的话，发达地区引进低级劳动力，有利于提高竞争力，还可以控制通货膨胀。

（二）现代人才流动理论

1. 人才流动理论之尊重论

按照马斯洛的需求层次理论，人都有获得尊重的需求，人所追求的最高层次目标是个人价值的自我实现。只有尊重人的内在需求，创造一个具有社会活力、充分张扬人的个性的人才环境，人才汇集效应才能形成，这是人才汇集机制形成的核心。具体讲，有以下六个层面。

(1) 尊重人的自由。这意味着一定物质文明和精神文明发展程度上的价值观与生活方式的多元化，而不仅是单一、狭窄范围内的选择；这意味着社会上的人在一定纪律约束下具有自主性、灵活性、主动性和创造性。

(2) 人的能力、创造和创新得到尊重。个体能以自身能力寻求自身价值的实现，做到人尽其能、人尽其才、人尽其用，这意味着社会应鼓励创新意识。对新事物的产生，社会要持多了解、多观察、多考验的态度。

(3) 人的利益得到尊重。对个体的正当利益和合理需要，社会能够合法、合情、合理地予以维护，对损害他人利益的人或行为有积极有效的方法加以解决。

(4) 人的权利得到尊重。社会应尊重、维护个体的合法权利，尤其应维护社会中的弱势群体在法律允许范围内的各种权利，如选择生活方式的权利、表达自己意见的权利、决定发展方向和途径的权利等。

(5) 人的人格得到尊重。社会不因人的性别、年龄、职业、民族、职务、社会地位不同而产生歧视。

(6) 人的个性得到尊重。与此相关的是社会的宽容态度。人类历史上凡大有作为的优秀人才，必有其与众不同的鲜明个性，如果社会对他们与众不同的个性加以排斥，甚至连他们的创造成果也不屑一顾，那就会导致直接扼杀人才的后果。

2. 人才流动的社会组织说

(1) 组织寿命学说。组织寿命学说是美国学者卡茨（Karz）提出来的，他在研究科研组织寿命问题时发现，一个科研组织是有一定寿命的，组织寿命的长短与组织内的信息交流有关，与获得成果的情况有关。他通过大量调查研究得出结论，一个科研组织的寿命也与一个人一样，有成长、成熟、衰退的过程。因此，组织也有一个最佳年龄区，即1.5～5年，组织超过了5年，就要进行人才流动，进行改组。这个理论从企业活力的角度论证了人才流动的重要性和必要性，通常只有通过人才流动，才能保持组织的活力。

（2）配第-克拉克定律。西方学者从社会大生产、产业结构发展变化的角度提出了人才流动的社会问题。早在17世纪，英国经济学家威廉·配第（Willian Petty）就已经发现，随着经济的不断发展，产业中心将逐渐由有形财物的生产转向无形的服务性产品的生产，工业比农业、商业比工业的利润要多得多，因此劳动力必然由农转工，再由工转商。

20世纪40年代，美国经济学家科林·克拉克（Colin Clark）继承前人研究成果，提出“三次产业划分”理论。在人类历史发展过程中，社会人力、不同类型的人才在不同产业之间分布数量的消长变化，是有一定规律的。人才资源在不同产业间的分布比例变化规律是：①第一产业人力、人才资源所占比重不断降低；②第二产业人力、人才资源所占比重不断上升；③第三产业人力、人才资源所占比重终将超过第一、第二产业。该理论所揭示的人力、人才资源按照第一、第二、第三产业梯次转移的规律，已经为世界发达国家人力、人才资源结构的演变历史所证明。

（3）二元经济论。美国学者刘易斯（Arthur Lewis）在其著名的“二元经济论”中解释劳动力从自给农业部门向工业部门转换时，发现工业部门的工资水平要比农业高30%，认为这是促使农村劳动力向城市工业部门转移的根本原因。刘易斯的就业转换理论的要旨是，利用农业部门的隐蔽性失业劳动力支持现代工业部门的资本积累。但是，这其中还有一些隐蔽的问题，如制造业的人均收入低于“其他活动”的人均收入，但是不能因此就说增加实际国民收入的办法就是迅速从制造业转到零售业、政府部门或其他人均收入比较高的服务行业。仅仅把人员从农业转到制造业，实际收入也是不会提高的。随着经济的增长，从农业转到其他行业是增长的结果而不是增长的原因。在人才流动中，这种盲目的流动并不一定能带来整体经济水平的提高。

3. 人才流动的经济效益论

西方学者弗兰克、瑞森和萨德卡认为，对于具有特殊技能的劳动者——人才来说，他们具有和资本一样的流动性。人才的收入一般比较高，因而他们往往被适用于最高的边际税率。因此，只要异国个人所得税最高边际税率和其他国家的最高边际税率差距足够大，就有可能把部分具有高技能的人才“挤出”本国，从而使人才在国际上流动。另外，部分西方学者认为，人力资源是生产要素资源的一种特殊形式，在国际上流动属于生产要素国际流动的范畴。将在国际上流动的人才所创造的财富在流入国和流出国之间进行再分配，是互惠互利的，从全球的资源优化配置和可持续发展的角度来说，也是有效率的。

4. 人才流动的动因说

1）个体动因

一是美国心理学家勒温的场动力理论。他提出了个人和环境关系的公式：$B=f(p, e)$。在这个公式中，B 代表个人的绩效，P 代表个人的能力，e 代表所处的环境。他认为，个人的绩效和个人的能力、所处的环境之间存在着一种与物理学中的场强函数关系。个人的绩效不仅和其自身的能力素质有关，还和所处的环境有关。如果一个人在一个不利的环境中工作，比如，人际关系很差、工资待遇不合理、福利保障缺失、没有发展机会等，他就很难发挥其聪明才智，也难以取得良好的绩效。一般情况下，个人往往难以改变环境带来的影响，只能离开这个环境，到一个适合自己的环境中去。

二是库克曲线。美国学者库克从如何更好地发挥人的创造力的角度，论证了人员流动的必要性。库克曲线是根据对研究生参加工作后创造力的发挥情况所作的统计绘制出来的。从库克曲线可以看出，人的创造力在刚到新环境的初期，会增长得比较快，在1.5～2年是创造力最为旺盛的黄金时期，之后则进入衰退期，创造力下降。如果不改变环境和工作内容，其创造力将在低水平上徘徊不前。为了激发研究人员的创造力，应当及时变换工作部门和研究课题，即进行人员流动。

三是卡茨的组织寿命学说。卡茨对科研组织的寿命进行了研究，发现组织寿命的长短和组织内信息沟通的情况、获得成果的情况有关。他通过大量的调查统计得出一条组织寿命曲线，即卡茨曲线。卡茨曲线告诉我们：一个科研组织和人一样，也有成长、成熟、衰退的过程，组织的最佳年龄区为1.5～5年。当超过5年，就会出现沟通减少、反应迟钝等问题，这就是组织老化的表现。解决的办法是通过人员的流动对组织进行改组和改造。卡茨的组织寿命学说从组织活力的角度证明了人员流动的必要性。与此同时，卡茨也指出人员流动不宜过快。他认为，流动的间隔应当大于2年，这正是人们适应组织环境和完成一个项目所需的下限时间。一般而言，人的一生流动7～8次是可以的，流动次数过多反而会降低效益。

四是中松义郎的目标一致理论。日本学者中松义郎在《人际关系方程式》一书中提出了目标一致理论。他认为，当个人目标和组织目标完全一致时，个人的潜能得到充分的发挥。当两者不一致的时候，个人的潜能就受到抑制。解决这一问题有两个途径。其一是个人目标主动向组织目标靠拢，引导自己的志向和兴趣向组织和群体的方向转移，并努力趋向于一致。但由于各种因素，如价值观的差异、人际关系的矛盾等，个人目标和组织目标之间的差距难以在短期内解决。其二是进行人员流动，到一个和个人目标比较一致的新单位。个人的努力方向和组织的期望比较一致时，个人的积极性、创造性得到充分发挥，个人的行为容易受到组织的认同和肯定，组织得到了自己所需要的人，组织目标也因此得到了保证，形成良性循环。

(2) 在社会动因方面。17 世纪，英国经济学家威廉·配第发现，随着经济的发展，产业中心逐渐由有形财物的生产转向无形的服务性产品的生产，因此劳动力必然由农业转为工业，由工业转为商业。20 世纪 40 年代，美国经济学家克拉克在对产业进行分类时发现：随着经济的发展，就业结构的中心从第一产业向第二产业，再向第三产业转移。美国学者刘易斯在其著名的“二元经济论”中解释劳动力从自给农业部门向工业部门转换时，发现工业部门的工资水平要比自给农业部门的平均收入高 30%，认为这是农村劳动力向城市工业部门转移的根本原因。美国学者格雷夫斯和林内曼认为，在人口迁移中，首先要把可交换的商品和不可交换的商品区分开来。不可交换的商品包括气候、自然条件、社会环境、生活质量等非经济因素。正是人们追求不可交换商品的满足程度，追求高生活质量和舒适程度，才促使人们进行迁移。美国学者默菲、斯雷弗和维希里的研究表明，不同国家的经济规模和实力是影响人才国际流动的一个重要因素。一般来讲，高素质人才在大国的劳动报酬率比小国高，在优势行业的劳动报酬率要比弱势行业高。所以，高税率的小国最容易流失人才。我国学者赵曙明认为，从全社会的角度来看，人才流动是优化资源配置、开发人力资源的必然要求。国民经济是一个动态系统，各个行业、地区、企业的发展是不平衡的，因此对人力资源的需求也是不平衡的。为了使人力资源得到最充分的利用，提高人力资源的边际贡献率，必然要求人力资源从相对富裕的行业、地区、企业流入相对稀缺的部门。我国学者李宝元认为，人才市场化流动是市场经济的天然内在要求，在一定的历史条件和社会经济背景下会突破各种外在的制度障碍为自己开辟道路。

以上学者是从社会大生产、产业结构发展变化的角度来分析的。他们认为，人才流动的根本原因是经济结构转换过程中产生的地区、部门之间的收益差异。

二 国内有关人才流动的理论

2002 年，山西财经大学冯子标教授在其著作《人力资本运营论》中以人力资本运营为核心，分别讨论了人力资本的形成、流通和配置，运用经济学的成本-收益分析法构建了人力资本流通的决策模型。在模型中，将影响人力资本流通的各种因素归结为两个方面，即流动成本和流动收益，通过流动成本与流动收益的比较来描述人才流动现象。人才流动决策模型从经济效用角度解释人才流动现象，人才个体或组织根据效益最大化决策人才是否流动。人才流动的决策取决于净收益的大小，如果净收益现值大于零，则发生流动；否则，不流动。净收益现值的大小取决于新工作和原工作的收益差额，也取决于流动的直接成本和间接成本的高低。

中国社会科学研究院戴园晨（2002）等认为，人才资源完全市场流动，有可能产生流动的自发性、盲目性和无序性，从而需要国家运用法律手段、经济手段并辅之以必要的行政手段，从宏观上调控其流量、流速和流向，使其尽可能趋于合理、有序、有效。目前我国政府要进一步规范和发展人才中介组织和人才市场，完善就业服务体系，加强职业培训，形成市场导向的就业机制与流动机制。

南京大学商学院赵曙明（2002）等则从社会动因角度来分析。他认为，从全社会的角度看，人才流动是优化资源配置、开发人力资源的必然要求。为了提高人力资源的边际贡献率，必然要求人力资源从相对富裕的行业、地区及企业流向相对稀缺的行业、地区及企业。北京师范大学经济学院的李宝元（2001）等学者认为，人才市场化流动是市场经济天然内在的要求，人才的市场流动需具备三个条件：一是要有自主的供求主体；二是要有灵敏规范的工薪形成机制；三是要有平等竞争的市场秩序。

清华大学荣芳和何晋秋（2000）通过对发展中国家和发达国家人才流动的经济效益的调查得出结论，人才流动有利于生产要素的优化配置和生产力的发展，并提出了几种解决办法，如提高流出国的非经济成本，增强国家的向心力，建立人才流动的国际合作新机制等。有学者从经济学的角度对人才流动进行分析，有学者从宏观一点的角度对发展中国家人力资本外流进行经济学分析，还有的提出人才应实行有偿流动。

普遍的观点认为，劳动者在不同行业、地区、部门之间流动，不可避免地要面对可能失去或减少劳动收入的风险。社会保障体系是社会的“安全网”和“减震器”，人才的流动必然要以社会保障为依托。我国地域辽阔，经济发展水平不尽相同，因而各地的社会保障政策也有差异。人不仅是经济人，也是社会人，人才是否流动必然要从成本-收益方面来进行考虑。能不能获得相对完善的社会保障，无疑是影响人才流动的重要因素。

姜守明（2002）从社会保障制度的安全作用方面进行研究，认为人才流动不能不考虑社会保障给自身带来的利益差异，社会保障为人才的有序流动和合理配置提供了必要条件和根本保障。安全、高效的社会保障制度不仅能保障劳动者实现自身价值，保证人力资源在全社会范围内优化配置，而且能为全体劳动者提供有序流动条件下的社会安全。

赵志涛（2002）通过建立分析人才流动因素重要性的吸引力模型（gravity model，GM），来对人才流动中的非经济因素分析。其通过GM分析了社会保障因素对人才流动的影响，以此为各地政府的人才引进工作提供借鉴。又如，杨浩余认为社会保障因素不健全使人力资源在流动过程中的基本生活难以得到保障，从而使流动成本提高，成为人才流动的体制性壁垒，影响人才的流入。

第四节　人才集聚

一　国外有关人才集聚的理论

早在19世纪90年代，英国经济学家马歇尔就提出，人才集聚是一个点的问题而不是面的问题，他认为产业空间的集聚、城市化和人才集聚本身存在动态关系，人才集聚只有与产业集聚、人才环境协调发展才能使集聚产生稳定性和持续性的效应，形成“强路径依赖”，使集聚地获得先行发展的优势；否则，人才的集聚只能是昙花一现。马歇尔以后，西方理论界对人才集聚的研究根据集聚的机制划分为集聚的经济结构和因素结构分析，而人才集聚的经济结构又根据集聚的类型划分为横向人才的集聚（同一类型人才的集聚）和纵向人才的集聚（不同类型人才的集聚）。

（一）人才集聚的经济结构分析

一是中心-外围的横向人才集聚模式研究。新国际贸易理论模型（Krugman and Venables，1990）假定人才不能自由流动，在规模报酬递增的假定下，简单化地考察产业集聚的经济学机制，根据Krugmanl（1991；1995）的研究，人才集中可由历史中的“偶然事件”引起，接着是继起的累积因果效应。新经济地理学改变了人才不能自由流动的假定，从人才集聚和产业集聚的相互关系方面界定人才集聚的程度、变迁和优化。该理论假定制造业产品市场存在不完全竞争、地区间具有运输成本，但是决定地区间的劳动力要素可以完全流动。其核心思想是报酬递增、运输成本与要素流动之间的相互作用所产生的向心力，导致两个起先完全相同的地区演变成一个核心与外围的人才和产业集聚模式，其中的关键是保持收入水平对人才流动的高度弹性和敏感。Scott（1988；1992）则从另一角度解释了人才横向集聚的初始诱因，认为人才空间集聚的初始驱动力是市场不确定性和技术变化对生产方式挑战的反应，市场不确定性和技术变化导致了所谓的“灵活的专业化”新分工模式，大量的企业、公司在相联系的或是不相联系的部门中群集、竞争和合作，进而产生的技术、知识外溢效应、工资差异和创新需求推动了人才的集聚。

二是知识共享和外部经济的横向人才集聚模式。知识经济时代将人才作为核心生产要素，人才作为知识的载体，可以基于知识的外部性和共享性形成强化性集聚。Scott（1986）提供了一个人才和知识的外部化和共享性的逻辑框架，对生产、交易成本、知识外部经济性、知识共享性之间的关系进行了分析和演绎，是新的人才集聚制度下知识外部化和共享性说明的核心。

三是基于交易成本的纵向人才集聚模式。交易成本是纵向人才集聚的重要解释变量，Scott（1986）研究表明，当交易成本、信息成本与转移成本相互作用时，交易成本和信息成本就成为解释纵向人才集聚的理论基础。Scott 和 Storper（1986）研究表明，处于增长中心的高新技术会形成巨大的人才集聚辐射力，生产中的知识分工和公司间交易活动的结构内生地衍生出纵向人才集聚模式。人才集聚使社会相互作用更加强烈，相互作用的强度被认为是区分顾客、供应商联系是否紧密的关键要素。因此，人才集聚促进了更加频繁的和有效的社会经济交流，降低了经济体系的交易成本和信息成本。Blackburn（1994）认为，“地方经济的死亡”可能是地方联系的降低、信息成本和交易成本的高昂、人才的流失和扩散造成的。

（二）人才集聚的结构因素分析

在人才集聚的结构因素分析方面，Taylor 和 Taylor（1977）区别了五种人才集聚的推动力，依次为创造性工作的丰富程度——机会的多寡，企业家能力产生的可能性——雇主的可模仿性，容易识别知识的消费者——地方观念和雇主识才、用才的能力，容易识别的供应者——经纪人和中介状况，未来的提升空间。他们认为“人才集聚能够培育产业、企业家能力和有利的商业环境，从而进一步促进人才集聚”。Palivos（1996）提出了人才集聚的主要向心力，包括知识的溢出效应、地方公共货物的供应、内部规模经济、外部规模经济、地方政府政策和工资水平。人才集聚对不同因素的敏感系数和作用效果的大小需要借助于微观计量学进行计量分析。

二 国内的研究

（一）人才集聚理论研究

范剑勇等（2004）以新国际贸易理论和新经济地理学为框架详细分析了非农产业向沿海地区集聚的过程中，中西部地区农村劳动力跨省向沿海地区流动转移的问题，论证了人才集聚与产业集聚协调发展的问题。查奇芬等（2003）

通过编制人才指数和人才环境指数，分析人才指数和人才环境指数间的相关性，提出了通过优化人才环境改善人才状况的政策建议。另一部分学者则是从政府角度出发，论证政府政策对人才集聚的重要性。例如，熊斌等（2001）提出实施双重国籍的管理办法，让留学人员来去自由，采取回国讲学和短期访问等方式让一些定居国外的学者、专家为国服务；荣芳和赵劲松（2000）认为可通过提高人才流出国的非经济成本、增强国家的向心力、建立人才流动的国际合作新机制，防止人才外流；俞启定（2003）则建议对人才实行有偿流动。

（二）人才集聚影响因素

朱杏珍（2002）从现实出发，在市场信息不完全、不对称的基础上，分析揭示了影响人才集聚的更深层因素，并提出了政府、企业及相关部门必须高度重视“羊群行为”这一结论；赵希男等（2006）在双因素理论的基础上，从心理学的角度对高校人才集聚相关的保健因素和激励因素进行了分析，并提出了完善高校人才集聚的若干措施和建议；牛冲槐等（2007）认为，影响科技人才集聚的外界环境主要分为制度环境和经济环境，其中制度环境包括人才身份管理制度、人才配置制度、人才产权制度、人才使用制度及人才激励制度五个方面；经济环境包括经济发展水平、经济体制、产业集聚和风险投资等四个方面。

（三）人才企业集聚研究

王琦（2004）从企业建立、创新各种机制，促进各种人才脱颖而出、和谐融洽的人际关系环境，E化人力资源、推进人力资源变革等三方面，提出了企业积聚人才的思路和方法，并把满足人才的精神需要作为提高企业对人才吸引力的重要因素来论述，提出了E化人力资源推进人力资源变革的观点。程玉莲（2005）认为，从长久来看，企业文化才是真正能吸引人才的因素，她分析了企业文化在吸引人才方面的独特功能，并提出了企业营造文化的合理建议。杜恒波（2008）认为，企业文化、福利薪酬制度、教育培训制度是影响企业人才集聚的非生物生态因子，企业家、人力资源供求状况是企业的生物生态因子，它们相互影响、相互制约，共同决定了企业人才集聚能力。孙健等（2007c）把企业人才集聚划分成企业甄别体系、激励体系和治理体系三个体系，并对不同所有制企业的人才集聚进行了比较。

（四）人才集聚实证分析

王晓羚和彭云雁（2005）对成都电子信息产业人才集聚问题进行了研究，对其现状、需求和问题进行了分析并提出了发展的对策；王永斌和蔡中宏（2005）对甘肃的人才资源开发与人才集聚进行了研究；李敏娜（2006）对东北老工业基地体制创新下的人才集聚进行了分析，并给出了政策建议；花军和罗庆玖（2006）对扬州地区人才集聚状况进行了调研分析，找出在吸引人才与发挥人才作用方面存在的不足，并从营造良好的创业环境、加强企业文化建设、树立人才国际化战略目标等几个方面对如何增强扬州地区人才集聚效应提出了相应的对策；王宝荣（2007）对广西人才集聚进行了研究分析，并总结出了广西人才集聚模式的特点；李景山和雷金屹（2005）从硅谷人才集聚的角度出发对美国人才集聚的经验进行分析和探索，并为我国人才集聚提出了对策；孙健等（2004b）对新兴工业化国家和地区的人才集聚的经验进行分析总结，对我国不同地区的人才集聚模式进行分析，并对我国不同地区人才集聚进行成本-收益分析，并提出政策性的建议；廖建桥等（2007）采用中美500强企业地区分布统计数据，根据企业分布曲线，计算了中美500强企业的地区人才集聚的测量指标，并分析了我国落后于美国的原因，展望了我国人才聚集的发展趋势，并提出了相应的建议。

（五）人才集聚环境建设

赵希男等（2006）从引进人才、培养人才、使用人才、留住核心人才、安置富余人才五个方面分析了高校人才集聚现象，并从这五个角度出发构建了高校人才集聚的机制；王萍和章守明（2006）把人才集聚分为了人才流入、人才经营和内外交互作用三个子系统，并就每一个子系统提供了相应的人才集聚策略。

第二章 人才集聚与经济发展

第一节 人力资本与经济发展

一 人力资本促进经济发展的文献综述

对人力资本投资要素作用进行计量分析的代表人物是美国经济学家丹尼森。他的主要贡献是对用传统经济分析方法估算劳动和资本对国民收入增长所做的贡献产生的大量未被认识的、不能由劳动和资本的投入来解释的余数，做出了令人信服的定量分析和解释。他最著名的研究成果是，通过精细的分解计算，论证出1929～1957年的美国经济增长中，有23%的份额要单独归因于美国教育的发展。在另一项研究成果中，他提出超过29%的每人每小时产出的增加源于教育水平的提高。显然，丹尼森结论是对舒尔茨结论的重要修正。

G. P. 萨卡罗坡洛斯（G. P. Sacharopoulos）在借鉴舒尔茨和丹尼森研究方法的基础上，自20世纪70年代以来先后发表了一系列研究不同国家和地区教育投资收益的论著。B. 杰恩（B. Jain）研究分析了世界100多个国家教育投资的收益率，得出了教育投资收益率随经济发展水平提高呈先升后降变动趋势的结论，进一步验证了舒尔茨等关于初等教育收益率高于高等教育收益率的观点。D. T. 杰米逊（D. T. Jamison）和E. N. 约翰逊（E. N. Johnson）等还研究了中国投资收益问题，对人力资本投资在政策讨论中的重要性进行了研究。

随着经济增长理论的日趋完善，越来越多的学者逐渐把目光转移到实证方面的研究。Petrakis和Stamatakisb（2002）调查了有着明显不同发展水平的三组国家的人力资本对经济增长的影响，表明不同的经济发展水平与教育之间的关系会发生变化，经济发达地区经济增长主要靠高等教育，而经济欠发达地区初等、中等教育显得尤为重要。William等（2004）指出教育支出对经济增长的影响并不是严格单调递增的关系，还受税收结构、生产力水平等因素的制约。

国内学者基于以上模型或改进的模型，根据现有的统计数据对中国的状况进行了实证研究与分析。

沈利生和朱运法（1999）假定中国部门经济增长来源于三种要素的增长：

固定资产存量、人力资本存量、技术进步，并假定生产函数形式为柯布-道格拉斯生产函数 $Y_i = A_i K_i^{\alpha} H_i^{\beta}$，计算出在国内生产总值（GDP）的增长中，人力资本存量增长的贡献率为 30.6%。尽管固定资产存量增长对 GDP 增长的贡献，要两倍于人力资本存量增长对 GDP 增长的贡献。但固定资产投资占 GDP 的 25% 以上，而公共教育支出却只占 GDP 的 2.5%左右。因此，从实际效益来说，投资于人力资本的公共教育支出对经济增长的贡献要高于用于物质资本的投资。这说明人力资本存量的增长对于经济增长来说是极为重要且极为有效的。

李忠民（1999）也提出了经济发展的三要素经济计量模型，即经济发展取决于人力资本、物质资本和制度，同时指出一国经济发展，必然经历以下六个阶段：物质资本推动阶段、技术决定阶段、人力资本决定阶段、制度决定阶段、人力资本和物质资本共同决定阶段、人的全面发展阶段。李建民建立了经济增长三要素模型，认为经济增长取决于物质资本投入、普通劳动力投入和人才投入，并应用其模型对我国京津沪地区进行了有针对性的实证研究，认为人才数量与固定资产投资同步增长时，其对经济增长的贡献份额大于固定资产贡献份额。

王金营（2001）采用总量生产函数分析法，同样采用柯布-道格拉斯生产函数估算出 1978～1998 年，人力资本存量在经济增长中的贡献率为 8.76%。沈坤荣认为 1953～1997 年中国经济增长的 76.7%是由生产要素投入的增加带来的，而综合要素生产率的增长仅为 1.8%。

二 人力资本对地区经济发展的影响研究

实证分析主要利用 1979 年以来山东人力资本投资和固定资产投资方面的数据，构建生产函数回归模型，分析人力资本投资对山东经济增长的重要作用。

（一）模型选择

由于本书研究的经济增长是包含人力资本投资这一变量的，所以采用经典的新经济增长理论中的生产函数，作为后文的计算模型。该模型是由产出量和资本、劳动、人力资本及技术进步等变量构成的。相应的函数形式为

$$Y = F(K, H, L, t) \tag{2-1}$$

式中，Y 为总产出；K 为资本投入；L 为劳动投入；H 为人力资本投入；t 为时间。本书采用柯布-道格拉斯生产函数

$$Y_t = A_{(t)} K_{(t)}^{\alpha} H_{(t)}^{\beta} L_t^{\gamma} e^{\varepsilon} \tag{2-2}$$

式中，Y 为产出；K 为物质资本投入；H 为人力资本投入，即卢卡斯所说的有

效劳动投入；L 为人才集聚指标；A 为技术水平。该模型内生地引入劳动力的人力资本水平因素，充分考虑了人力资本具有的生产功能特性，为判断人力资本在经济增长中的作用提供了可以参考的分析框架。因此本书将有效劳动模型作为要素分析的一个参照模型。

对式（2-2）进行对数变换后的回归方程如下：

$$\ln Y_t = \ln A_{(t)} + \alpha \ln K_{(t)} + \beta \ln H_{(t)} + \gamma \ln L_{(t)} + \gamma \tag{2-3}$$

式中，α、β 和 γ 分别为资本产出弹性、劳动产出弹性和人力资本产出弹性；A 为技术水平。

（二）数据选择

1. 总产出

本书中，总产出用 GDP 来衡量，用变量 Y 来表示。Y 的数据来源于 2007 年《山东统计年鉴》，但统计年鉴上的数据是名义 GDP，为了消除物价因素的影响，本书对 Y 以 1979 年价为基期进行了缩减处理，使得该序列成为以 1979 年价为基期的实际 GDP。

2. 物质资本和劳动力投入

物质资本投入用历年全社会固定资产投资来衡量，用变量 K 来表示，劳动力投入选择就业总人数，用变量 L 来表示。1979～2006 年的劳动力投入和固定资产投资的数据来源于 2006 年《山东统计年鉴》，为了消除物价因素的影响，本书对 K 以 1979 年价为基期进行了缩减处理。

（三）实证分析

1. 平稳性检验

对时间序列进行回归时对数据的平稳性要求较高，非平稳的时间序列容易造成虚假回归或伪回归，因此为了保证模型回归分析的一致性和有效性，在进行回归之前首先要对各个变量进行平稳性检验。单位根检验是检验时间序列平稳性的一种比较正式的方法，本书使用 Eviews 5.1 软件对上述五个变量进行了 ADF 单位根检验，结果如表 2-1 所示。

表 2-1　各变量 ADF 检验结果

变量	ADF 检验值	1%的临界值	结论	变量	ADF 检验值	1%的临界值	结论
$\ln M$	−4.075 593	−4.394 309	不平稳	$D(\ln M)$	−4.618 918	−4.416 345	平稳
$\ln L$	−2.935 387	−4.339 330	不平稳	$D(\ln L)$	−6.494 278	−4.356 068	平稳
$\ln H$	−3.748 585	−3.595 026	不平稳	$D(\ln H)$	−4.219 305	−3.595 026	平稳
$\ln Y$	−2.756 623	−4.416 345	不平稳	$D(\ln Y)$	−4.995 760	−4.356 068	平稳

通过表 2-1 的单位根检验可知，在 1%的显著水平上，四个时间序列变量都是非平稳的，而变量的一阶差分都是平稳的，因此模型中的四个变量均为一阶

平稳的时间序列 I（1）。

2. 协整检验

经过 ADF 检验可知，原时间序列都是非平稳的，直接建立回归模型的可信程度大大降低。由于五个原时间序列均为一阶单整 I（1），所以可以通过协整检验来确定这五个经济变量之间是否存在着长期均衡关系。本书使用 Johansen 和 Juselius 于 1990 年提出的基于向量自回归模型（VAR）的多重协整检验方法——Johansen 检验对五个 I（1）变量进行了协整检验，结果如表 2-2 所示。

表 2-2 Johansen 协整检验结果

虚拟假设	特征根	迹统计量	0.05 临界值	P 值
None	0.855 193	82.44 683	63.87 610	0.0 006
At most 1	0.478 823	34.13 803	42.91 525	0.2 822
At most 2	0.404 220	17.84 640	25.87 211	0.3 543
At most 3	0.177 965	4.899 304	12.51 798	0.6 109

从表 2-2 的 Johansen 检验我们可以看出，在 5%的显著水平下，只有第一个原假设被拒绝，即有且仅有一个协整关系。通过 Eviews 5.1 软件进行的 Johansen 协整检验表明 $\ln Y$、$\ln H$、$\ln L$、$\ln M$ 之间存有长期稳定的均衡关系。

3. 长期系数的确定

从 Johansen 协整检验可知，变量 $\ln Y$、$\ln H$、$\ln L$、$\ln M$ 之间存在着协整关系，所以我们可以运用向量误差修正模型（VEC）对变量进行回归分析，通过对每个变量长期系数的估计来明确变量之间的长期稳定的均衡关系。

运用 Eviews5.1 软件进行回归，结果如下（省略了不显著的滞后变量）：

$$
\begin{aligned}
D(\ln Y) = & -0.002\,008\,885\,434\times(\ln Y(-1)-0.202\,710\,780\,6\\
& \times\ln H(-1)-0.322\,193\,842\times\ln L(-1)-0.373\,761\,265\,8\\
& \times\ln M(-1)-0.961\,211\,363\,9)-0.488\,155\,549\,7\\
& \times D(\ln Y(-1))+0.286\,298\,102\,8\times D(\ln L(-1))\\
& +0.224\,253\,200\,8\times D(\ln M(-1))-0.118\,736\,448\,3\\
& \times D(\ln M(-2))+0.129\,433\,675\,4
\end{aligned}
$$

各项统计检验显示，VEC 模型拟合程度较好，非均衡误差项的系数为 −0.002 008 885 434，符合 VEC 模型的误差反项修正机制原理，系数较小说明模型稳定性强、短期波动影响很小。各变量的长期均衡关系为

$$
\begin{aligned}
\ln Y(-1) = & \;0.202\,710\,780\,6\times\ln H(-1)+0.322\,193\,842\times\ln L(-1)\\
& \;[-2.685\,09] \qquad\qquad\qquad\quad [-1.545\,88]\\
& +0.373\,761\,265\,8\times\ln M(-1)+0.961\,211\,363\,9\\
& \;[-5.390\,57]
\end{aligned}
$$

4. 结果分析

从 VEC 模型得出的长期均衡关系可以看出，人力资本投资（ln$H$）和劳动力投入（ln$L$）与物质资本投资（ln$M$）呈显著的正相关关系，说明山东人力资本投资、物质资本投资和劳动力投入与经济总量的增长有着密切的关系。其中人力资本投资产出弹性为 0.202 710 780 6，劳动力投入产出弹性为 0.322 193 842，物质资本投资产出弹性为 0.373 761 265 8。这说明人力资本投资已成为推动山东经济增长的重要因素之一。在长期的经济增长中，人力资本投资已成为促进山东经济增长的主要动力之一，因此要实现山东经济的快速增长，实现山东未来的经济增长模式的转变，需要政府提高对人力资本投资的重视程度，加大对教育和科技等方面的投入。

第二节　人才集聚的投入产出

一 人才集聚的成本与收益的理论分析

（一）人才集聚的成本理论分析

1. 经济成本

经济成本主要包含两个方面。一是工资成本，主要是指为获得人才资源所支付的工资、薪金的成本。一般而言，高层次人才的薪金要远高于当地的平均职工工资，这样才能体现人才资源的价值。但是高层次人才的工资与当地的平均工资又会有一个比较稳定的比例关系，我们可以假设这个比例常数为 k_1，当地的平均工资我们用 AW（average wage）来表示，一个地区的平均工资越高，对人才的吸引力就越强，因此平均工资的高低既可以作为人才集聚的诱因，也可以用来度量人才集聚的成本。二是变动成本，其又包括两个方面。①各地区为了吸引人才而推出的一些优惠政策，如住房政策、免税政策。②环境成本。为了吸引人才，政府必须改进就业、引智、引资环境，包括交通状况、医疗设施、人文环境与教育条件、社会保障与福利等。基础设施的主要投资者在于政府，其主要目的在于吸引人才留住人才、吸引投资留住投资，而人才又是企业投资效果的核心要素，因此各地政府财政支出中有固定的比例可以作为人才集聚的成本。各地区政府的财政支出我们用 GER（government expenditure by region）来表示，我们假定比例系数为 k_2。

2. 社会成本

（1）加剧贫富分化的风险。人才集聚在一定时期内可能会使得集聚地区的基尼系数有所拉大，使得地区的贫富分化加剧。这主要是由于人才集聚的产业一般是高新技术或新兴产业，这些产业所需要的知识和技术含量较高，单位时间所创造出的价值相对较多。这些产业的平均工资往往比其他行业的平均工资高出许多，从而在短期内可能会表现为贫富分化加剧，基尼系数扩大。这方面的效应我们可以用行业收入比IDS（income difference by sector，指行业平均工资最高值与最低值之比）来度量。但是需要注意，这个结论也可能会恰恰相反。因为人才集聚会促进社会教育、文化环境的改善。而根据美国经济学家雅各布·明瑟尔的研究，进入20世纪后，美国及一些西方国家个人收入差别缩小的变化趋势产生的根本原因是人们教育水平的普遍提高，这又是人力资本投资的结果。

(2) 失业率增大的风险。人才集聚会使得本地人口的就业受到冲击，从而加剧失业。失业率我们可以用UER（unemployment rate）来度量。

（二）人才集聚的收益分析

1. 对经济增长的促进与加速作用

自20世纪80年代后期以来，关于人力资本与经济增长关系的研究进入了一个新的阶段，其主要标志是把人力资本作为内生变量的长期经济增长理论模型或“内生型经济增长”模型的发展，其中最为著名的是美国经济学家罗默和卢卡斯的研究。在罗默的“收益递增型的增长模式”中，特殊的知识和专业化的人力资本是经济增长的主要因素，它们不仅能形成递增的收益，而且能使资本和劳动等要素投入也产生递增收益，从而使整个经济的规模收益递增，递增的收益是长期经济增长的保证。我们可以以G（growth），即经济增长率与人才集聚的关系，来度量人才集聚对经济的促进与加速作用。

2. 促进科技进步，加速创新

人才集聚推动了人与人之间的协作，加剧了竞争，技术创新是一种社会过程，需要既竞争又合作的特殊氛围。在实际中，知识共享对于不断创新的人来说极为重要。因为他们会争取主动赢得时间，以攻为守获得成功。人才集聚对创新活动的促进意义主要表现在知识、信息的快速流动方面。在集聚区内，人才作为高度专业化技能和知识的载体在地理上的集中，能产生较强的知识与信息累积效应，为集聚区提供实现创新的重要来源及所需的物质基础，这在加强集聚区持续创新能力方面起着关键作用。一般而言，隐含经验类知识主要蕴藏在人们（尤其是专家、工程师和技术工人）的大脑之中，很难用语言表达，个人属性较强。人才在地理上的接近，便于人们通过人员流动与私人交流等形式建立稳定和持续的关系，为隐含经验类知识准确传递与扩散提供基础条件，从而有利于提高创新速度。对创新的度量我们可以用专利授权数量（number of patent granted，NPG）和高新技术企业年总收入（total income of high-tech enterprises，IHE）来度量。

3. 传播教育科学、改善文化环境、提高居民素质

一方面，人才集聚可以为教育尤其是高等教育、文化产业提供人才支持，促进教育业尤其是高等教育业的发展；另一方面，人才集聚示范效应又会使得更多的人才流向一个地区。人才的流向对个体选择自己接受高等教育的地域及毕业后的地域存在很强的示范作用，教育产业的发达反过来又会为一个地区的产业集聚、人才集聚创造重要条件。由于人才集聚和一个地区大学生的数量存在同一性，所以我们用在校大学生数（total enrollment of yniversity students，EUS）来度量人才集聚对教育文化环境的提升作用。

4. 缩小收入差距，减轻贫富分化

美国经济学家雅各布·明瑟尔的研究表明，人才集聚在存在加剧贫富分化风险的同时，也对此起着恰恰相反的作用。其效应我们可以用行业收入比（income difference by sector，IDS）来度量。

5. 为新兴产业的发展创造先决条件，提供更多的就业机会，降低失业率

人才集聚可以带动相关产业的发展，创造出更多的就业机会，因此可以降低失业率。人才集聚可以为培养优势产业和产业集群提供智力、知识上的支持，从而使一个地区获得先行发展的优势，尤其是一些高新技术产业，如生物制药、电子信息、新材料新能源的研究等，离开了高层次的人才资源是根本无法发展起来的。此外，如果人才集聚达到一定阶段，高层次人才的消费能力相对较强，可以带动当地的商贸、旅游等第三产业的发展，而第三产业的发展可以提供更多的就业机会。因此人才集聚对失业率的影响是双向的，其最终效应如何因经济发展的不同阶段而异。我们用失业率（unemployment rate，UER）来度量人才集聚的就业效应。

二 人才集聚的实证分析结果

（一）数据选择

由于各个地区所处的经济发展阶段及区位优势不同，各个地区人才集聚的效应也存在差异。本书根据经济发展水平及区位优势的不同把中国内地分为东部地区和中西部地区，以2004年的具体数据为例，运用统计分析方法对两大地区的人才集聚效应的差异进行研究，以期得到有价值的分析结果（表2-3）。本书所指东部地区包括上海、北京、天津、浙江、江苏、广东、福建、山东等共15个省（直辖市）。中西部地区包括陕西、重庆、四川、河南、山西、湖南、湖

北等共16个省（自治区、直辖市）。

本书认为，具有从事一定程度的复杂劳动能力的劳动者才可以称为人才，因为这些人对社会进步的贡献最大，而这些能力必须经过后天艰苦努力的学习才可以获得，因此本书所指的人才是至少具有本科以上学历的人（学士、硕士、博士）。在进行分析的过程中，因为有些指标与人才的数量（N）关系更为密切，而另外一些指标与人才集聚的密度（我们用就业人口中本科及以上学历的人数与总就业人口的比重（R）来度量）关联性更强，所以我们区分了不同的情况，从而使分析更具合理性。

表2-3　2004年我国劳动就业各统计数情况分析

地区	本科及以上学历人数占比/%	本科及以上学历人数/百人	GDP增长率/%	行业收入比	失业率/%	高新技术企业总收入/万元	申请专利项数/项	年平均工资/元	在校大学生人数/人	财政支出/万元
东部地区										
上海	10.56	6 116.352	19.188 873	2.95	4.4	25 404 258	10 625	30 085	415 701	13 825 254
北京	16.27	10 969.234	16.931 288	5.5	1.3	36 867 835	9 005	29 674	499 524	8 982 756
天津	7.57	2 797.872	19.782 976	2.72	3.8	6 332 746	2 578	21 754	285 655	3 750 212
浙江	3.75	12 247.875	19.670 037	3.24	4.1	6 792 962	15 249	23 506	572 759	10 629 355
江苏	1.81	5 921.596	23.612 633	4.56	3.8	35 337 258	11 330	18 202	994 808	13 120 404
广东	1.95	7 361.835	17.713 291	4.58	2.7	36 067 661	31 446	22 116	726 866	18 529 500
福建	2.25	3 800.7	15.690 813	4.15	4	6 970 933	4 758	15 603	325 727	5 166 787
山东	2.18	9 910.934	24.564 307	3.24	3.4	21 570 932	9 733	14 332	946 124	11 893 716
海南	1.83	594.201	14.670 681	6.04	3.4	1 383 739	278	12 652	57 883	1 272 006
河北	2.26	7 381.386	23.529 138	4.38	4	4 440 927	3 407	12 925	697 440	7 855 591
江西	1.45	2 721.36	23.511 373	2.98	3.6	1 578 220	1 169	11 860	489 854	4 540 598
安徽	1.68	5 463.696	21.153 565	3.01	4.2	2 970 228	1 607	12 928	501 290	6 015 280
吉林	2.32	2 217.224	17.267 365	4.28	4.2	13 293 048	2 145	12 431	362 191	5 077 758
黑龙江	1.39	2 014.805	19.706 546	4.86	4.5	6 891 889	2 809	12 557	465 703	6 975 516
辽宁	2.94	4 664.31	14.495 697	6.55	6.5	12 826 683	5 749	14 921	583 465	9 313 979
中西部地区										
陕西	3.04	5 341.584	20.217 379	3.54	3.8	9 887 750	2 007	13 024	583 926	5 163 052
重庆	1.27	2 000.377	18.432 301	3.1	4.1	3 335 217	3 601	14 357	284 546	3 957 233
四川	1.05	4 487.805	20.154 426	2.99	4.4	8 983 088	4 430	14 063	637 340	8 952 534
内蒙古	2.29	2 104.281	26.119 205	3.11	4.6	2 482 333	831	13 324	198 709	5 641 117
西藏	0.1	12.32	14.655 827	5.76	4		23	30 873	14 731	1 338 335
宁夏	2.97	802.791	19.465 926	3.19	4.5		293	14 620	41 448	1 230 177
新疆	3.45	2 203.17	17.178 221	2.63	3.8	363 163	792	14 484	163 127	4 210 446
广西	1.63	4 110.208	21.387 283	3.54	4.1	3 282 650	1 272	13 579	281 044	5 074 721
云南	1.54	3 504.886	20.045 918	2.33	4.3	1 972 523	1 264	14 581	216 308	6 636 354
甘肃	2.18	2 728.27	19.494 864	2.41	3.4	1 208 727	514	13 623	200 282	3 569 366
贵州	1.85	3 895.175	17.387 233	2.4	4.1	1 283 870	737	12 431	179 852	4 184 181

续表

地区	本科及以上学历人数占比/%	本科及以上学历人数/百人	GDP 增长率/%	行业收入比	失业率/%	高新技术企业总收入/万元	申请专利项数/项	年平均工资/元	在校大学生人数/人	财政支出/万元
中西部地区										
青海	1.81	411.051	19.353 681	2.74	3.9		70	17 229	29 483	1 373 363
河南	1.45	7 850.155	25.061 75	2.76	3.4	4 597 119	3 318	12 114	702 846	8 799 580
山西	2.08	2 877.68	23.846 877	3.24	3.1	3 756 608	1 189	11 860	345 318	5 190 569
湖北	1.58	3 771.302	16.813 379	3.47	4.2	7 720 886	3 280	11 855	892 018	6 462 888
湖南	1.45	4 850.54	20.986 994	3.82	4.4	7 059 839	3 281	13 928	639 001	7 195 435

注：①GDP 增长率是由 2004 年的 GDP/2003 的 GDP 计算得来的，没有剔除通货膨胀因素；②本科及以上学历人数（用字母 N 来表示）占比是指就业人口中本科及以上学历的人数占总就业人口的比重（我们用字母 R 来表示）；③行业收入比是指按行业分的平均工资最高值与最低值之比

资料来源：《中国统计年鉴（2005）》、《中国劳动统计年鉴（2005）》并进行了适当的计算整理

（二）统计结果分析

1. 人才集聚的成本分析

1）工资成本分析

对东部地区的平均工资求平均值，计算结果显示东部地区的平均工资为17 703元，中西部地区的平均工资为 14 747 元。显然东部地区的平均工资更高，工资成本较大。对两地区的平均工资与人才集聚进行相关性分析。

（1）东部地区。利用以上数据，运用 SPSS12.0 统计分析软件，对东部地区本科以上学历的人数与平均工资作相关性分析，分析结果显示，东部地区本科以上学历的人数与平均工资呈显著的正相关关系，相关性系数 $r=0.554$ ，$P=0.032<0.05$。对东部地区本科以上学历的人数占总就业人口的比重与平均工资作比较，得到相关性系数 $r=0.836$ ，$P=0.000<0.05$，相关性更显著，而且相关关系也更强。

（2）中西部地区。对中西部地区数据作同样的分析，结果显示，如果不剔除西藏数据，中西部地区平均工资与本科及以上学历人数占比的相关性系数 r 均为负数。西藏的平均工资非正常性偏高，甚至超过上海为全国最高，这与经济发展水平明显脱节，是由经济以外的因素造成的，因此我们将西藏数据剔除后重新分析。

将西藏数据剔除后，重新作同样的分析，结果显示中西部地区平均工资与本科以上学历人数占比之间只存在微弱的正相关关系（$r=0.067$；$P=0.814$）；而平均工资与本科及以上学历人数占比的相关性系数 r 仍为负值（$r=-0.612$；$P=0.015$），这不能不说是一种非常奇怪的现象。为了更准确地说明问题，我们可以看一下中西部地区平均工资、本科及以上学历人数占比、本科及以上学历

人数三者关系的散点图。图 2-1 中，竖轴代表年平均工资，平面内的横轴和纵轴分别代表本科及以上学历人数和本科及以上学历人数占比。可以看出，中西部地区除个别省份外，平均工资差别并不明显，说明中西部地区人才集聚的主要诱因不是工资收入问题，而是受其他因素，如基础设施、教育科技条件、历史、人文等因素的严重影响。比如陕西、重庆、四川、湖南等的平均工资并不高，但各自都有文化、地域优势，另外这些地区本地高校多而且集中，教育产业发达，科学研究部门较为集中，因此虽然地处中西部地区，但仍然吸引了大量的人才，为经济发展提供了足够的智力支持，成为中西部地区承接东部地区产业转移的重要基地。

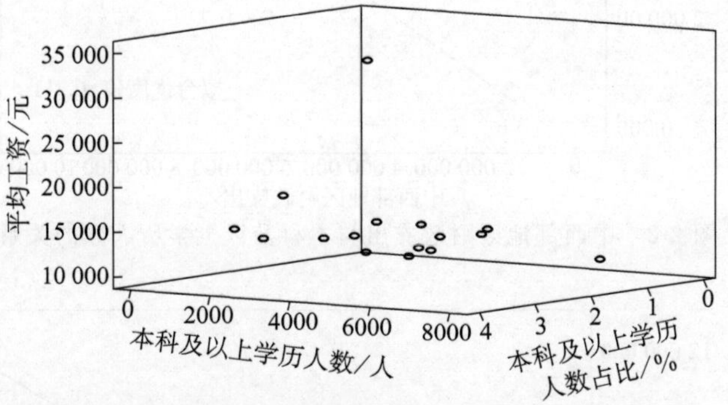

图 2-1　西部地区平均工资、本科以上学历人数占比、本科以上学历人数三者关系散点图

2）地区财政投入方面的人才集聚成本分析

运用 SPSS12.0 统计分析软件，对东部和中西部地区进行相关性分析。分析结果显示，东部地区财政支出与本科及以上学历人数的相关性系数 $r=0.615$，$P=0.015$；西部地区相关性系数 $r=0.843$，$P=0.000$。如果我们以政府财政支出（GER）为自变量，以东部地区的本科以上人数（N）为因变量作回归分析，得到回归方程为 $N=1645.86+0.0005\text{GER}$，$P=0.015$；对中西部地区作同样的分析，得到回归方程为 $N=-306.15+0.0007\text{GER}$，$P=0.000$，相关性非常显著。通过图 2-2 和图 2-3 来看可能会更直观一些。图 2-2 和图 2-3 分别是两地区财政支出与本科及以上学历人数的线性关系图。

中西部地区政府财政支出与本科及以上学历人数线性关系非常明显，几乎呈完美的直线关系（图 2-2），因此为了吸引更多的人才，中西部地区政府必须加大财政支持，健全优化吸引并留住高层次人才集聚的“软环境”和“硬环境”。从东部地区的情况来看（图 2-3），政府财政支出与人才集聚也呈正向线性关系，但是这种正向线性关系并不显著，因此对于东部地区而言，政府的资金投入对于人才集聚的作用而言并不像中西部地区那样有效。经济发展到一定阶段之后，其吸引人才主要靠自身经济发展的活力方面，对高层次人才的吸纳能力不再主要依靠外部的财政政策支持和推动，比如东部地区本科及以上学历人数最多的地区是北京、上海和广东，但它们的财政支出总量却并不是最多的。

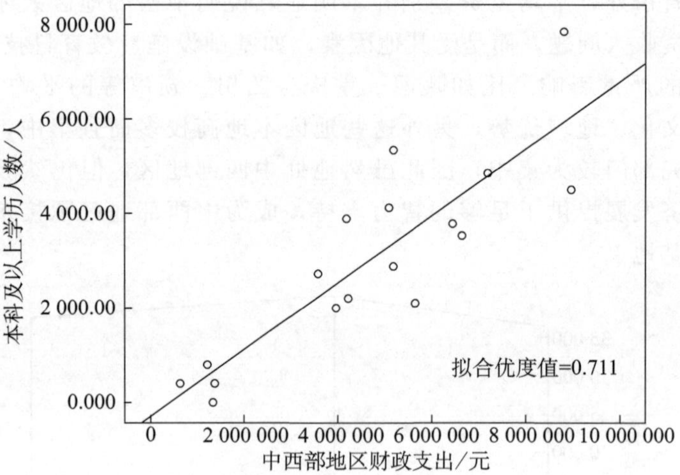

图 2-2　中西部地区财政支出与本科及以上学历人数的关系

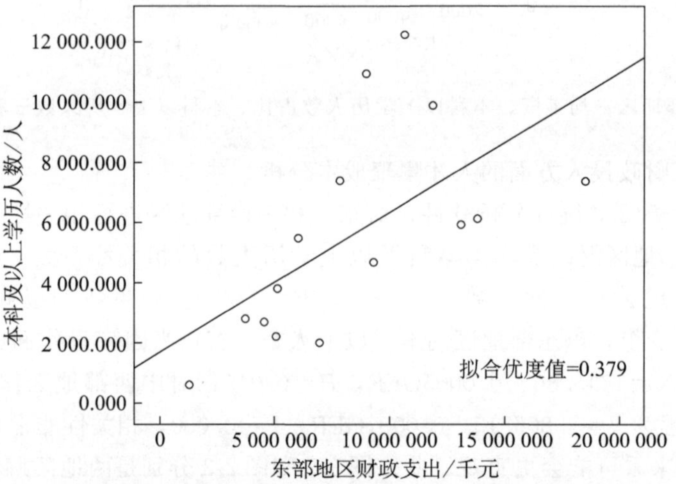

图 2-3　东部地区财政支出与本科及以上学历人数的关系

3）人才集聚的行业收入比及失业率成本/收益分析

运用 SPSS12.0 统计分析软件和以上数据，我们对两地区人才集聚（用本科及以上学历人数占总就业人口比重来度量）与失业率及行业收入比进行回归和相关性分析。以本科及以上学历人数占比为自变量（R），以行业收入比（行业平均工资最高与最低值之比）为因变量（IDS），作线性回归分析，考查人才集聚对收入差距的影响。分析结果显示，东部地区的回归方程为 $\text{IDS}=4.2+0.001R$，但是 $P=0.992$，接近于 1，表明两者并不存在显著的相关性。西部地区的回归方程为 IDS=4.103−0.491R，P=0.052，因此西部地区的收入差距不仅没有因为人才集聚而拉开，而且有相对缩小的趋势。

运用 SPSS12.0 统计分析软件和以上数据考查人才集聚（以本科及以上学历人数占总就业人口的比重度量）与失业率的相关性。分析结果显示，东部地区两者的相关性系数 $r=-0.458$，$P=0.086$；中西部地区 $r=-0.015$，$P=0.672$。可见，在东部地区，人才集聚促进了新兴产业的发展，而新兴产业的发展产生了更多的就业机会。两者显示出较显著的负相关性，这是人才集聚的收益；在中西部地区人才集聚的效应使得失业率也相应地有所降低，但是因为占比太小，其对失业率的抑制作用不大，相关系数仅为−0.115，且效果并不显著（$P=0.672$）。

2. 人才集聚的收益分析

（1）由前述的分析知，不管在我国的东部地区还是中西部地区，人才集聚都降低了失业率。在目前我国劳动力过剩、失业问题日益严重的情况下，实现、加速人才集聚，培育新兴产业，创造更多的就业机会对一个地区的发展具有重要意义。

（2）人才集聚促进科技进步，加速创新。我们用各地区年专利授权数量作为衡量一个地区创新能力的尺度。运用 SPSS12.0 统计分析软件和以上数据进行分析，东部地区人才集聚与专利授权数量具有显著的线性关系，线性回归方程为 NPG=189.770+1.295N，P=0.03；中西部地区人才集聚与专利授权数量也具有显著的线性关系，线性回归方程为 NPG=216.844+0.460N，P=0.007. 东部地区和中西部地区相比，同样数量的人才对本地区专利授权数量的贡献是不一样的，东部地区人才集聚的协作效应和学习效应比较明显，而中西部地区则相对较弱。

（3）人才集聚促进并加速经济增长。运用 SPSS12.0 统计分析软件和以上数据，以中西部地区本科及以上学历的人数 N 为自变量，以 GDP 增长率 G 为因变量作曲线回归，两者近似符合对数模型。$p=0.045$，函数关系较为显著，$\partial G/\partial N>0$，表明人才集聚对经济增长有促进作用，但是，$\partial^2 G/\partial^2 N$，表明人才集聚并不是对经济的增长起绝对作用的因素。对东部地区作同样的回归分析，发现两者之间的函数关系并不符合任何一种模型，两者之间的散点图也表明，人才集聚与 GDP 增长率也不存在正向函数关系。但是这并不能说明人才集聚对东部地区毫无意义，因为当经济发展到一定程度以后，GDP 的增长率并不能说明任何问题，经济增长的方式应该由注重数量增长的粗放式大跃进型的增长转向可以优化产业结构的质的提升。人才集聚对经济增长更重要的意义表现为人才集聚对新兴高科技产业形成的孵化作用。

对高新技术产业收入与本科及以上学历人数作相关性分析。分析结果显示，东部地区人才集聚（以本科及以上学历人数度量）与高新技术企业总收入之间的相关性系数为 $r=0.483$，$P=0.068$；中西部地区人才集聚与高新技术企业总收入的相关性系数为 $r=0.509$，$P=0.706$。可见两地区人才集聚与高新企业总收入存在正相关关系，但并非呈严格的线性关系。对数据继续作曲线回归，分析结果显示东部地区高新技术企业总收入（IHE）与本科及以上学历人数（N）的关系式为 $IHE=b_0e^{b_1N}=3718539e^{0.0002N}$，这种曲线关系并不很显著（$P=0.051$），如图 2-4 所示，高学历人数最高的浙江省 2004 年的高新技术企业总收入仅为 6 792 962 万元，与北京相差甚远，这可能与各地的优势产业不尽相同有关系。

对中西部作同样的分析，结果显示中西部地区人才集聚与高新技术企业总收入之间近似符合幂模型关系，关系式为 $IHE=b_0N^{b_1}=53.54N^{1.34}$，与东部地区相比，中西部地区曲线的斜率更大，说明人才集聚对中西部地区的高新技术企业收入意义更大，两曲线的二阶倒数都大于零，表明人才集聚对经济增长尤其是高科技产业具有明显的加速作用。

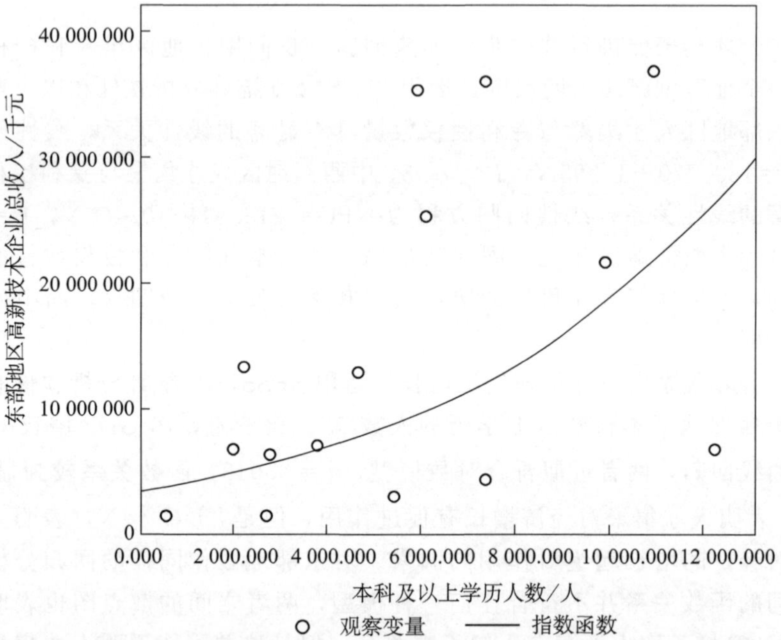

图 2-4　东部地区高新技术企业收入与本科及以上学历人数的曲线回归分析

（4）人才集聚对教育科学、文化环境、居民素质提升的作用。经过前面的分析，我们以本科及以上学历人数（N）为自变量，以在校大学生人数（EUS）为因变量作线性回归分析，分析结果显示两者之间呈现明显的线性关系。其中东部地区的线性关系为 $EUS=296\ 539.20+41.302N$，显著性水平 $P=0.022<$

0.05；中西部地区两者的线性关系为EUS＝4696.106＋104.704N（图2-5），而且线性关系非常显著，P＝0.000。由此可见，中西部地区人才集聚对教育科学、文化环境和提升居民素质方面的示范效应和引致效应更强。

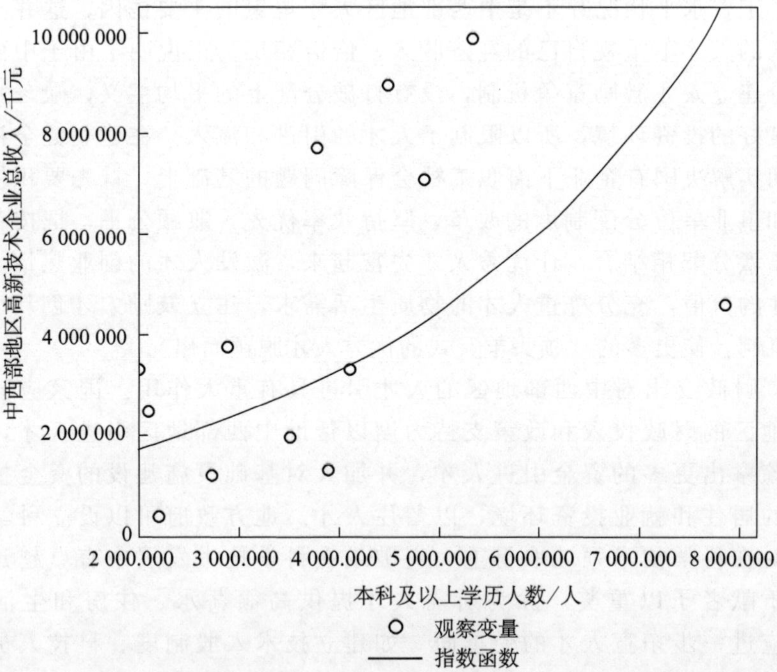

图2-5　中西部地区高新技术企业收入与本科及以上学历的人数的曲线回归分析

三 分析结果

通过对处于不同发展阶段、水平和层次的东部和中西部地区的人才集聚成本和收益进行理论及实证分析，我们可以将人才集聚的成本归结为平均工资（k_1AW）、财政支出（k_2GER）和其他因素U_1；人才集聚的收益可归结为经济增长（G）、促进创新（NPG）、降低失业率（UER）、提升教育科学发展和提高居民素质（SCI）及其他因素U_2，因此人才集聚的净收益可以用下面的等式表示：NE＝f_1（G，NPG，UER，SCI，U_2）－f_2（k_1AW，k_2GER，U_1），从理论上来讲，当$\partial NE/\partial N=0$时，这种净收益达到最大值，而后会呈现递减趋势。但是我们认为，如果仅仅从某个地区的经济方面考虑，这个临界点是有可能达到的。但如果从整个社会的教育、科技、文化、核心竞争力综合来考虑，这个临界点是永远不会达到的，人才集聚的净收益应该永远为正，即$\partial NE/\partial N>0$恒成立。从我国的目前的现实情况来看，对于两大地区而言都有净收益远远大于零，即$\partial NE/\partial N$

<0 都成立，因此，人才集聚对地区乃至我国的综合国力的提升具有重要意义。

由以上实证分析结果，我们可以得到一些启示，相应地，我们认为应该采取一些措施改进目前的状况。

（1）工资水平状况并不是中西部地区人才集聚的主要诱因，这并不说明中西部地区的人才不重视自己的经济收入，恰恰相反，正说明了由于中西部地区没有充分建立人才激励竞争机制，没有打破分配上的平均主义，缺乏足够的吸引力和良好的投资环境，所以限制了人才的引进和流入。在建立健全社会保障机制、切实解决国有企业下岗职工社会保障问题的基础上，首先要积极推进国有企业和事业单位分配制度的改革，坚持效率优先，兼顾公平，把按劳分配与按生产要素分配相结合，让优秀人才先富起来，激发人才的创业热情。要充分重视人才的价值，充分尊重人才的物质生活需求，建立鼓励人才创新、创业和创效的机制，使更多的“领头羊”式的优秀人才脱颖而出。

（2）财政支出对中西部地区的人才引进具有重大作用。国家应该加大对中西部地区的财政投入和政策支持力度以帮助中西部地区引进人才，当地政府也应该拿出更多的资金引进人才，并加大对基础设施建设的资金投入，创造更好的居住和就业投资环境，以留住人才。地方政府可以设立科学技术贡献奖，对在科学技术领域取得重大突破或在科学技术发展中有卓越建树，做出巨大贡献者予以重奖。除为所需人才提供高额薪水、住房和生活补贴之外，还应进一步拓宽人才的受惠面．如建立技术入股制度、科技人员持股经营制度，对高科技人才实行优惠税收政策；为创业者提供风险投资或专项资金支持，提供创业所需的高品质、低租金的经营场地；允许根据企业的经济效益决定企业经营者的劳动报酬等；切实提高科技人才的政治地位，不能用党管干部的办法管理科技工作者，党政干部团结科技人才，从心底尊重科技工作者，保护科技人才献身经济建设的积极性、主动性和创造性。除了财政方面的支持外，可以由政府牵头，推进本地的人才集聚工程，广泛宣传，并深入高等院校、科研单位、国有企业、民营企业等进行宣传，不断征集新岗位，实行高层次人才推荐与回访制度，及时沟通情况，解决问题，建立“上下联动”的工作格局，以保证集聚工程的顺利推进。比如上海自 2003 年启动的“万名海外留学人才集聚工程”成效非常显著，这其中，上海市政府对人才集聚工程的大力宣传、合理的人才引进与回访制度、对高层次人才创业的政策优惠起了很大作用。

（3）人才集聚的收益远远大于成本，包括降低失业率、加速经济腾飞、促进科技发展、加快创新速度、提高国民素质等，这些都有助于实现经济的可持续发展，实现经济增长的良性循环。从我国目前的总体状况来看，东部地区是高学历、高技术人才的主要流向地，自身的经济活力是我国人才流向的主要诱因，高层次人才的流入进一步增强了东部地区的经济活力和持续发展的能力，人才分布的不均衡性加剧了东西部差距，且差距仍有拉大的趋势。除了外来人才的流入外，东部地区应该同时注重本土人才的培养，以增强自身可持续发展的能力。东部地区应该充分发挥人才集聚的协作效应、学习效应、竞争效应、节约效应、稳定效应、引致效应、品牌效应和示范效应，建立科学合理的用人制度，创建各种高新技术产业园区、科技创业中心、留学生创业园、博士创业园、大学生创业基地等为人才创业提供更多机会。同时减少人才集聚的边际效应，减少人才的限制和浪费现象，借此机会优化自身产业结构，实现产业优化升级。

第三节　欠发达地区的“人才集聚陷阱”

一　欠发达地区存在的人才集聚陷阱

人才是经济发展的主要推动力量，特别是进入知识经济时代，人力资本已经超过了物质资本成为经济增长最为重要的因素。目前，随着我国改革开放的进一步深入，地区间人才流动的壁垒已经降得很低，基本上不存在行政干预。这是我们社会的进步，也有利于我国经济的快速发展。但同时也出现了欠发达地区人才流失严重的问题，使欠发达地区的经济发展速度相对来说更加迟缓。

如果把一个国家看成一个经济整体，那么对于其中的不同地区而言，人才是否丰富将会对该地区的经济发展水平产生重要影响，从而会影响该地区在整个经济体中所处的地位。同样，某地区在整个经济体中的地位的高低，也决定了该地区对人才的吸引能力的大小，从而决定了该地区的人才含量水平。本书以散点图的形式大致描述了人才丰富程度和经济发展水平之间的关系。

首先我们用人才含量的概念来衡量一个地区的人才丰富程度。人才是否丰富不能仅以该地区人才总量的大小来衡量，因为地区之间人口基数和地域面积的差别很大，对人才数量的要求也不相同。因此用表示人才密度的相对指标来衡量人才的丰富程度更为合理，也使不同地区的人才状况更具有可比性。

$$人才含量=(大专以上学历人数/三次产业就业人数)\times 100\% \quad (2\text{-}4)$$

为了消除个别年份的异常波动，使数据更具有普遍代表性，取我国各地区2001～2004年的人才含量的简单平均，作为各地区的平均人才含量（表2-4）。

表 2-4　2001～2004 年我国人才含量统计

地区	2001 年人才含量	2002 年人才含量	2003 年人才含量	2004 年人才含量	平均人才含量
全国	0.060 281	0.076 235	0.088 758	0.093 532	0.079 702
北京	0.362 94	0.343 717	0.327 109	0.380 411	0.353 544
天津	0.215 837	0.252 597	0.251 621	0.332 669	0.263 181
河北	0.053 233	0.087 684	0.124 322	0.110 841	0.094 02
山西	0.078 635	0.099 836	0.113 235	0.111 763	0.100 867
内蒙古	0.087 812	0.125 754	0.122 985	0.148 401	0.121 238
辽宁	0.141 015	0.120 282	0.194 824	0.172 975	0.157 274
吉林	0.125 033	0.153 12	0.160 068	0.161 183	0.149 851
黑龙江	0.106 778	0.109 024	0.110 594	0.106 241	0.108 159
上海	0.259 248	0.317 624	0.345 415	0.382 446	0.326 183
江苏	0.080 28	0.076 685	0.097 426	0.094 428	0.087 204
浙江	0.052 953	0.089 121	0.092 107	0.108 006	0.085 547
安徽	0.040 237	0.046 209	0.086 273	0.078 062	0.062 695
福建	0.060 302	0.079 846	0.087 186	0.083 214	0.077 637
江西	0.054 047	0.057 568	0.125 003	0.091 248	0.081 966
山东	0.064 233	0.101 366	0.096 592	0.095 793	0.089 496
河南	0.044 222	0.069 413	0.052 042	0.071 904	0.059 395
湖北	0.094 625	0.089 175	0.122 933	0.129 092	0.108 957
湖南	0.053 847	0.077 909	0.083 444	0.091 423	0.076 656
广东	0.076 493	0.094 231	0.090 103	0.090 185	0.087 753
广西	0.041 17	0.060 441	0.078 292	0.089 526	0.067 357
海南	0.070 755	0.077 311	0.122 619	0.108 171	0.094 714
重庆	0.052 96	0.059 549	0.064 124	0.063 847	0.060 12
四川	0.046 18	0.068 689	0.068 749	0.066 455	0.062 518
贵州	0.032 63	0.058 451	0.088 017	0.073 982	0.063 27
云南	0.036 708	0.033 118	0.030 858	0.064 835	0.041 38
西藏	0.026 921	0.014 931	0.015 585	0.017 659	0.018 774
陕西	0.083 271	0.073 165	0.116 787	0.135 556	0.102 195
甘肃	0.056 639	0.058 637	0.082 932	0.105 813	0.076 005
青海	0.065 093	0.060 982	0.096 925	0.084 995	0.076 999
宁夏	0.072 849	0.103 192	0.099 51	0.128 495	0.101 011
新疆	0.138 094	0.259 71	0.243 676	0.240 968	0.220 612

注：根据各年《中国统计年鉴》的数据计算得出

同样道理，我们使用人均 GDP，对经济增长进行衡量，以达到消除地区间人口总量的差别的目的。取我国各地区 2001～2004 年人均 GDP 的简单平均，作为各地区的平均人均 GDP（表 2-5）。

表 2-5　我国各地区 2001～2004 年人均 GDP　　　（单位：元）

地区	2004 年人均 GDP	2003 年人均 GDP	2002 年人均 GDP	2001 年人均 GDP	各年平均人均 GDP
北京	37 058	32 061	28 449	25 523	30 772.75
天津	31 550	26 532	22 380	20 154	25 154.12
河北	12 918	10 513	9 115	8 362	10 227.06

续表

地区	2004年人均GDP	2003年人均GDP	2002年人均GDP	2001年人均GDP	各年平均人均GDP
山西	9 150	7 435	6 146	5 460	7 047.75
内蒙古	11 305	8 975	7 241	6 463	8 495.792
辽宁	16 297	14 258	12 986	12 041	13 895.42
吉林	10 932	9 338	8 334	7 640	9 061.003
黑龙江	13 897	11 615	10 184	9 349	11 261.25
上海	55 307	46 718	40 646	37 382	45 013.25
江苏	20 705	16 809	14 391	12 922	16 206.75
浙江	23 942	20 147	16 838	14 655	18 895.5
安徽	7 768	6 455	5 817	5 221	6 315.193
福建	17 218	14 979	13 497	12 362	14 514
江西	8 189	6 678	5 829	5 221	6 479.25
山东	16 925	13 661	11 645	10 465	13 174
河南	9 470	7 570	6 436	5 924	7 349.932
湖北	10 500	9 011	8 319	7 813	8 910.693
湖南	9 117	7 554	6 565	6 054	7 322.5
广东	19 707	17 213	15 030	13 730	16 420
广西	7 196	5 969	5 099	4 668	5 733
海南	9 450	8 316	7 803	7 135	8 176
重庆	9 608	7 209	6 347	5 654	7 204.5
四川	8 113	6 418	5 766	5 250	6 386.75
贵州	4 215	3 603	3 153	2 895	3 466.573
云南	6 733	5 662	5 179	4 866	5 610
西藏	7 779	6 871	6 093	5 307	6 512.5
陕西	7 757	6 480	5 523	5 024	6 196
甘肃	5 970	5 022	4 493	4 163	4 911.997
青海	8 606	7 277	6 426	5 735	7 010.891
宁夏	7 880	6 691	5 804	5 340	6 428.75
新疆	11 199	9 700	8 382	7 913	9 298.5

资料来源：根据各年《中国统计年鉴》相关数据得出

我国不同地区人均GDP和平均人才含量的关系可用图2-6表示（所有图中数据均已消除量纲）。

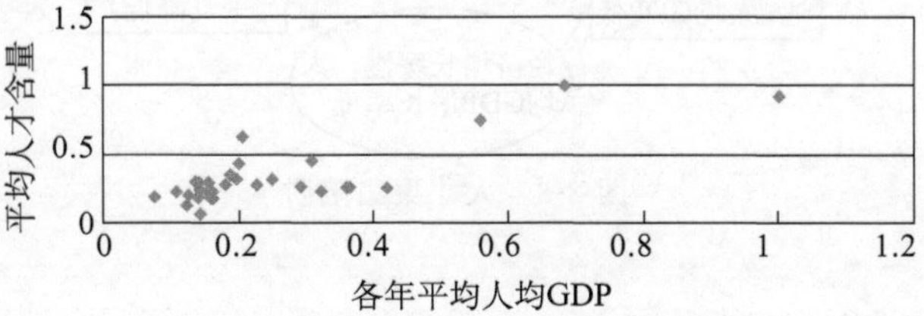

图2-6　人均GDP对人才含量的影响

由图2-6可以看出地区人才含量与人均GDP之间有明显的正相关关系，人均 GDP 高的地方会有丰富的人才，也就是人才含量较高。这就证实了经济发展水平会对人才产生较强的集聚效应，是引起人才集聚的主要因素。

而人才资源作为当今社会经济增长的最主要的资源，会对经济发展产生强烈的推动作用。这就使得人才含量高的地区经济增长会比其他地区更快，这一点我们可以通过图 2-7 得到证实（我们取 2001～2004 年各地区人均 GDP 增长量的简单平均作为人均 GDP 的平均增长量）。

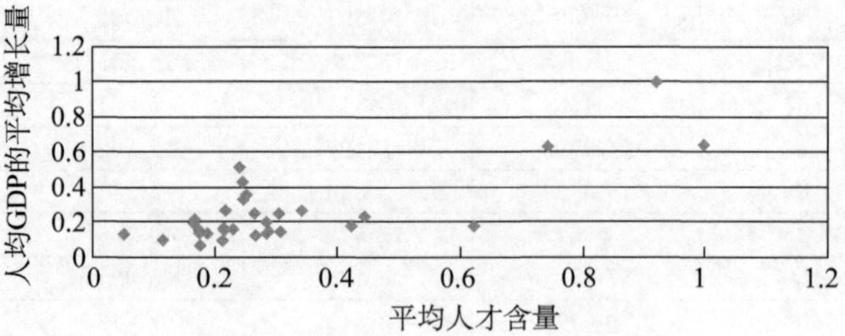

图 2-7　人才含量对经济增长的影响

可以看出人才含量与人均 GDP 增长量之间也存在正相关关系，即人才含量高的地区经济增长相对较快，而人才含量低的地区经济增长相对缓慢。

根据以上的分析，可以得出以下结论：如果某地区的经济发展水平在整个经济体中处于落后状态（即欠发达），那么它对人才的吸引能力就小，从而人才含量也低于整个经济体的平均人才含量，处于相对落后的地位；而人才含量的相对落后使得该地区的经济增长缓慢，从而使该地区的经济状况相对于平均水平进一步降低；这种经济地位的进一步弱化，使该地的吸引人才的能力变得更差，最终引起本地的人才含量恶化。这样，这类欠发达地区的人才流动就陷入了一个恶性循环。我们通过图 2-8，直观地把它表示出来。我们把这种恶性循环称为人才集聚陷阱。

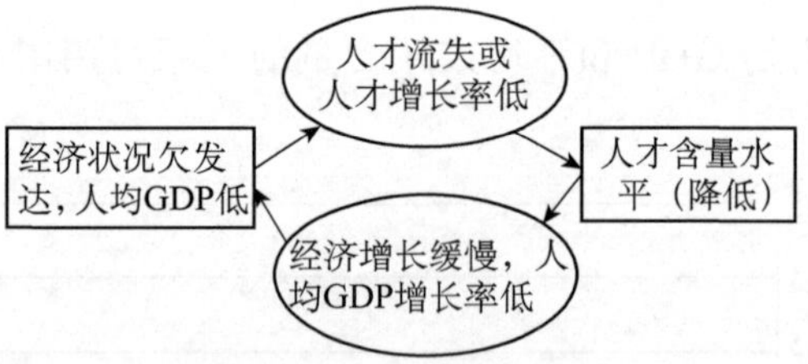

图 2-8　人才聚集陷阱

二 突破人才集聚陷阱的思路

研究人才集聚陷阱的目的是跳出陷阱，这样就有了一个突破环节的选择问题：究竟是先采取措施提高欠发达地区的人才含量水平，继而促使人均GDP增长率提高，最终达到提高该地区综合经济水平的目的，突破集聚陷阱；还是先想办法改善经济状况，把本地区的人均GDP提高到适当的水平，从而增强本地对人才的吸引力，达到人才丰富和经济增长的最终目的。

很多学者在讨论欠发达地区人才流失问题时，侧重于研究如何留住人才，主张先采取措施提高欠发达地区的人才增长率，继而发挥人才对经济的推动作用，也就是我们上述第一种突破陷阱的方法。这种讨论大多集中于留住人才的具体措施，如提高人才的收入水平，提高人才的各种待遇，提高人才的地位，用感情留人等。

这种就事论事的方法，应该说是解决欠发达地区人才流失问题的最直接的方法，从理论上分析也应该非常有效。但在现实中，其实施过程却受到许多限制，使它的有效性大打折扣。首先，采用这种方法，要保证在实施过程中吸引人才的优惠政策长期不变。因为通过增加本地人才含量来带动经济增长，本身就是一个长期的、缓慢的过程。要等待人才集聚达到一定程度，各类人才达到一定的合理比率，才能显现出其对经济增长的推动作用，这些都需要长期稳定的政策措施和相应的长期的成本投入作保障。然而各地方政府随着领导集团的流动变迁，能否传承、坚持这种耗时长、投资大、见效慢的优惠政策就很值得怀疑。其次，这种方法需要各个企事业单位的积极配合。要推动经济的发展就需要引进大量的、多种类型的人才，而这些人才要分别到各种特定的企事业单位中去才能发挥作用，他们的岗位和待遇也要由具体的用人单位来最后决定。随着我国企事业单位改革的不断深入，政府部门再也不能像过去那样用行政命令等方式直接干预企事业单位，特别是企业的内部事务。政府只能做建议、指导性工作，各种具体的优惠措施最终能否真正得到实施，还要看各单位领导能否积极配合。要让形形色色的企事业单位都主动积极采取有效措施吸引人才、应用人才并非易事，需要政府有关部门做好各单位领导的思想工作，使他们转变观念，这也是一个漫长的过程。时滞太长使这种方法的可行性降低。最后，只有吸引人才的思想和政策而没有用人的硬件环境和舞台，最终也无法达到长久留住人才的目的。

这种直接吸引人才的突破方法，用于某些地区吸引专门的特定的人才可能是非常有效的，但对大量吸引各种类型的人才、增加本地的人才含量、改善地区人才结构效果并不明显，也就很难最终起到推动经济增长的作用。在这里，我们更倾向于采用第二种突破方法：先提高人均GDP水平、改善地区经济状况、为使用人才搭建好舞台，再采取措施吸引人才，最终达到经济的可持续发展的目的。

也许有人会提出疑问：在没有足够人才的情况下，能实现经济水平的提高吗？关于这个问题我们认为，没有人才不能实现真正的可持续经济发展，特别是在这样一个知识经济时代。但我们所说的这种突破方法中的提高经济发展水平，是指短期内实现一个暂时的经济跳跃，是搭建一个舞台或说是建一个引“凤”的巢。最初它确实只是一个空架子，可是如果我们的“巢”能够顺利引来“凤”，那么我们的经济就有了持续发展的动力，最终就能实现真正的发展、摆脱欠发达的地位。这种暂时的经济跳跃能不能实现呢？实践证明是可行的。在前一时期风靡全国的招商引资热潮中，确实有些经济落后城市发生了翻天覆地的变化，经济状况至少在表面上有了显著的改善。

可是这种从提高经济水平入手突破人才集聚陷阱的途径是有风险的，它的风险性在于：这种暂时的经济增长能否顺利起到吸引人才的作用。如果能够顺利达到吸引人才的目的，那么这种短期的人为的GDP增长就有了继续发展的动力，使前期的各种投入和建设有了用武之地，并成功地突破人才集聚陷阱。相反，如果不能在一定的时期内及时起到吸引人才的作用，不但不能突破人才集聚陷阱，还会使前期的各种投入得不到有效的利用，造成巨大的财力浪费，从而对当地的经济造成极大的打击，使欠发达地区的经济陷入更加糟糕的境地。

那么这种暂时的经济跳跃，能不能顺利起到吸引人才的作用呢？从理论上讲能起到作用。由我们第二部分分析的人均GDP和人才含量的关系可知，欠发达地区只要将本地区人均GDP在整个经济体中的地位提高到一定的程度，就自然能够提高该地区的人才含量的水平。然而在现实当中，它的效果会受到其他因素的影响。首先会受到个人预期的影响。人才有向经济发达地区流动的趋势，也就是会向人均GDP高的地区流动，但是如果某地的人均GDP的增长是短期行为引起的，那么人们会预期到这种经济增长可能不会持续，因而拒绝向该地区流动，至少会在观望一段时间后再作决定。在人们的这种预期的影响下，突破人才集聚陷阱的尝试就会失败。其次是时滞问题。从提高经济水平入手突破人才集聚陷阱要求在短期内就能成功吸引大量人才，因为此时的经济水平的提高只是暂时的，如果不能在短期内发挥效用就会后手不接，人均GDP就会降下来，使突破人才集聚陷阱的愿望落空。可见，这种突破陷阱的方法是有很大风险的。

既然有很大的风险，那为什么我们还要主张采用这种方法呢？原因之一是它更有效。表面上看单纯吸引人才的第一种突破方法风险很小，不会引起经济的巨大波动。但根据我们前面分析的，它在很大程度上具有无效性和长期性，这就决定了它不是解决问题的方法。相比较而言，第二种方法的效果能够很快显现。我们选择第二种突破方法的原因之二在于，它的风险是可以降低的。降低风险的方法就是在提高人均GDP的同时配合一定的积极有效的吸引人才的措施，增加该地的人才吸引力，抵消人们的不利预期，缩短人才流动的时滞。这样才能保证该地短期的经济增长能够发挥它应有的作用，实现增加人才含量的目的，成功突破人才集聚陷阱。

沿着这种思路，欠发达地区可以采取以下措施：通过加强城市基础设施建设，在短期内提高本地区的人均 GDP 水平，同时配合实施为某些人才提供免费公共服务或超值服务的优惠措施，以增强吸引能力；还可以通过实施优惠政策，吸引实力雄厚的企业和科研机构进驻本地区，以实现短期内有效拉动本地区经济的增长，同时配合实施为高级人才发放政府特殊津贴、安置家属就业甚至安排住房等直接吸引人才的优惠措施，以降低风险。

附录：农村地区人力资本对经济发展的影响

本附录将对我国农村地区经济发展中的贡献因素进行分析，以探讨不同因素对农村经济发展的影响，特别是要针对人力资本问题展开，以分析 30 多年来农村经济发展中人力资本的作用究竟有多大。

一、模型选择

由于本书研究的经济增长是包含人力资本投资这一变量的，所以本书采用经典的新经济增长理论中的生产函数作为后文的计算模型。该模型是由产出量和资本、劳动、人力资本及技术进步等变量构成的。相应的函数形式为

$$Y=F\ (K,\ H,\ L,\ t) \qquad (\text{附 } 2\text{-}1)$$

式中，Y 为总产出；K 为资本投入；L 为劳动投入；H 为人力资本投入；t 为时间。本书采用柯布-道格拉斯生产函数

$$Y_t=A_{(t)}K_{(t)}^{\alpha}H_{(t)}^{\beta}L_{(t)}^{\gamma}e^{\varepsilon} \qquad (\text{附 } 2\text{-}2)$$

式中，Y 为产出；K 为物质资本投入；H 为人力资本投入，即卢卡斯所说的有效劳动投入；L 为人才集聚指标；A 为技术水平。该模型内生地引入劳动力的人力资本水平因素，充分考虑了人力资本具有的生产功能特性，为判断人力资本在经济增长中的作用提供了可以参考的分析框架，因此本书将有效劳动模型作为要素分析的一个参照模型。

对式（2-2）进行对数变换后的回归方程如下：

$$\ln Y_t=\ln A_{(t)}+\alpha\ln K_{(t)}+\beta\ln H_{(t)}+\gamma\ln L_{(t)}+\gamma \qquad (\text{附 } 2\text{-}3)$$

式中，α、β 和 γ 分别表示资本产出弹性、劳动产出弹性和人力资本产出弹性；A 为技术水平。

从上面建立的分析模型可以看出，我们研究的对象总共涉及四个指标，一个因变量指标和三个自变量指标，下面我们对这些指标逐一进行分析。

1. 总产出

本书中，总产出用 GDP 来衡量，用变量 Y 来表示。因为农村地区的 GDP 到目前为止还没有官方的统计数据，给本书的分析带来了数据搜集上的困难，因此本书借鉴熊启泉（1999）在《中国农村国内生产总值（GDP）的估计：理论、方法及实证测算》一文中估算农村 GDP 的方法，其计算公式是

农村 GDP=（农林牧渔业增加值＋乡镇企业增加值

＋农村非物质生产部门所创造的增加值）×100/90

农村非物质生产部门所创造的增加值＝农民人均纯收入×乡村人口数×10%

运用这种方法，我们估计出了 1980～2006 年的农村 GDP 数值，具体结果如表 2-6 所示。

表 2-6　1980～2006 年的农村 GDP

年份	农村 GDP	年份	农村 GDP	年份	农村 GDP
1980	2 456.3	1989	8 804.0	1998	38 801.4
1981	2 738.3	1990	10 008.0	1999	41 466.0
1982	3 136.1	1991	11 200.2	2000	43 922.0
1983	3 566.1	1992	13 581.6	2001	47 019.8
1984	4 248.6	1993	16 696.3	2002	50 859.2
1985	4 921.3	1994	24 043.6	2003	55 996.7
1986	5 464.4	1995	31 188.2	2004	65 451.4
1987	6 445.6	1996	33 374.1	2005	75 380.4
1988	2 456.3	1997	34 201.2	2006	84 640.1

注：本表数据取自历年《中国统计年鉴》和《中国农村统计年鉴》并经测算估计而成

2. 物质资本和劳动力投入

物质资本投入用历年农村地区的固定资产投资来衡量，用变量 K 来表示，劳动力投入选择农村劳动力人数，用变量 L 来表示。1980～2006 年的劳动力投入和固定资产投资的数据来源于历年的《中国农村统计年鉴》，详见表 2-7。

表 2-7　1980～2006 年的劳动力投入和固定资产投资

年份	农村固定资产投资/亿元	农村劳动力/万人	年份	农村固定资产投资/亿元	农村劳动力/万人
1980	133	31 836	1990	1 242	47 708
1981	249	32 672	1991	1 536	48 026
1982	329	33 867	1992	2 000	48 291
1983	415	34 690	1993	2 768	48 546
1984	553	35 968	1994	3 507	48 802
1985	677	37 065	1995	4 375	49 025
1986	820	37 990	1996	5 346	49 028
1987	1 061	39 000	1997	5 746	49 039
1988	1 321	40 067	1998	5 914	49 021
1989	1 276	40 939	1999	6 122	48 982

续表

年份	农村固定资产投资/亿元	农村劳动力/万人	年份	农村固定资产投资/亿元	农村劳动力/万人
2000	6 695	48 934	2004	11 449	48 724
2001	7 212	49 085	2005	13 678	48 494
2002	8 011	48 960	2006	16 629	48 090
2003	9 754	48 793			

3. 人力资本投入

我们在对农村地区人力资本进行计量的时候，参考侯风云教授的形成基础法，但对其进行一下改变，结合农村地区的实际情况，从而完成农村地区人力资本的计量。具体数据见表 2-8。

表 2-8　农村地区经济和投入数据

年份	GDP/亿元	人力资本投资/亿元	固定资产投资/亿元	劳动力/万人
1980	2 456.3	640.655 8	133	31 836
1981	2 738.3	706.518 1	249	32 672
1982	3 136.1	803.283 8	329	33 867
1983	3 566.1	857.268 1	415	34 690
1984	4 248.6	925.073 3	553	35 968
1985	4 921.3	1 052.264 2	677	37 065
1986	5 464.4	1 193.907 6	820	37 990
1987	6 445.6	1 377.814 5	1 061	39 000
1988	8 023.0	1 595.641 9	1 321	40 067
1989	8 804.0	1 849.389 8	1 276	40 939
1990	10 008	2 104.560 7	1 242	47 708
1991	11 200.2	2 297.871 4	1 536	48 026
1992	13 581.6	2 662.912 8	2 000	48 291
1993	16 696.3	3 154.766 9	2 768	48 546
1994	24 043.6	3 797.674 6	3 507	48 802
1995	31 188.2	4 595.663 9	4 375	49 025
1996	33 374.1	5 432.165 8	5 346	49 028
1997	34 201.2	5 955.069 3	5 746	49 039
1998	38 801.4	6 670.960 5	5 914	49 021
1999	41 466	7 316.599 8	6 122	48 982
2000	43 922	8 221.755 1	6 695	48 934
2001	47 019.8	9 222.329	7 212	49 085
2002	50 859.2	10 275.831	8 011	48 960
2003	55 996.7	11 741.861	9 754	48 793
2004	65 451.4	13 361.824	11 449	48 724
2005	75 380.4	15 625.713	13 678	48 494
2006	84 640.1	17 896.27	16 629	48 090

二、实证分析

运用 Eviews 5.1 软件，使用表 2-8 中的数据，对式（2-3）进行回归，得到了如下的回归结果。

表 2-9 农村地区人力资本对经济发展影响的回归分析

常数和解释变量	参数估计值	参数标准差	T 统计量	双侧概率
C	−5.466 447	2.412 155	−2.266 209	0.033 2
ln$K$	0.207 991	0.074 710	2.783 987	0.010 6
ln$H$	0.725 412	0.080 832	8.974 292	0.000 0
ln$L$	0.718 695	0.238 671	3.011 241	0.006 2
判定系数 R^2	0.996 033	被解释变量均值		9.681 677
调整的判定系数	0.995 515	解释变量标准差		1.135 885
回归方程标准差	0.076 066	赤池信息准则		−2.178 473
残差平方和	0.133 079	施瓦兹信息准则		−1.986 497
似然函数的对数	33.409 39	F 统计量		1 924.915
DW 统计值	0.623 817	F 统计量的概率		0.000 000

$$\ln Y_t = 15.466\,447 + 0.207\,99\ln K + 0.725\,412\ln H_t + 0.718\,695\ln L_t$$

Std (2.412 155) (0.074 710) (0.080 832) (0.238 671)

T (−2.266 209) (2.783 987) (8.974 292) (3.011 241)

sig (0.033 2) (0.010 6) (0.000 0) (0.006 2)

$R^2 = 0.996$ DW = 0.623 817

下面我们对该回归结果的有效性进行分析。

（1）可决系数（adjusted R-squared）表示模型对样本的拟合程度，0.99 表明方程有很好的拟合度。

（2）变量的显著性检验，从计量结果可以看出，变量的收尾概率在 0.000～0.01，在取置信度为 5%的水平时，各变量均是显著的。

（3）异方差检验。应用 White 检验法对以上估计进行异方差性检验，发现 p 值为 0.227（表 2-10），在 5%的显著性水平下，可以接受不存在异方差性的假设，即认为模型不存在异方差性。

表 2-10 White 异方差检验结果

White 检验结果			
F 统计量	1.457 984	Probability	0.240 411
Obs * R²	11.76 190	Probability	0.227 068

三、自相关性检验

1. 偏相关系数检验

图 2-9 中 AC 表示各期的自相关系数，PAC 表示各期的偏自相关系数，在图形的左边是相关系数和偏相关系数的直方图。当第 s 期偏相关系数的直方块超过虚线部分时，表明存在 s 阶自相关性。从图 2-9 可以看出，模型存在一阶自相关性。

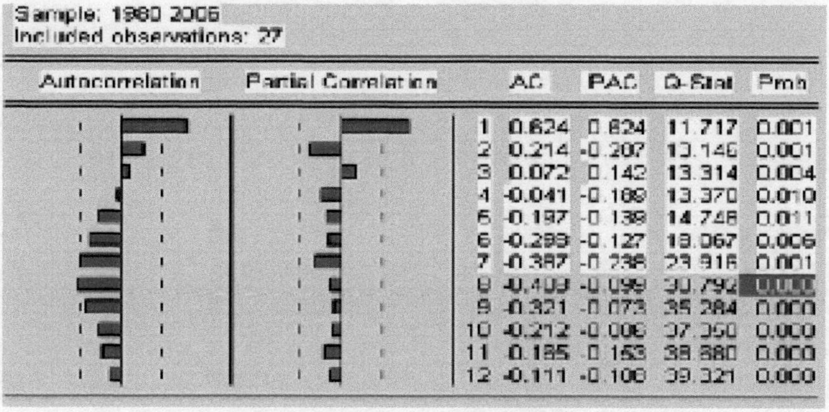

图 2-9 偏相关系数检验图

2. BG 检验（或拉格朗日乘数检验）

BG 检验结果如表 2-11 所示。

表 2-11 拉格朗日乘数检验结果

拉格朗日乘数检验结果				
F 统计量	8.816 840	双侧概率		0.001 660
Obs * R^2	12.323 69	双侧概率		0.002 108
最小乘数估计				
常数和解释变量	参数估计值	参数标准差	T 统计量	双侧概率
ln$K$	−0.017 850	0.057 943	−0.308 065	0.76 11
ln$H$	0.011 921	0.062 880	0.189 582	0.851 5
ln$L$	0.070 173	0.185 279	0.378 741	0.708 7
C	−0.708 808	1.871 287	−0.378 781	0.708 7
RESID（−1）	0.833 218	0.210 057	3.966 631	0.000 7
RESID（−2）	−0.296 326	0.213 347	−1.388 937	0.179 4
判定系数 R^2	0.456 433	被解释变量均值		1.28E-15
调整的判定系数	0.327 012	解释变量标准差		0.071 543
回归方程标准差	0.058 691	赤池信息准则		−2.639 927
残差平方和	0.072 338	施瓦兹信息准则		−2.351 963
似然函数的对数	41.639 01	F 统计量		3.526 736
DW 统计值	1.714 889	F 统计量的概率		0.018 021

结果如图 2-9 所示，其中 $nR^2=12.32369$，$p=0.002108$，所以只要取显著水平=0.002 108，就可以认为辅助回归模型是显著的，即存在自相关性。又因为 et-1 的回归系数显著的不为 0，表示模型存在一接自相关性。

3. 自相关性的消除（广义差分法）

广义差分法回归结果如表 2-12 所示

表 2-12　广义差分法下的回归结果分析表

常数和解释变量	参数估计值	参数标准差	T 统计量	双侧概率
C	−5.952 833	2.737 513	−2.174 541	0.041 2
$\ln K$	0.480 473	0.125 145	3.839 338	0.001 0
$\ln H$	0.423 316	0.143 924	2.941 256	0.007 8
$\ln L$	0.792 107	0.273 425	2.896 982	0.008 6
AR（1）	0.507 606	0.116 979	4.339 308	0.000 3
判定系数 R^2	0.998 211	被解释变量均值		9.753 802
调整的判定系数	0.997 871	解释变量标准差		1.093 512
回归方程标准差	0.050 459	赤池信息准则		−2.964 274
残差平方和	0.053 468	施瓦兹信息准则		−2.722 332
似然函数的对数	43.535 56	F 统计量		2 930.044
DW 统计值	1.466 113	F 统计量的概率		0.000 000

结果表明，经过 12 次迭代之后收敛，AR（1）的值为 0.507 606，并且 t 检验显著，说明模型确实存在一阶自相关性。调整后的模型在经过偏自相关系数检验如图 2-10 所示。

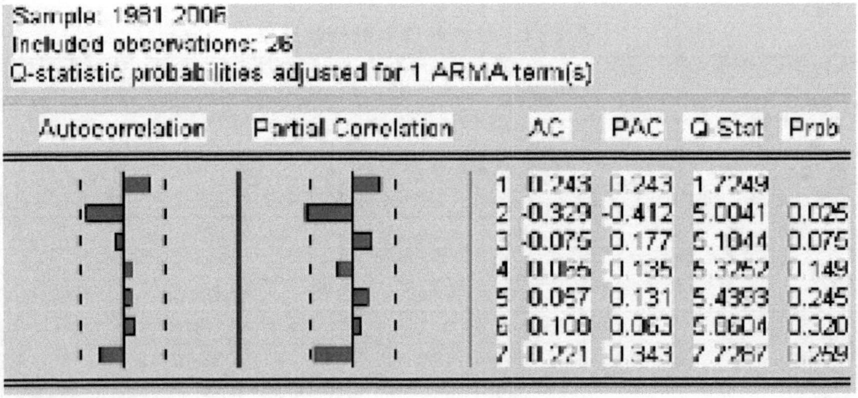

图 2-10　偏自相关系数检验图

这说明模型已不存在自相关性，调整后的模型为

$$\ln Y=15.9528+0.4805\times\ln K+0.4233\times\ln H+0.7921\times\ln L$$

四、结果讨论

从上面的分析结果可以看出，国内生产总值与固定资产存量、劳动力数量、人力资本存量之间呈现出高度的正相关关系。在其他条件不变的情况下，固定资产存量每增加一个百分点，农村国内生产总值将增加 0.4805 个百分点；劳动力数量每增加一个百分点，农村国内生产总值将增加 0.7921 个百分点；人力资本存量每增加一个百分点，农村国内生产总值将增加 0.4233 个百分点，这说明农村地区的经济发展的推动力量中，劳动力数量的贡献度要大于固定资产存量与人力资本存量的贡献度。

这个结论与国内外有关人力资本贡献度的分析有所不同，因为国内外已有研究中普遍的结论是人力资本对经济发展的贡献度一般都大于固定资产和劳动力数量的贡献度，而本章的结论却与之相反，这在很大程度上是因为我国农村地区经济发展的模式及过程有异于已有研究。

首先，我国农村地区 30 多年来的经济发展一直是以劳动密集型产业为主的，无论是农业生产还是工业生产，都没有完成资本化的过程，这与国外农村发展有着根本的区别。国外农村地区都实行机械化生产模式，各种新科技、新技术和新产品的应用已经十分普遍，这需要投入大量的资金，反而对人力的需求很少，一个农民能够管理几百亩土地，因此，国外农村生产模式已经是资金密集型和土地密集型，而我国的农业生产还是传统的劳动力密集型，一个农民只能管理几亩土地，机械的使用率较低，对投入资金的需求并不强烈。从这一点来说，影响国外农村经济发展的因素中，固定资产存量和人力资本存量投入的作用更显著些，而影响我国农村经济发展的因素中，劳动力数量的作用更为明显，因此，本章的结论具有一定的合理性。

其次，我国农村地区经济发展模式有其自身的变动轨迹。具体说来就是，受外在环境和内部动力的影响，农村地区的经济发展模式在 30 年改革开放过程中经历了一个不同于国外农村和国内城市的变动轨迹：改革开放之初，制度变革推动了农业生产的发展，随后的乡镇企业大发展则实现了农民的“离土不离乡”，完成了农村地区的初步工业化；再往后，城市劳动密集型产业向农村的转移，则在提升农村地区原有产业技术水平的同时，进一步强化了农村地区劳动密集型的经济发展模式。可以说，正是因为农村地区具有这条独特的发展模式轨迹，才使得农村地区经济发展中发挥主要作用的变量是劳动力数量而不是固定资产存量和人力资本存量，这也充分说明了我国农村地区经济发展的独特性。

在改革开放之初，农村地区首先实行了家庭联产承包责任制，从而激发了农村地区的生产力，使得农村地区率先发展起来，这个过程中影响农村地区经济发展的是劳动力数量因素，因为家庭联产承包责任制的实行，只是改变了农村经济成果的分配方式，并没有改变农村经济的发展模式，这个阶段农村经济发展主要表现为农业生产的发展，而这个发展的主要推动力在于农业劳动者积极性的提高，也就是说，在农村劳动力数量没有变化的基础上提高了农村劳动力的质量（主要指劳动积极性），从而在实质上提升了农村劳动力对经济发展的贡献。因此，在这个阶段，影响农村经济发展的主要因素是劳动力数量。

20 世纪 80 年代末，乡镇企业在农村地区获得普遍的发展，突出的例子就是浙江和江苏两省，甚至还形成了农村经济发展的“温州模式”与“苏南模式”，但无论是哪种模式，乡镇企业的发展都是依托农村“地多、人多、资源多”的优势，凭借相对灵活的经营方式，在国有企业还没觉醒时取得了一定的发展。由于农村地区缺乏人才，也没有雄厚的经济实力来引进先进的技术，所以，这个阶段乡镇企业从事的都是最初级的劳动密集型产业，技术含量相当低，但是因为人员成本和土地成本等投入更低，所以也具有一定的竞争优势。这个阶段，农村经济发展表现为乡镇企业的初步发展，劳动密集型产业的特点也决定了影响农村经济发展的主要因素还是劳动力数量。

随着我国经济的持续发展和城市经济的转型，农村地区的经济发展迎来了又一轮的转变，那就是接收城市转移的劳动密集型产业。城市地区在经历了长时间发展后，出于比较优势的考虑，产业重点已经转向了资金密集型与技术密集型企业，劳动密集型企业在城市地区的发展受到劳动力不足的限制和工资成本上升的制约而逐渐丧失了竞争力，因此向农村地区转移就具有客观必然性。虽然说这些从城市转移而来的产业也是劳动密集型的，但是其技术含量相对农村原有的产业要高些，因此部分提高了农村产业的技术水平，但是，这只是相对原有产业的技术水平来说的，从根本上来说，劳动密集型产业仍是农村的主导产业，只是比之前的技术含量高些，也就是相对高级的劳动密集型产业。因此，这个阶段农村经济的发展体现为以劳动密集型为主的乡镇企业技术水平的提升，这也决定了影响农村经济发展的主要因素仍旧是劳动力数量，但是技术水平的提升使得人力资本的重要性比以前更为明显，这需要农村地区采取措施来提升人力资本。

本节有异于前人研究的结论，恰恰说明了当前农村地区提升人力资本的重要性。农村经济经过 30 多年的发展后，也面临着一次真正的产业升级，那就是从劳动密集型向技术密集型和资金密集型转变，对于农村发达地区来说，这种转型的迫切性尤为强烈，因为对于这些农村发达地区来说，也正面临着与城市类似的挑战：那就是土地资源匮乏、人力成本上升及合格劳动力的不足，原有发展模式已经出现了“天花板效应”。而要想顺利完成这种发展模式的转型，人才是一个影响全局的关键因素，原因有二：一是农村发达地区 30 多年发展积累了较为强大的经济实力，其资金之雄厚无论在房地产市场还是股票期货市场都世人皆知，有名的“江浙游资”就是一个很好的例子，这说明其具备了转型的经济和资本基础，其余如机器、技术等因素有资本作保障都是不成问题的；二是农村地区（包括农村发达地区）的人才短缺问题一直是困扰农村经济发展的主要问题之一，而人才问题的解决需要内外部环境的综合改善，需要地方政府转变职能改善地区的软环境，更需要一段较长的时间来逐步缓解人才匮乏的局面，而当前农村发达地区经济转型的迫切性则难以容忍长时间的人才短缺，这种短缺势必会影响甚至阻碍农村发达地区经济的顺利转型。

第三章 人才集聚的SPPD分析范式

本章在研究人才集聚问题时，综合运用新国际贸易理论、新地理经济学、劳动经济学及数量经济等相关理论和方法，将时间的因素纳入模型，考察人才集聚、产业聚集和城市化进程的动态均衡问题（统筹发展），以及均衡点的存在性（三者的最优比例关系）、稳定性（自发展性）和唯一性（城市是否存在不同的稳定发展类型）及均衡路径（怎么形成良好发展路径）问题；构建人才集聚、产业集聚和城市化的三维动态模型，并在此基础上，对不同地区实际的人才集聚模式、成本-收益分析、绩效评价、克服“集聚陷阱”的对策建议进行研究，构建出SPPD分析模式。

第一节 SPPD分析范式的构建

一 SPPD范式的理论基础

人才作用的发挥与一国的社会、政治、经济环境是密切相关的。人才往往采取脱离较差环境、加入较好环境这一最简便、最经济的办法来与环境力量抗争，力图选择最适合自身特点与愿望的生活工作环境，选择和营造最有利于自身价值实现的环境条件。

同样，人才的集聚又与产业集聚密切相关。产业集聚是产业发展演化过程中的一种地缘现象，是生产力集聚的外在表现形式。生产力是由包括人力资本在内的诸要素组成的有机整体，是一个运动着的有机综合体。生产力的整体运动必然要求其内部的诸生产要素运动相一致，作为生产力的重要组成要素——人力资本的运动也不例外，其受制于生产力的整体运动，因而它的空间分布取决于生产力的空间布局。同一产业或相关产业的企业在特定区域集聚，必然引致人力资本向该区域流动、集聚。产业集聚区域对各类人才起吸水泵的作用。在集聚初期，良好的创业环境有利于企业家的创业。集聚达到一定规模后，就会如同磁场一样从国外或其他区域吸引大量的人才。随着集聚规模的扩大，集聚内部的专门化程度也势必增强，而伴随分工深化而来的创业机会的增加，必然吸引更多企业家的活动。

劳动力市场搜寻理论认为，由于人们信息的有限性，人们在搜寻工作的过程中，需要付出一定的成本，即搜寻成本。影响搜寻成本大小的因素很多，其中两个重要因素在于搜寻的密度和广度，随着搜寻密度和广度的增加，搜寻成本也逐渐增大。同时，随着分工的深化和技术上的专门化，人力资本的资产专用性增强，人们的职业搜寻成本也呈上升趋势。同一产业或相关产业的企业集聚在一起，在其内部形成专门的劳动力市场，市场中就业信息丰富，这不仅大大减小了人才搜寻就业岗位的密度和广度，降低了搜寻成本，同时也意味着更多的机会和较低的流动风险，人才为此所付出的交易成本也大为降低，从而引致各类人才的集聚。关于这一点，英国经济学家马歇尔在《经济学原理》中论述道："地方性工业因不断地对技能提供市场而得到很大的利益。雇主们往往会到他们认为能找到他们所需要的有专门技能的优良工人的地方去投资；同样，具有专门技能的人也会寻找有许多雇主且需要像他们那样的人的地方去。"

二 SPPD范式的模型构建

基于上文的理论基础，我们把产业聚集和城市化的发展纳入了人才聚集的研究体系，考察人才聚集、产业聚集和城市化进程的动态均衡问题，构建一个三维动态的模型——SPPD分析范式。

S（situation）代表了一个地区的基本状态，我们选取的变量包括两部分，一是地区特征，二是政策特征，其中地区特征包括地理位置、经济规模、科技情况、文化传统四个变量，地理位置的优越与否，对人才的吸引作用起着比较重要的作用，优越的地理位置能够为人才的发展带来更多的机会，提供良好的环境；同样经济规模、科技情况对人才的影响是类似的，一个形成规模且拥有良好科技情况的地区，能够为人才的发展提供一种氛围、一种可持续发展的预期；而文化是包括全部的知识、信仰、艺术、道德、法律、风俗，以及作为社会成员的人所掌握和接受的任何其他的才能和习惯的复合体。文化是一种软环境，它由绵绵不绝的区域集聚性群体的行为方式、思维方式长期积淀而成，是人文底蕴、环境亲和力的体现。有自己特色、有兼容性、有时代感的城市文化会对人才产生强大的吸引力，因为人才资本对文化非常敏感：一是他们本身就是文化的聚集所，他们总是在追求外在文化与自身文化的一体化，一旦他们找到一种与自己价值观、精神理念相似的文化，他们会义无反顾；二是他们一直在寻求实现资本价值的场所，有利的、进步的文化会使他们的资本价值发扬光大，落后的、不利的文化会使他们的资本价值黯然失色。政策特征选取了国家政策的倾斜性、地方政策的倾斜性、政策的差异化及政策力度等作为变量来衡量。政策是人才资本聚散的最有效的动力，也是其他各种机制能否发挥作用的关键，市场需求再大，产业需求再盛，政策要阻挠，人才资本聚散就会步履维艰。政策有三种：一是积极的、鼓励的政策；二是麻木的政策，这种政策不闻不问，人才来不阻，人才去不留；三是为人才的流动制造障碍的政策，这种政策逆时代而行，在当代似乎少见。政策导向机制包括三个环节：制定—执行—疏导。只要政策制定得正确，贯彻得彻底，执行得严格，就能发挥其对人才流动的疏导作用，并在各机制中起到关键作用。但是政策导向对人才集聚的作用不是无限的，超过了一定的度后，这种政策导向会对其他城市发展因素起抑制甚至是破坏作用（朱杏珍，2002）。

P（patterns of HR's convergency）是指人才聚集的模式，如市场主导型、政府扶持型等。这种因素受多种变量的影响，其中政府在其中的角色定位是关键，因为在当前的社会经济环境下，政府对经济和社会发展的影响还是很明显的，而人才作为影响社会和经济发展的重要因素，无疑会受到政府政策的影响，这样政府的角色定位就会影响到人才集聚的模式，如果政府只是起一个服务的作用，那么人才集聚的模式将会在市场的作用下发展成为市场主导型；如果政府不仅仅发挥服务职能，而是更深地介入人才集聚的运行过程中，那么人才集聚的模式将会更深地受到的政府的影响而发展成为政府扶持型或计划指导型。

P（performance）是指人才集聚的绩效。具体表现为三个方面。①人才数量增加，各种人才形成一种向心力，不断在此地区聚集，并形成一种规模效应。②人才结构得到改善，优化的人才结构应该包括专业结构的优化和年龄结构的优化。专业结构的优化是指既要有理、工、农、医等自然科学人才，又要注意培养文史哲、财经、法律等方面的人才；年龄结构的优化是指既要保障人才资源的适时开发与应用，使其才能的发挥周期与高新技术企业的生命周期相适应，在其能量发挥的峰值年龄，从事关键性和尖端性工作；更要保证及时、充分地补充新生力量，将人才资源的终身开发与重点开发相结合，从而创造更大的效益。③人才得到更合适的使用。一是人才被用在一个合适的位置上，每个人的特长不同，摆在不同的位置发挥的作用也不同；二是造就让人才脱颖而出的环境，应坚持“公平、平等、竞争、择优”的原则，做到制度规范、透明公正、运行有序。大力弘扬“尊重知识，尊重人才”的思想，创造和谐的工作环境，打破人才属部门所有的制度，使人才资源能得到合理的配置。

D（dominant inducement）是人才集聚的主导诱因条件，我们把它分为两大类指标，一是产业集聚的水平，二是城市化水平。其中产业集聚水平我们用产业平均集中率、产业中心值、高新企业的个数、中小企业的个数来代表。而城市化水平我们用较具有代表性的人均道路面积、第二和第三产业产值的比重、人口密度、人均绿地面积、教育文化娱乐支出表示。

我们用图 3-1 来描述 SPPD 分析范式。

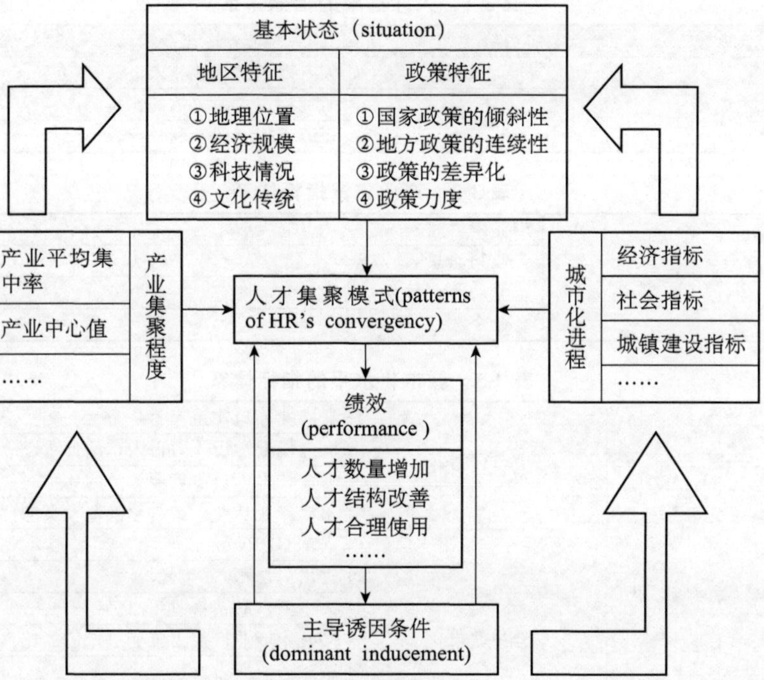

图 3-1 SPPD 分析范式

第二节 基于 SPPD 范式的人才集聚机制实证研究

在SPPD分析范式的基础上，我们运用我国地区经济和社会发展的统计数据，通过计量方法来对人才集聚机制进行实证研究：首先是确定模型的变量，通过因子分析法我们确定了人才集聚、产业集聚和城市化的评价指标作为我们模型分析的变量；其次，是分别对人才集聚与产业集聚、人才集聚与城市化的关系进行回归分析，以验证人才集聚与产业集聚、人才集聚与城市化的相关性，从而进一步确定SPPD范式对人才集聚机制分析的有效性。

一 指标设定与数据选取

（一）评价指标的确定

通过借鉴各个专家的研究成果，本着系统性原则、可操作性原则、相关性原则建立了产业集聚和城市化进程的指标体系，具体指标如表3-1～表3-3所示。

表 3-1　人才集聚的指标体系

一级指标	二级指标	三级指标计算说明
人才集聚	人才数量	大专以上学历就业人员数量/人
	人才质量	研究生占人才总数的比重/%
		每万人拥有的专利数/项

表 3-2　产业集聚指标体系

产业集聚	产业销售收入
	产业利润总额
	产业从业人员数
	企业个数

表 3-3　城市化水平的指标体系

城市化进程	人口城市化	非农业人口比重/%
		大专以上学历人数占人口的比重/%
		专业技术人员占就业人员的比重/%
		第三产业从业人员占总就业人员的比重/%
	经济城市化	人均 GDP/元
		进出口总额/万美元
		大中型产品销售收入/亿元
		高技术产业产值占工业总产值的比重/%
		第三产业所占比重/%
		职工每年平均货币工资/元
		家庭可支配收入/元
	生活城市化	恩格尔系数
		交通和通信支出占个人支出比重/%
		人均住房面积/平方米
		城市燃气普及率/%
		每千人拥有医院床位数/个
		每千人拥有医生数/人
		每万人拥有公共交通车辆数量/台
		每百户拥有家用汽车数量/台
		移动电话每百户拥有量/部
		每百户拥有家用电脑/台
		因特网用户比率/每百户
	环境城市化	人均公共绿地面积/平方米
		建成区绿化覆盖率/%
		工业废水排放达标率/%
		污水处理率/%
		生活垃圾无害化处理率/%
	科技城市化	每十万人拥有高校在校生数量/人
		教育和科学事业费支出占财政支出的比重/%
		技术市场成交额/万元

续表

城市化进程	保障城市化	养老保险参加比重/%
		失业保险参加比重/%
		基本医疗保险参加比重/%
		职业介绍机构数量/家
		社会保障补助支出/万元

(二) 数据来源与选取

1. 目标产业的确定

我们选择软件产业作为分析对象，原因在于软件产业更多的是一个知识密集型的产业。软件公司最重要的不是设备、厂房，而是人才、智慧和知识产权，而智慧必须附着于人才，知识产权是人才的产出，所以人才在软件产业发展中起着最核心和最关键的作用。选取软件产业对本书的研究更有意义。

产业集聚的描述我们用本地区销售额占全国销售额的比重来衡量本地区软件产业的集聚程度，用本地区软件产业的专业技术人才占全国的比重来衡量本地区软件人才的积聚程度。

2. 数据来源

有关产业集聚与人才集聚的数据，我们以2002年的资料为依据，选取了国内上海、北京、天津、江苏、浙江、广东、山东、甘肃、福建、河北、辽宁、海南、吉林、黑龙江、四川、贵州、云南、陕西、内蒙古、新疆、广西、山西、江西、安徽、河南、湖南、湖北和宁夏这28个省（自治区、直辖市）作为分析的目标，原始数据来源于《中国统计年鉴（2003）》和《中国劳动统计年鉴(2003)》，并经过整理得到可供分析的数据。

有关城市化和人才集聚的数据，我们以2004年的相关数据作为样本，选择了上海、北京、天津、江苏、浙江、广东、山东、甘肃、福建、河北、辽宁、海南、吉林、黑龙江、四川、贵州、云南、陕西、内蒙古、新疆、广西、山西、江西、安徽、河南、湖南、湖北和宁夏这28个省（自治区、直辖市）作为分析的目标。数据均根据《中国统计年鉴（2005）》和《中国劳动统计年鉴（2005）》有关资料整理得出。

二 人才集聚与产业集聚和城市化的实证研究

(一) 人才集聚与产业集聚的相关性分析

通过SPSS软件对人才集聚的3项指标进行因子分析，提取2个公因子，分析结果如表3-4所示。

表 3-4　人才集聚总方差解释表

因子	方差载荷提取分解		
	特征值	方差贡献率/%	累计贡献率/%
1	1.925	64.161	64.161
2	0.888	29.586	93.747

提取的 2 个公因子所解释的方差占整个方差的 93.747%，能够比较全面地反映人才集聚水平。

设反映人才集聚的第 i 个公因子为 R_i（$i=1$，2）。从表 3-5 的数据中可以看出 R_1 与人才质量的各项指标关系最为密切，该因子主要反映人才质量；R_2 主要反映人才数量。在衡量人才集聚水平时，人才质量较之数量更为重要，所以赋予人才质量 60%的权重，人才数量占 40%。设 R 表示人才集聚水平，则 $R=0.6\times R_1+0.4\times R_2$。

表 3-5　人才集聚旋转以后的因子载荷表

指标	因子	
	1	2
大专以上学历就业人员数量	0.500	0.863
研究生占人才总数的比重	0.887	−0.359
每万人拥有的专利数	0.942	−0.119

产业集聚的数据我们直接用主成分分析得到。如表 3-6 所示，前两项因子的累积贡献率达到 97.642%，解释了 97.642%的总方差。本书提取前两个因子作为评价产业集聚程度的因子。公共因子 1 在从业人员、企业个数、产业收入三个指标上有较大的载荷量，反映了产业总量的集聚程度，其贡献率为 79.208%。公共因子 2 主要在产业利润总额的指标上有较大的载荷量，反映了产业集聚的质量。其贡献率为 18.434%。进行因子分析后，由回归法计算因子得分，以各因子的贡献率作为权重进行加权平均，得出 28 个地区软件产业的集聚程度的综合得分（如表 3-6 所示，公式为 $F=0.79208\times F_1+0.18434\times F_2$。）

表 3-6　集聚程度综合得分

因子	初始特征值		
	特征值	方差贡献率/%	累计贡献率/%
1	3.168	79.208	79.208
2	0.737	18.434	97.642
3	8.21E-02	2.051	99.694
4	1.23E-02	0.306	100.000

(二) 人才集聚与产业集聚的回归分析

根据上面的分析，我们确定将人才集聚度和产业集聚度作为我们的研究对象，下面我们就用SPSS软件对两者的相关关系进行研究。

我们先对人才集聚和产业集聚作相关性分析。从表3-7可以看出，人才集聚和产业集聚的相关性为0.900，是高度相关的，因此可以进行回归分析。

表3-7 人才集聚产业集聚相关性

指标	人才集聚	产业集聚
人才集聚 person correlation	1	0.900*
sig.（2-tailed）	0	0.000
N	28	28
产业集聚 Person Correlation	0.900**	1
sig.（2-tailed）	0.000	0
N	28	28

*表示在0.1的水平下显著；**表示在0.05的水平下显著

然后我们建立回归方程。设因变量Y是人才集聚，自变量X为产业集聚，本书用最小二乘法估计参数，根据SPSS的输出结果，回归方程为

$$Y=3.5710^{-2}+5.4410^{-2}X$$

$R=0.9$，$R^2=0.809$，经调整的$R^2=0.802$，估计标准误差为0.025，说明拟合优度等达到令人满意的数值，人才集聚和产业集聚之间存在线性相关关系。

$F=110.351$，其相伴概率为0，说明回归效果显著。

由上述回归方程可知，人才集聚与产业集聚存在显著的正相关关系，人才集聚能够促进产业集聚的发展，产业集聚也能够吸引人才，促进人才集聚。

(三) 人才集聚与城市化的相关性分析

人才集聚的指标处理与第三部分相同。对城市化的指标，我们通过SPSS软件对衡量城市化的35项指标进行因子分析，提取其中6项公因子作为线性回归模型的自变量。分析结果如表3-8所示。

表3-8 城市化总方差解释表

因子	方差载荷提取分解		
	特征值	方差贡献率/%	累计贡献率/%
1	17.919	51.197	51.197
2	4.955	14.156	65.354
3	2.596	7.417	72.771
4	2.119	6.055	78.826
5	1.522	4.349	83.175
6	1.192	3.406	86.581

从表 3-9 可以看出提取的 6 个公因子所解释的方差占整个方差的 85.581%，能够比较全面地反映城市化水平。

表 3-9　城市化旋转以后的因子载荷表

指标	因子					
	1	2	3	4	5	6
非农业人口比重	0.896	0.331	0.064	−0.053	−0.111	0.093
大专以上学历人数占人口的比重	0.936	0.073	0.051	0.239	0.056	−0.175
专业技术人员占就业人员的比重	0.908	−0.043	0.155	0.178	−0.198	−0.092
第三产业从业人员占总就业人员的比重	0.886	0.204	0.138	0.225	0.026	−0.066
进出口总额	0.790	0.454	0.077	−0.010	0.301	−0.020
人均 GDP	0.185	0.935	0.164	−0.038	−0.025	0.049
大中型产品销售收收入	0.022	0.798	0.351	−0.176	0.087	0.265
高技术产业产值占工业总产值的比重	0.525	0.659	0.289	0.019	0.099	−0.114
第三产业占的比重	0.744	0.180	0.173	0.442	0.204	−0.114
职工每年平均货币工资	0.697	0.555	0.055	0.228	0.272	−0.144
家庭可支配收入	0.556	0.656	0.117	0.235	0.366	−0.143
恩格尔系数	−0.431	−0.093	0.224	−0.109	0.120	−0.139
交通和通信支出占个人支出的比重	−0.022	0.788	−0.133	0.472	0.014	−0.047
人均住房面积	0.071	0.485	0.106	0.158	0.698	−0.125
城市燃气普及率	0.485	0.417	0.500	−0.014	0.267	0.032
每千人拥有医院床位数	0.921	0.066	−0.010	0.135	0.056	0.198
每千人拥有医生数	0.900	−0.027	−0.004	0.160	−0.144	0.040
每万人拥有公共交通车辆数量	0.738	0.157	0.121	0.394	0.246	−0.171
城镇家庭平均每百户拥有家用汽车数量	0.399	0.405	0.198	0.709	−0.068	−0.089
移动电话每百户拥有量	0.325	0.755	0.027	0.399	0.227	−0.138
每百户家用电脑	0.565	0.644	0.189	0.293	0.290	−0.122
因特网用户比率	0.553	0.056	0.291	0.693	0.070	−0.179
人均公共绿地面积	0.290	0.512	0.526	0.309	−0.006	−0.020
建成区绿化率	0.257	0.105	0.880	0.060	0.061	0.079
工业废水排放达标率	0.276	0.086	0.476	−0.099	0.601	0.326
污水处理率	0.348	0.134	0.186	−0.020	0.147	−0.084
生活垃圾无害化处理率	−0.111	0.198	0.749	0.307	0.130	−0.160
每十万人拥有高校在校生数量	0.909	0.073	0.219	0.226	0.114	−0.033
教育和科学事业费支出占财政支出的比重	−0.526	0.084	0.441	0.036	0.490	−0.369
技术市场成交额	0.716	0.216	0.265	0.508	0.088	−0.005
养老保险参加比重	0.879	0.346	0.028	−0.082	0.082	0.154
失业保险参加比重	0.909	0.323	0.009	−0.096	0.077	0.119
基本医疗保险参加比重	0.928	0.265	−0.019	0.020	0.085	0.013
职业介绍机构数量	−0.378	0.191	0.264	0.024	0.205	0.603
社会保障补助支出	0.101	−0.103	−0.087	−0.144	−0.077	0.912

公因子是原有指标的线性组合，各项公因子线性无关。旋转以后的因子载荷比因子载荷能更好地解释主因子。表 3-9 中各列数据表示构成某项因子的线性

组合中各指标的系数。设第 i 个公因子为 F_i（$i=1, 2, 3, 4, 5, 6$）。从表 3-9 的数据中可以看出 F_1 与人口城市化的各项指标关系最为密切，该因子主要反映人口城市化；F_2 主要反映经济城市化；F_3 主要反映环境城市化；F_4 主要反映生活城市化；F_5 主要反映科技城市化；F_6 主要反映保障城市化。

（四）人才集聚与城市化的回归分析

以上述分析所得数据为样本，R 为因变量，F_i 为自变量建立回归方程，得到以下回归方程：

$$R=2.143\times10^{-7}+0.443F_1+0.358F_2+0.175F_3+0.237F_4+0.195F_5+0.102F_6$$

式中，相关系数 $R=0.940$，$F=26.466$，$P=0.001$，回归方程有效。

由上述回归方程可知，人才集聚与城市化存在显著的正相关关系。人才集聚能够促进城市化的发展，城市化也能够吸引人才，促进人才集聚。人口城市化是人才集聚最主要的诱因，经济城市化是人才集聚的重要诱因，生活城市化、科技城市化和环境城市化对人才集聚有明显的促进作用，保障城市化对人才集聚的影响较小，但也是促进人才集聚的诱因之一。

三　人才集聚中的动态均衡机制

根据上文的分析，SPPD 模型中的主要变量就是产业集聚、城市化与人才集聚，因此，要想实现人才集聚中的动态均衡，必然要从产业集聚与城市化两方面入手，从而实现产业集聚、城市化与人才集聚的动态均衡。

（一）人才集聚是产业集聚、城市化进程的重要推动力，不竭源泉

（1）人才集聚是加快产业集聚和城市化进程速度的关键性因素。产业集聚和现代城市化的进程快慢是由多种因素决定的，其中人才资源是关键性因素。众多的人才集聚于此，就会吸引众多的企业在此集聚。美国的硅谷就是典型的例子，有著名的大学，众多的 IT 人才，IT 产业快速在此集聚是必然的事情。

（2）集聚人才的质量与产业集聚程度和城市的经济发展水平的高低成正比。对于城市化进程来说，其人才的队伍质量越高，城市经济发展水平越高，反之则越低。中关村有相似于美国硅谷的智力资源环境，科技人才的绝对数甚至比硅谷还多出 20 万人，然而科技开发能力却与此很不相称，其中人才质量是关键因素之一。所以要提高产业集聚程度和增强城市化进程，必定需要一支国际化、高素质的人才队伍。

（3）集聚区的人才结构决定着产业类型和城市的经济结构。人才结构包括职类结构、专业结构、年龄结构、能级结构等方面。如果一个地方有很多高科

技人才，则这个地区就容易集聚高科技产业，对于城市化进程来说，人才结构的演进即城市经济结构的演进。

（二）产业集聚加剧人才集聚、加快城市化进程

(1) 产业集聚产生的产业竞争力优势促进人才集聚和城市化进程。产业集聚产生的竞争力优势，使得一地区该产业的工资水平和职工福利相对较高，由此吸引更多的人才集聚于此。同时打造了区位品牌，吸引了更多的资金和技术，产业是一个城市的经济基础，产业的发展必然带动城市的经济增长，从而推动城市化进程。

(2) 产业集聚改变了地区产业结构，从而改变了人才结构和城市化进程的动力机制。我们可以在现实中观察到的人才集聚在产业集聚区域上却表现出明显的比较优势。比如底特律集聚了世界汽车制造业人才，华尔街吸引了世界各地的最优秀的金融人才，北京的中关村聚集了一大批来自全国的专门化人才等。产业结构就在此过程中发生着改变。而产业结构的演变就是城市化不断前进的过程。从地区产业集聚的类型可以判断出该地区处于城市化进程阶段的哪个时期。

（三）城市化为人才集聚、产业集聚提供广阔的平台和良好的环境

(1) 城市化进程程度较高的地区，其资源的配置能力和范围要更大更广，与区域外的交流与合作更加紧密，这对人才集聚和产业集聚的产生和持续发展有重要影响。在全球激烈竞争的今天，任何集群都不应是一个保守而封闭的系统，因此，人才与区域外的联系，地方产业集群与区域外的联系，对外界知识的获取，与国际接轨，克服地方发展的闭塞，并实现持续升级变得日益重要。而人才与其他地区或国家的人才进行交流，可将各种信息传递到该地区，促进集聚区内人才和产业的创新和升级。

(2) 城市化程度较高的地区，可以为人才经济提供较好的物质需求，较高的工资水平。满足人才的基本的物质需求，为人才的进一步发展提供更多的物力、财力。所以我们可以看到人才比较容易流向经济水平较高的地区，同时经济水平直接制约人们对交通运输、电力、通信等基础产业，以及教育、科学、文化等社会事业的需求和消费能力。所以地区经济水平的发展程度是产业集聚的制约因素。

(3) 城市中的基础设施水平是提升一个地区综合发展能力的重要条件，是吸引人才和产业必不可少的条件。随着社会的发展，人们的工作、生活节奏越来越快，城市的基础设施，如道路、机场、交通工具、通信系统就变得更加重要，可以说城市化为人才集聚和产业集聚提供了良好的平台。

四 结论

由以上分析我们可以得出，人才集聚、产业集聚、城市化进程是互相促进的关系，三者互为基础。从研究人才集聚的角度来看，产业集聚和城市化都对人才集聚具有正面的影响作用，产业集聚和城市化能够提高该地区的人才集聚度，从而为地区的经济和社会发展提供充足的人才资源。基于如上的结论，我们认为，要想提高地区的人才集聚度，从产业集聚和城市化的角度来说，应该考虑如下的建议。

（一）利用产业集聚来促进人才集聚

人才得不到合理使用是人才外流的根本原因。如果没有产业作为依托，没有物质资源和人才资本的结合，人才即使引进来了，结果也只能是事与愿违，所以用产业来吸引人才，才能实现知识和物质资本的结合，才能真正留住人才。这就需要把握产业带动规律，依托产业和项目集聚人才。产业的优化升级，能创造更多就业和发展机会，带动对人才资本的需求，吸引人才资本的流入。产业越强，对人才资本的牵引力越大。按照产业集聚带动人才集聚的规律，加速推进人才集聚工程，必须立足城市产业资源优势，加速产业结构的调整和优化升级，重点发展具有资源优势的产业，并推动新生命力的高新技术产业，以及旅游、商贸等第三产业的发展。加快产业大项目集群建设，做强做大一批龙头企业，形成一批主业突出、核心竞争力强，具有一定国内、国际竞争力的大公司和企业集团，以扩大对人才的需求，为人才集聚创造前提条件。

同时，政府部门应立足于集群人才的培养，提高集群企业劳动力素质，建立中等职业教育、高等专业教育、成人终生教育等多形式并存的教育体制，以适应产业集群发展的需要；广泛开辟“柔性流动”的绿色通道，吸引高校或科研机构的优秀人才；通过宽松的创业环境和良好的发展机遇来吸引人才，建立汇集人才的区域优势等，目的就是保证和促进产业本身对人才的集聚的作用。

（二）利用城市化来促进人才集聚

（1）提高人才薪酬待遇，以整体薪酬吸引人才。提高人才薪酬待遇，加大预期的收入差也是吸引人才的重要途径。但对于人才而言，薪酬并不意味着单纯的货币收入，在货币收入满足日常生活所需的基础上，他们更注重薪酬对他们生活的保障功能及享受闲暇的功能。因此吸引高层次的人才应该使用整体薪酬。所谓整体薪酬，是指在人才充分参与的基础上，建立不同的薪酬组合系统，并定期随着他们兴趣爱好和需求的变化，做出相应的变更。整体薪酬包括基本工资、附加工资、福利工资、补贴和津贴、个人发展机会、心理收入、生活质量等柔性薪酬。整体薪酬具有很强的弹性，更能满足人才的个性化、多样化的需求。在提高薪酬待遇的基础上，利用整体薪酬能增强对人才的吸引力。

（2）改善城市生活条件，以环境集聚人才。安居才能乐业，引进人才一定要首先解决人才安居问题。解决这一问题，一方面可以依靠政府投资建设人才公寓；另一方面要积极探索企业通过参与土地市场招拍挂等办法，取得土地后，开发人才公寓，并让利销售给本企业真正需要住房的人才。此外还要加强道路、供热、供水、供电等城市基础设施的建设，方便人才的出行和生活。依托城市自然资源，美化城市，做好城市绿化和净化空气的工作，改善人才生活环境。

（3）把握人才集聚效应，以人气集聚人才。随着量的积累，在一定条件下，人才会发生一种质变，产生“人才集聚效应”。把握人才集聚效应，推进人才集聚工程，首先，要加强与国际和周边地区人才的交流与合作，加大对高层次人才的培养和引进，扩大人才总量，提高人才的整体素质，形成大规模、高素质的人才群体。其次，要围绕经济和产业结构调整，加速人才结构的调整，改善人才结构，优化人才资源配置，使人才资源与社会经济发展相适应。再次，要大力推进人才管理、使用和流动等机制创新，激活用好各类人才，提高人才的使用效能。最后，要做好高素质人才配套工作。要以优秀研究人才为核心，配备好研究与开发所需要的包括设备配置、资料分析、试验操作、市场调查等各方面的人才。

（4）要加强政府工作，以优惠的政策及良好的服务吸引人才。政府应当制定相关政策，妥善解决各类优秀人才在科研经费、户籍、住房、医疗、社会保险、配偶就业、子女入学等方面的问题，取消户籍制度，扫清人才流动的障碍，鼓励人才创业。此外，政府还应当营造热情务实、优质高效的服务环境。把建设公共服务体系作为营造服务环境的基本着眼点。搭建人才招聘平台，搞好人才教育培训服务，积极拓展人才市场服务内容，吸引人才，提高人才资源使用效率。

第四章 人才集聚的诱因

第一节 人才集聚的影响因素

人才集聚是一个复杂的社会现象，影响人才集聚的因素很多，这些因素从不同的角度出发，相互作用、相互结合，共同促进人才的集聚。人才流动（包括人才集聚）理论基本上都是按照“推力-拉力”的思路进行分析的，本书根据我国人才集聚的现状，并结合第一部分中的文献综述，把影响人才集聚的因素概括为经济因素、社会因素、环境因素等几部分。

一 经济因素

（一）个人经济利益

个人经济利益因素即人才集聚的收益因素，指依据经济发展规律，一切生产要素的聚散、重组都是为了以最小的投入创造最大的收益。与人才流动一样，人才集聚最主要的目的也是获得个人实际经济收入最大化。

1. 收入水平

收入水平，主要指人才的薪酬水平。追求自身需求的满足是人才流动的内在动因。据马斯洛的需求层次理论，人的需求由低到高可分成五类，即生理需求、安全需求、社交需求、尊重需求和自我实现需求。从基本需求的角度来讲，影响人才集聚的动因，就是物质需要导致的利益驱动。以我国为例，20 世纪 80 年代的劳动者向东南沿海大量流动，以及近年出现的农村大量外出打工人员回流的现象，都可以归结于收入的变化。美国学者阿姆克尼克特和阿利（Armknecht and Early, 1972）在对美国制造业员工辞职率进行分析时发现，决定员工自愿离开企业的所有影响因素中，最重要的影响因素就是相对工资水平（表 4-1）。

表 4-1 大专以上学历全国就业人员就业身份构成 （单位：%）

学历	合计	雇员	雇主	自营劳动者	家庭帮工
大学专科	100.0	91.3	2.9	5.2	0.6
大学本科	100.0	96.0	2.1	1.7	0.2
研究生	100.0	96.7	2.3	0.9	0.1

资料来源：《中国劳动统计年鉴（2006）》，中华人民共和国国家统计局网站

就我国目前而言，经济发展水平与发达国家相比仍处于较低程度，人均收入不高，即使是那些具有较高技术的人才收入水平也远远不能与发达国家相比。如表 4-1 所示，大专以上学历的就业人员 95%以上都是普通的雇员，工资收入仍然是我国人才的最主要收入来源。因此，在我国，收入水平特别是工资水平对于绝大多数人才来说仍是第一影响因素。

2. 生活成本

在考虑收入问题时，不仅仅是收入本身，同时也要考虑到生活成本问题，这样才能全面代表实际收入水平。不同地区的生活成本一般可以用各地区的价格指数来表示，价格指数是衡量一个地区生活成本的重要因素。

实际收入＝名义收入/价格指数

随着我国房地产经济的逐渐走俏，各地房价逐步攀升，购房支出已成了各个家庭的重大支出项目，在家庭消费中占有很大的比重，因此，房地产价格的大小成为新时期衡量地区生活成本的不可忽视的一个部分。

同样的工资水平，在物价水平（包括房价水平）相对较低的地区生活明显优于在物价水平相对较高的地区生活。一般而言，收入较高地区的物价一般也较高，因此它对于普通收入者而言，如果收入的增加不能弥补较高的消费，往往在收入较低但物价更加便宜的地区工作将是经济的选择。

Bogue Donald 在《都市社群结构》中提出的“推力-拉力”理论首次系统地从迁入地和迁出地、外因和内因等不同角度进行了分析与比较，并初次意识到推力大于拉力，导致人才外流；拉力大于推力，人才流入，形成人才的集聚。在实际收入这一影响因素中，高收入本身是拉力，而高的生活成本相对则是推力，考虑这两个因素的共同影响有助于弄清人才集聚的动因。

3. 收入预期和家庭总收入

除了收入水平和生活成本外，对实际收入的预期也是人才集聚的重要影响因素。较高的收入增长预期将抵消现实的低收入，当然较高的生活成本增长也将抵消现实可以承受的生活成本。美国经济学家迈克尔·托达罗认为，农业劳动力流入城市的动因，不是眼前的城乡收入差距，而是未来预期收入的最大化目标。最近一项对广州天河工业园的问卷调查显示：在影响人才流动的因素中，工资因素占 22.9%，对未来的预期因素占 40%，收入因素共占到了 62.9%，成为人才流动的主导因素。

此外，随着家庭经济学的兴起和个体行为的发展，“收入最大化”范畴从个体扩展到家庭，家庭收入最大化成为劳动者追求的首要目标，个人收入最大化为次要目标。

（二）区域经济环境

区域经济环境是指某个地区的整体经济发展水平，它是影响人才流动、形成人才聚集现象的引致性因素，它主要由区域内的经济制度、经济形势、经济发展水平、物价、金融、投资规模及结构、社会总供给与总需求的关系等方面组成。一个地区的区域经济环境的优劣，通常可以用人均GDP、人均财政收入、持续经济增长率、实际人均工资、恩格尔系数等因素来衡量。通常，在区域要素边际收益差别化的驱动下，高层次的人才会从要素边际收益较低的地区流向区域要素边际收益较高的地区，并逐步形成一定的规模，进而形成人才聚集现象。

1. 经济制度

经济制度分为计划经济制度和市场经济制度，作为经济环境的一个重要元素，对经济环境起着重要的调节和控制作用。一个良好的经济体制，不仅能够抑制信息不对称、提高决策效率、合理配置资源、保障经济的平稳运行，而且能够通过产权制度使包括人力资本在内的生产要素获得合理的收益权，从而带动各种创新要素的集聚，发挥整合效应，加速经济发展。否则，就会影响经济环境的优化，阻碍人才的集聚。

1978年改革开放至今，我国已从高度集中的计划经济成功转向充满活力的社会主义市场经济。截至2007年年底，世界共有75个国家和地区承认我国具有完全市场经济地位。经济体制的改变极大地促进了我国的人才自由流动并为我国人才集聚奠定了基础，但是考虑到经济制度在我国的统一性及其难以细化分类，本书将不选取其作为指标因素。

2. 经济发展水平

地区经济发展水平代表着该地区经济发展的程度，地区经济发展水平的高低对人才集聚有着一定的影响。地区经济发展水平，一方面通过对地区经济环境的作用来影响该地区的人才集聚；另一方面，则是通过影响人们的预期收入来引导人才的去留。

一个地区的经济发展水平的高低直接决定着地区经济环境的优劣。区域经济发展水平高，经济就会持续、健康增长，综合经济实力会不断增强，这样不仅能够促进产业结构的优化、升级，推动经济要素的合理布局，而且能够促进经济制度的优化，提高人力资本边际收益，增强区域科技型人才吸引力，形成科技型人才聚集高地，加快知识创新和技术进步的速度，从而加快区域经济环境的改善与优化；相反，若区域经济发展水平低，就难以解决区域教育、科技的进步，以及经济发展过程中出现的突出矛盾和问题，致使经济环境难以优化，最终又影响到区域经济发展水平。同样，地区经济发展水平的高低也影响着人们对预期收入的判断。一般来说，地区经济发展程度越高，工作机会也越多，人才充分发挥其才能的可能性也越大，预期收入则越高。

一般情况下，地区经济发展水平的大小可以用该地区的GDP代表，但是考虑到每个地区的区域面积及人口的数量的差异，我们将选取地区人均GDP作为指标变量进行分析。

3. 产业集聚与产业集群

产业集聚是指某一特定领域内互相联系的、在地理位置上集中的公司和机构集合。产业集群是指依赖并服务于相似市场、具有主导产业的众多企业及相关产业企业和支撑服务机构间通过分工合作于特定区域内结网而成的学习型组织。产业集聚和产业集群都是生产力集聚的外在表现形式。

人力资本作为生产力的重要组成要素，其运动受制于生产力的整体运动，因此，它的空间分布在很大程度取决于生产力的空间布局。同一产业或相关产业的企业在特定区域集聚，必然引致人才向该区域流动、集聚。大量相似及相关企业和机构地理上集聚，彼此间的互补与共生，使之呈现出规模经济、范围经济和集体效应，从而提高产业及区域的竞争力，而其产生的技术、知识外溢效应、工资差异和创新需求，又推进了人才的集聚。例如，作为我国高科技产业集聚地代表的北京，也是我国科技人员和智力资源最密集的地区，共聚集了30多万名科技人员。

由第二章的现状分析我们可知，在我国，人才主要是在第二、第三产业特别是第三产业集聚，而在第二、第三产业中的具体产业（行业）细化较为烦琐，根据第二、第三产业的特点，我们分别用地区人均用电量与第三产业GDP占比来代表第二、第三产业的集聚程度。

二 社会因素

（一）文化背景

从世界各国来看，一般那些有着悠久的农耕历史文化的国家和民族其人才流动性较差，而一直以游牧文化为主的国家和民族其人才的流动性较强。历史与文化背景，也是促使人才流动与集聚的一个因素。那些依靠农耕生存的民族，其长期的靠土地生活并在某一个地方积累并获得持久增长的财富，比如在我国古代，因长期受农耕文化的熏染，人们生活相对比较封闭，特别是在清朝末代形成了封建制度最高级化的形式——自给自足，这种文化背景（也有人称之为小农意识）对人才流动产生不可避免的负面影响。而那些历史上以游牧文化为主的民族社会，流动是其文化的重要组成部分，他们依靠开放性和物质交换维持生活，这种文化背景对其流动的影响就是正面的。

当今社会，由于信息技术在各个社会领域，如资料生产、科研教育、医疗保健、企业和政府管理，以及家庭中都得到广泛应用，而且已经对经济和社会发展产生了巨大而深刻的影响，并从根本上改变了人们的生活方式、行为方式和价值观念。信息化社会促进各国家地区的文化相互交流彼此融合，这也导致各地历史文化对人才流动的影响已经逐渐减弱。由于考虑到文化背景在我国范围内差异性往往不大，同时这种文化因素也难以量化，所以本书并未将其作为指标变量而选取。

（二）教育环境

教育环境是指一个地区各种教育的普及程度及其质量水平。地区的教育环境主要包括区域内各种教育科研机构的数量、质量、在职培训机会、子女接受高等教育的容易程度等方面。一般情况下，人才迁移时，通常会考虑迁入地的教育环境，特别是高校和科研机构等方面。

高校及科研机构是人才成长的摇篮，属于资源禀赋。资源禀赋是产业集聚形成的最初诱因，也是人才集聚形成的重要影响因素。农业文明起源于气候适宜、土地肥沃的区域，如世界著名的尼罗河流域及我国的长江流域；工业时代矿藏资源富集的地区多成长为冶炼或重工业集聚地，如德国的鲁尔工业区、美国的钢铁带、我国东北三省的钢铁重工业区。而到了知识经济时代，作为知识和技术的重要载体和创新主体的人才，以及从事知识研究和创新的院校、科研机构已成为区域重要的知识资产。这种新的高级资源禀赋优势正越来越成为各国和区域发展的主要动力来源。高校和研究机构在一个地区的集中，不仅仅给当地经济发展提供了丰富的人才资源，也为人才发展提供了广阔的空间，为人才集聚奠定了资源基础。另外，这种资源的优势会形成正的效应，如品牌效应，进而吸引更多的人才环绕在高校和科研机构的周围。

考虑到上述问题，在指标选取时，用每十万人口中的在校大学生数占比来代表地区高等教育普及度，各地 R&D 经费投入强度来代表对科研的重视程度。

（三）政策制度

政策制度是指一系列用来建立生产、交换与分配的社会和法律基础政策制度，是一个国家或地区正式规则与非正式规则对人们行为产生影响的因素的总和。人才聚集效应的政策制度主要可以分为以下五个方面：人才身份管理制度、人才配置制度、人才产权制度、人才使用制度及人才激励制度。

1. 人才身份管理制度

人才身份管理制度主要是指目前我国的户籍登记管理制度、职称评定制度、人事档案管理制度、社会保障制度等的集合，是影响人才流动的主要制度。

人才身份管理制度是制约人才聚集效应产生的首要的制度环境。没有合理有效的人才身份管理制度，所属单位及所在的地域就会成为人为的流动壁垒，无法保证人才正常有序的流动，人才集聚将难以实现。而缺乏正常合理的人才流动，人才的人力资本就难以增值，人才的潜能也难以得到开发，人才就可能得不到全面发展。

2. 人才配置制度

人才配置制度主要包括人才计划配置制度和人才市场配置制度。人才配置制度中的市场配置机制能够提高人才资源配置的准确性和及时性，促进人才的聚集，激发人才的潜能，增强人才的作用，推动聚集效应的产生，提高人才的使用效率，从而提升聚集效应，但同时也容易造成人才流动的盲目性和无序性，以及人才在聚集过程中过强的功利性，降低社会整体效率。因此，要有效地促进人才集聚，发挥人才集聚效应，应以市场配置为主，积极发挥人才市场配置的作用，并以人才计划配置为辅，适当地进行宏观调整。

3. 人才产权制度

人才产权又称为人才资本产权，是对人才资本占有、支配、使用、交换、收益、处分等权利关系的总和。

人才产权明晰与否与人才的个人经济利益密切相关，直接影响到人才流动。不清晰的人才产权制度会阻碍人才的合理流动，不清晰的利益矛盾还可能不利于人才之间的正常沟通与交流，造成人力资源的分割与效率低下。相反，清晰的人才产权制度则不仅有利于人才的流动，还可以在一定程度上吸引人才，促进人才的集聚。

4. 人才使用与激励制度

人才使用制度主要是指组织内部的用人机制，包括对人才的岗位分配、工作设计及人际关系的处理等诸多方面，它决定着组织能否吸引和留住人才。激励是指管理者以认识和理解员工的内在心理动力系统的内容和特征为基础，而采取积极的、有针对性的措施激发其潜能和工作热情，并将其行为目标与组织目标进行协调的过程。

人才的使用和激励制度是企业内部吸引和有效利用人才的重要制度，将合适的人放到合适的岗位并给予合适的奖励是企业是否有效运作的重要标志：人才工作满意度下降、动力不足导致工作绩效下降；成员之间误解加深、互信度降低、团结合作意识淡薄，甚至产生敌对情绪，导致人才聚集力下降，这些都和人才使用和奖励失衡有关，而建立一套有效的多元化的人才使用和激励制度，将是企业人才集聚自我实现的重要工具。

政策制度既涉及正式规则，比如制度、法律等，又涉及非正式规则，如约定俗成的社会道德等。其中，非正式规则尽管对人才起到了广泛的作用，但它难以选取与量化，故而，本书在制度环境分析过程中，考虑到因素的整体相关性和数据来源的可得性，重点强调正式规则特别是国家宏观层面的政策制度对人们行为产生影响的因素，主要包括与人才相关的法律制度，如社会保障制度、工伤保险制度、基本医疗保险、失业保险等对人才具有保障性的制度。

三 环境因素

（一）自然、地理环境

自然、地理环境主要是指一个地区的自然环境、绿化面积、地理位置和交通便利程度。其中，自然环境包括一个地区的湿度、温度、地形特征和空气质量等。

随着经济的发展和生活水平的提高，人们对自然环境和地理环境的关注度日益提高。科技型人才更倾向于到自然、地理条件优越的地区创业发展，而自然生活条件较差，如严重缺水、温度差很大、过于潮湿或干燥、污染严重的地区，往往使得人才望而却步。但是一个环境特别好的地方也有可能就意味着没有开发或工业化程度低，就业难度就会加大，因此，自然环境的影响尽管应当是推力，却不一定特别大。再加上自然环境统计数据获取方面的难度较大，因此，本书将不选取自然环境相关的因素作为统计指标。

（二）生活环境

生活环境因素主要指地区各类生活设施的建设和生活服务软件完善程度情况等。

地区生活硬件设施包括道路和公共交通建设、自来水和排水系统建设、城市绿化程度、医院和学校的建设数量等；地区生活软件则包括公共秩序的公平有效性、社会基础保障制度的建设、医疗和教育环境的优劣、生活物资保障充分程度及治安状况等。很难想象社会分工之后的工业化地区，如果专业化人才的生活硬件设施匮乏、软件跟不上，如孩子没有地方入学或教学水平不高，以及医疗条件和水平较差，出门开车就堵，普通人无法享受相对廉价和准时的公共交通，居住条件不高，房价较高，食品等日用产品供给不足或安全性不高，甚至治安不佳等，将会极大地影响人才的集聚意愿。

因此，本书选用人均绿地面积、人均水资源量等作为生活硬件统计指标；而在生活软件指标方面，考虑到高等教育因素在社会因素中已被包含，这里主要侧重于对基础教育方面的指标选取，本书将用每万人中拥有的高中数量表示基础教育的发展程度，用每万人中卫生人员数和每万人中医疗机构床位数表示地区医疗发展水平。

四 羊群效应

在经济学上，所谓的“羊群效应”是指经济个体的“从众心理”，这是市场行为中的一种常见的现象，羊群效应的产生是人们在信息不完全的情况下，对市场未来的不确定性做出的一种合理预期。人们通过观察周围人群的行为而提取信息，在这种信息不断传递的过程中，许多人的信息将大致相同且彼此强化，从而产生的从众行为。

羊群效应一般出现在一个竞争非常激烈的行业内，而且这个行业内有一个领先者（领头羊）吸引了主要的注意力，那么整个羊群就会不断模仿这个领头羊的一举一动，领头羊到哪里去“吃草”，其他的羊也去哪里“淘金”。对于人才集聚而言，这种现象也往往存在。

由于对羊群效应的统计比较复杂，本书仅在此对其进行理论分析，不将其选取作为指标进行因子分析。

人才市场与一般劳务市场既有联系又有区别。一方面，两个市场的行为主体在流动目的上趋向一致，即都是为了通过流动而获得比原地更多的经济收益。另一方面，两者在对收益多少的程度上要求有所不同。对于作为特殊群体的人才而言，较高的素质给他们带来了较大的流动空间，其对收益的预期较高，追求收益最大化。如果其在一个地方取得的收益与期望值有距离，则又会转而选择别的利好的地方。可以说，人才在选择流入区域时的行为带有投机性。因此，在信息不完全性、不对称性的市场之中，人才的心理因素对人才的集聚起着相当重要的作用。

人才流人或流出某一区域，基于对未来收益增长的预期。然而，任一区域未来如何发展的不确定性非常大，这种不确定性既包括宏观层面的，如国家人口政策、户籍制度、物价水平、财政预算等，又包括微观层面的，如区域发展政策、人居环境的建设、企业用人理念、市民对外来文化的包容性等。可是投资者能够获得有关这些不确定性方面的变动的信息则非常有限，并且在投资者之间很不对称，这时候，缺乏信息来源的投资者主要是通过观察别人的行为来取得信息，认为别人进入某一区域可能是他有利好消息，于是也跟着进入（别人流出某一区域可能是他得到有更好投资区域的消息，于是也跟着流出），闻风而动。这便演绎了由“羊群心理”引发的跟着别的“羊”走的“羊群行为”的过程。因此，人才的集聚是市场参与者的羊群心理相互作用的结果，并不依据集聚地的内在需求。它同凯恩斯揭示的“选美博弈”[①] 如出一辙。把“选美”规则运用到人才集聚活动，便表现在流动群体不存在“合谋”情况上。每一个参与者为了推测集聚地的需求状况，首先必须推测其他参与者的判断，但其他参与者的判断则又取决于他们对其他参与者推测的判断。这样任何参与者的判断所导致的行为，都会成为由其他参与者推测所形成的链条中的一环。于是群体中一个微小事件所带来的心理冲击，会放大为对群体中所有人的影响因素。

综上所述，在众多人才向某一特定区域集聚的过程中，市场信息的不完全性、不对称性，导致人才羊群心理的滋生，继而产生羊群行为，这既是一个理论推理，又是一个现实写照。

第二节 人才集聚动因的实证研究

一 模型构建

本书将采取因子分析法对人才集聚的各种影响因素进行分类，并提取明显的、合适的因素分类，从而达到简化、凸显影响因素的目的，然后对定义的人才集聚指标进行回归分析，以检验简化后的因素分类是否对人才集聚具有显著意义。

（一）变量设定

人才集聚是人才流动过程中的一种特殊行为，它是指人才因受某种因素影响，从各个不同的区域（或企业）流向某一特定区域（或企业）的过程。人才集聚的程度作为因变量，其描述的是在某一地区，就业人员中人才的比例。而本书将人才定义为大专以上学历者，故而本书将一定时间内某地区大专以上学历就业人数占该地区总就业人员的比例设定为人才集聚度。

人才集聚度＝地区大专以上学历就业人数/地区总就业人数

而在解释变量的指标设定上，往往一个影响因素的指标较多，而且从不同方面表现出这一影响因素的特点，因此单一指标如果不能表达一个因素的全部

① 凯恩斯认为，“专业投资大约可以比做报纸举办的比赛，这些比赛由读者从100张照片当中选出6张最漂亮的面孔，谁的选择最接近全体投票者的平均偏好，谁就能获奖；因此，每个参加者必须挑选并非他自己认为最漂亮的面孔，而是他认为最能吸引其他参加者注意力的面孔，这些其他参加者也正以同样的方式考虑这个问题。现在要选的不是根据个人最佳判断确定的真正最漂亮的面孔，甚至也不是一般人的意见认为的真正最漂亮的面孔。我们必须做出第三种选择，即运用我们的智慧预计一般人的意见，认为一般人的意见应该是什么。”

含义，本书将对该指标设定多个解释变量。根据前面的分析，具体设定如表 4-2 所示。

表 4-2　人才集聚解释变量指标设定

第一级指标	第二级指标	第三级指标	变量
经济因素	个人收入	职工平均工资	V_{111}
		家庭人均可支配收入	V_{112}
	生活成本	物价指数	V_{121}
		商品房价格	V_{122}
	净收入	家庭人均可支配收入/物价指数	V_{131}
		家庭人均可支配净收入＝家庭可支配收入－家庭消费性支出	V_{132}
	经济环境	人均 GDP＝地区 GDP/本地就业人口	V_{141}
	产业集聚	地区人均用电量	V_{151}
		第三产业 GDP 占比	V_{152}
社会因素	高等教育普及度	每十万人口中的在校大学生数	V_{211}
	科研重视度	R&D 经费投入强度	V_{221}
	社会保障	每万人中参加养老保险人数	V_{231}
		每万人中参加失业保险人数	V_{232}
		每万人中参加工伤保险人数	V_{233}
		每万人中参加基本医疗保险人数	V_{234}
		每万人中参加生育保险人数	V_{235}
环境因素	生活环境	人均公园绿地面积	V_{311}
		人均水资源量	V_{312}
	公共设施	城市用水普及率	V_{321}
		每万人拥有公共交通数量	V_{322}
		人均城市道路面积	V_{323}
	基础教育	每万人中拥有的高中数量	V_{331}
	医疗卫生	每万人中卫生人员数	V_{341}
		每万人中医疗机构床位数	V_{342}

注：本书以 2007 年我国各地区的人才集聚度为研究对象，使用截面数据，分析人才集聚的影响因素。其中，本书主要数据来源于 2008 年和 2007 年《中国统计年鉴》、《中国城市年鉴》及《中国劳动统计年鉴》，并经过计算处理

（二）模型选择与构建

本书选择因子分析法作为构建模型的基本方法，主要考虑到影响人才集聚的因素较多，而且其同一因素的解释变量设置也非单一，使用直接回归的方法一般会产生严重的多重共线性。为避免这一问题，同时也为减少影响因素个数，本书主要采取主成分法和因子分析法。因子分析法和主成分法都是将多个实测变量转换为少数几个不相关的综合指标的多元统计分析方法，因子分析模型的特点是它比主成分分析还多一道工序——因子旋转（factor rotation），因此更容易解释公因子的经济学意义。本书使用的因子旋转方法是最大变异法

(Varimax)。此法最常用，一般都能简化对因子的解释①。

模型构建的过程，首先是提取因子。对于 V_{111} 到 V_{342} 等解释变量的样本数据进行标准化得到均值为 0、方差为 1 的新变量 $ZX_i=(zx_{i1}, zx_{i2}, \cdots, zx_{ik})$ ($i=1, 2, \cdots, n$；k 由样本决定)。求新样本 zx_{ij} ($j=1, 2, \cdots, k$) 相关系数矩阵 $R=(r_{ij})_{n\times n}$；进而获得相关系数矩阵的特征根 λ_i ($\lambda_1, \lambda_2, \cdots, \lambda_n>0$) 和相应的标准正交的特征向量 l_i；根据特征根 $\lambda_i>1$ 的标准确定公共因子数 m。

本书因子分析提取因子的方法使用主成分法 (principal component factor)，在提取因子后，对因子载荷矩阵 (component matrix) 进行旋转，使因子负荷两极分化，要么接近于 0，要么接近于 1，获得旋转的因子载荷矩阵 (rotated component matrix) 以求对公共因子做出更好的专业性解释。在获得因子得分系数阵 (component score coefficient matrix) Sa_{Sj} ($S=1, 2, \cdots, m$) 后，计算因子提取的新因子 P_S ($S=1, 2, \cdots, m$)。

$$P_1=Sa_{11}ZX_1+Sa_{21}ZX_2+\cdots+Sa_{151}ZX_n$$

……

$$P_m=Sa_{1m}ZX_1+Sa_{2m}ZX_2+\cdots+Sa_{15m}ZX_n$$

最终，通过新因子 P_S ($S=1, 2, \cdots, m$) 对资本结构被解释变量数据的回归，分析影响人才集聚的主要因素。

$$Y_S=\beta_0+\sum_1^m\beta_S\times P_i+\mu Y\ (S=1, 2, \cdots, m) \tag{4-1}$$

式中，β_0 和 β_S 为系数；μ 为随机误差项。

二 实证研究

本书先对解释变量进行因子分析，再将提取的新因子进行多元线性回归分析。

(一) 前提检验

我们进行因子分析的目的就是从提取的众多相关因子中提取出能够解释人才集聚的相互独立的因子，如果本书解释变量之间相关度不高，就不能采用因子分析。KMO 测度和巴特利特球形检验是判断原始变量是否适合作因子分析的统计检验方法。其中，KMO 测度检验变量间的偏相关性，巴特利特球形检验则用于判断相关阵是否为单位阵 (表 4-3)。

① 它旋转的原则是各因子仍然保持直角正交，但使得因子间方差的差异达到最大 (相对载荷平方之和达到最大)。用一个通俗的比喻讲，就好像在平面坐标上保持以圆点为轴心，X、Y 轴交角为直角，然后对坐标轴进行旋转。

表 4-3 KMO 测度和巴特利特球形检验

KMO 测度		0.608
巴特利特球形检验	近似卡方（χ^2）值	1160.652
	自由度（df）	276
	显著性概率（sig.）	0.000

一般而言，KMO 值小于 0.5 就不适合做主成分分析或因子分析。经 KMO 测度和巴特利特球形检验，如表 4-3 所示，本书所提取的因子的 KMO 测度值为 0.608，说明选取的因子的重叠性较高，适合作因子分析。而巴特利特球形检验的近似卡方值是 1160.652，其显著性概率 sig. = 0.000，小于 1%，通过了因子分析的前提检验。

（二）因子提取

如前所述，一般提取因子要求特征值大于 1，因为小于 1 的特征值意味着直接将原解释变量引入更加有效。通过表 4-4 可知，提取的新因子的个数为 5 个。其累计贡献率为 89.69%，超过 80%这一累计贡献率一般标准，说明新因子对原解释变量解释程度较高。

表 4-4 初始特征值及其方差

因子	初始特征值		
	特征值	方差贡献率/%	累计贡献率/%
P_1	13.150 36	54.793 17	54.793 17
P_2	3.302 038	13.758 49	68.551 66
P_3	2.716 255	11.317 73	79.869 39
P_4	1.311 096	5.462 898	85.332 29
P_5	1.045 423	4.355 929	89.688 22

表 4-5 因子得分矩阵

解释变量	因子				
	P_1	P_2	P_3	P_4	P_5
职工工资/元	0.053 6	0.207 3	0.019 8	−0.116 8	−0.047 2
家庭人均可支配收入/元	0.033 5	−0.016 2	0.184 0	−0.106 3	−0.061 5
物价指数/%	−0.086 6	−0.149 0	0.080 5	0.022 5	−0.128 3
商品房价格/元	0.126 5	0.197 2	−0.084 8	−0.234 9	0.001 7
（家庭人均可支配收入/物价指数）/元	0.035 6	−0.011 7	0.176 1	−0.102 7	−0.056 9
家庭人均可支配净收入/元	−0.072 1	−0.027 6	0.361 3	0.008 4	−0.042 4
人均 GDP/元	0.091 6	−0.016 0	0.035 5	−0.219 9	0.182 5
地区人均用电量/万千瓦	0.046 1	−0.200 1	0.120 6	−0.222 3	−0.015 8
第三产业 GDP 占比/%	−0.008 4	0.153 6	0.051 8	0.073 3	−0.086 4
每十万人口中的在校大学生数/人	0.014 1	−0.056 6	0.026 5	0.248 0	0.055 6
R&D 经费投入强度/%	−0.035 8	−0.055 4	0.002 8	0.387 5	0.071 7
每万人中参加养老保险的人数/人	0.155 4	−0.054 9	−0.157 0	−0.016 1	0.054 8
每万人中参加失业保险的人数/人	0.093 4	−0.059 6	−0.065 9	0.101 2	0.046 8

续表

解释变量	因子				
	P_1	P_2	P_3	P_4	P_5
每万人中参加工伤保险的人数/人	0.124 2	−0.013 0	−0.041 8	−0.101 3	−0.045 5
每万人中参加基本医疗保险的人数/人	0.141 0	−0.014 5	−0.126 6	−0.032 6	0.001 2
每万人中参加生育保险的人数/人	0.135 6	0.004 7	−0.060 9	−0.142 1	−0.033 7
人均公园绿地面积/米^2	0.048 7	−0.082 5	−0.150 6	0.214 3	0.487 1
人均水资源量/米^3	−0.010 8	0.360 2	−0.074 6	−0.106 6	0.024 7
城市用水普及率/%	−0.188 6	−0.069 7	0.553 4	0.080 9	−0.075 2
每万人拥有公共交通数量/辆	−0.099 9	0.139 6	0.179 9	0.250 6	0.058 5
人均城市道路面积/米^2	−0.068 9	0.076 1	0.067 1	0.084 5	0.355 1
每万人中拥有高中数/所	−0.029 3	−0.142 4	0.191 7	0.057 4	−0.250 3
每万人口中卫生人员数/人	0.101 6	−0.036 7	−0.149 6	0.167 2	0.093 4
每万人口中医疗机构床位数/个	0.118 1	−0.040 6	−0.146 2	0.082 4	0.054 3

因子得分矩阵如表 4-5 所示，然后用标准化的解释变量与因子得分矩阵相乘得到新因子①

$$P_1 = 0.0536 \times V_{111} + 0.0335 \times V_{121} + \cdots + 0.1181 \times V_{342}$$

……

$$P_5 = -0.0472 \times V_{111} - 0.0615 \times V_{121} + \cdots + 0.543 \times V_{342}$$

(三) 因子命名

在提取新因子 $P_1 \sim P_5$ 后，将通过旋转的因子载荷矩阵（表 4-6）的分析给其命名。一般认为，旋转的因子载荷的绝对值越大，表明该因子和该变量的信息重叠程度越高，在解释因子时越重要。通常认为，载荷绝对值大于 0.91（50%的信息重叠）为优，大于 0.6（ 40%的信息重叠）为很好，大于 0.55（30%的信息重叠）为好，大于 0.45（ 20%的信息重叠）为一般，低于 0.32（少于 10%的信息重叠）为差。本书以 0.6 作为解释主成分的临界分割点为主成分命名，同时考虑解释变量在新因子中旋转载荷最大为标准。

表 4-6 旋转因子载荷矩阵

解释变量	因子				
	P_1	P_2	P_3	P_4	P_6
职工工资/元	0.670 1	0.637 0	0.305 6	0.055 0	−0.089 7
家庭人均可支配收入/元	0.796 7	0.061 5	0.541 2	−0.021 8	0.014 4
物价指数/%	−0.710 8	−0.459 1	−0.243 6	−0.110 7	−0.202 1

① 此处与下文中如无特别说明，等式（或者约等式）中的解释变量名 V_{XXX}（如 V_{111}）均应为标准化后数据，前文使用 ZX_i，为了使读者看清新因子同未标准化的解释变量关系，特直接使用这些解释变量名称。

续表

解释变量	因子				
	P_1	P_2	P_3	P_4	P_6
商品房价格/元	0.744 3	0.526 9	0.218 2	−0.169 0	0.038 3
(家庭人均可支配收入/物价指数)/元	0.802 9	0.074 0	0.534 3	−0.013 2	0.016 4
家庭人均可支配净收入/元	0.731 0	0.094 6	0.564 5	0.087 9	0.111 3
人均 GDP/元	0.465 4	−0.114 9	0.377 6	−0.453 1	0.592 2
地区人均用电量/万千瓦	0.148 1	−0.623 2	0.225 1	−0.489 7	0.230 9
第三产业 GDP 占比/%	0.530 5	0.568 6	0.230 8	0.378 3	−0.278 7
每十万人中的在校大学生数/人	0.746 6	0.039 3	0.270 8	0.563 8	−0.053 3
R&D 经费投入强度/%	0.450 4	0.061 1	0.115 1	0.753 8	−0.114 8
每万人中参加养老保险的人数/人	0.956 6	−0.097 8	0.103 4	0.151 8	−0.002 1
每万人中参加失业保险的人数/人	0.906 1	−0.038 9	0.201 0	0.346 7	−0.039 9
每万人中参加工伤保险的人数/人	0.949 6	0.031 0	0.244 8	0.057 1	−0.110 6
每万人中参加基本医疗保险的人数/人	0.957 2	0.028 5	0.129 7	0.171 3	−0.105 0
每万人中参加生育保险的人数/人	0.920 0	0.052 2	0.224 9	−0.022 9	−0.068 1
人均公园绿地面积/米^2	0.110 1	−0.255 5	0.060 2	0.075 2	0.914 6
人均水资源量/米^3	−0.187 0	0.936 7	−0.052 7	−0.080 3	0.025 8
城市用水普及率/%	0.153 2	0.012 0	0.848 7	0.097 6	0.139 6
每万人拥有公共交通数量/辆	0.346 4	0.592 3	0.429 7	0.536 0	0.037 7
人均城市道路面积/米^2	−0.386 8	0.159 2	0.214 6	−0.157 8	0.833 9
每万人中拥有高中数/所	0.481 6	−0.226 1	0.254 5	0.290 1	−0.604 8
每万人中卫生人员数/人	0.850 3	0.019 8	0.072 7	0.452 5	−0.033 3
每万人中医疗机构床位数/个	0.852 2	−0.021 5	0.068 5	0.318 6	−0.063 3

注：本表使用最大变异法（Varimax，使负荷量的变异数在因子内最大，即使每个因子上具有最高载荷的变量数最少），经过 14 次旋转迭代得到

表 4-7 新因子的信息重叠程度表

指标	P_1	P_2	P_3	P_4	P_5
V_{111}	0.670 1				
V_{112}	0.796 7				
V_{121}	−0.710 8				
V_{122}	0.744 3				
V_{131}	0.802 9				
V_{132}	0.731 0				
V_{141}					
V_{151}		−0.623 2			
V_{152}					
V_{211}	0.746 6				
V_{221}				0.753 8	
V_{231}	0.956 6				
V_{232}	0.906 1				
V_{233}	0.949 6				
V_{234}	0.957 2				
V_{235}	0.920 0				
V_{311}					0.914 6
V_{312}		0.936 7			

续表

指标	P_1	P_2	P_3	P_4	P_5
V_{321}			0.848 7		
V_{322}					0.833 9
V_{323}					
V_{331}					
V_{341}	0.850 3				
V_{342}	0.852 2				

由表 4-6 提取出载荷绝对值大于 0.6 的因子进行重新组合，得出表 4-7，可以用约等式说明：

$$P_1 \approx 0.6701 \times V_{111} + 0.7967 \times V_{112} - 0.7108 \times V_{121} + 0.7443 \times V_{122} + 0.8029 \times V_{131} + 0.7310 \times V_{132} + 0.7466 \times V_{211} + 0.9566 \times V_{231} + 0.9061 \times V_{232} + 0.9496 \times V_{233} + 0.9572 \times V_{234} + 0.9200 \times V_{235} + 0.8503 \times V_{341} + 0.8522 \times V_{342}$$

$$P_2 \approx -0.6232 \times V_{151} + 0.9367 \times V_{312}$$

$$P_3 \approx 0.8487 \times V_{321}$$

$$P_4 \approx 0.7538 \times V_{211}$$

$$P_5 \approx 0.9146 \times V_{311} + 0.8389 \times V_{322}$$

与因子一有很好信息重叠的是 V_{111}、V_{112}、V_{121}、V_{122}、V_{131}、V_{132}、V_{211}、V_{231}、V_{232}、V_{233}、V_{234}、V_{235}、V_{331}、V_{341} 和 V_{342}，它们分别是职工平均工资、家庭人均可支配收入、物价指数、商品房价格、家庭人均可支配收入/物价指数、家庭人均可支配净收入、每十万人口中的在校大学生数、每万人中参加养老保险人数、每万人中参加失业保险人数、每万人中参加工伤保险人数、每万人中参加基本医疗保险人数、每万人中参加生育保险人数、每万人中拥有的高中数量、每万人中卫生人员数和每万人中医疗机构床位数这些因素，这些解释变量涉及收入、生活成本、对高等教育的重视程度、社会保障和医疗卫生环境这些二级变量，涉及面广，但都是关乎民生问题的因素，可以定义为基本生活因子。

与因子二有很好信息重叠的是 V_{151} 和 V_{312}，分别代表着地区人均用电量和人均水资源量，可定义为能源与资源拥有量因子。

与因子三有很好信息重叠的是 V_{132} 和 V_{321}，分别代表着家庭人均可支配净收入和城市用水普及率，可定义为人均收入及用水普及因子。

与因子四有很好信息重叠的是 V_{221}，代表了 R&D 经费投入强度，可以定义为科研投入力度因子。

与因子五有很好信息重叠的是 V_{311}、V_{323} 和 V_{331}，代表人均公园绿地面积、人均城市道路面积和每万人中拥有的高中数量，可定义为生活环境因子。

(四) 回归过程及结果

通过人才集聚度 Y 对以上5个因子 P_s（$s=1, 2, \cdots, 5$）的回归得到表4-8。

表 4-8　因子偏回归系数表

变量	未标准化		标准化	T 检验	sig.
	偏回归系数	标准差	偏回归系数		
C	4.750 2	0.128 9	—	36.858 5	0.000 0
P_1	2.910 7	0.131 5	0.865 5	22.128 8	0.000 0
P_2	−0.315 8	0.131 5	−0.093 9	−2.401 0	0.026 7
P_3	0.785 2	0.131 5	0.233 5	5.969 8	0.000 0
P_4	1.227 2	0.131 5	0.364 9	9.330 1	0.000 0
P_5	−0.534 4	0.131 5	−0.158 9	−4.063 1	0.000 7

通过表4-8我们可以看出，其所有新因子的显著性概率均小于0.05，因此，这说明新因子对人才集聚度均有明显的影响，不需要再剔除变量因子。

由表4-9可知调整后的 R^2 为0.963，即方程的拟合度是0.963，表明本书的解释变量可以解释被解释变量变化中的96.3%部分，回归方程的 F 统计量值为126.929，其显著性水平为0.000，这说明了回归模型在0.5%的置信水平上通过了 F 检验，即该模型回归效果非常好。

表 4-9　模型回归系数

模型	R	R^2	调整的 R^2	F 统计量	sig.	Durbin-Watson
1	0.985	0.971	0.963	126.929	0.000	2.056

最终回归方程为（由表4-8）

$$Y=4.7502+2.9107\times P_1-0.3158\times P_2+0.7852\times P_3+1.2272\times P_4-0.5344\times P_5$$

同时根据表4-6获得的约等式可得

$$\begin{aligned}Y\approx\ &4.7502+1.9505\times V_{111}+2.3190\times V_{112}-2.0690\times V_{121}+2.1664\times V_{122}\\&+2.3370\times V_{131}+2.1731\times V_{211}+2.7844\times V_{231}+2.6374\times V_{232}\\&+2.7640\times V_{233}+2.7861\times V_{234}+2.6778\times V_{235}+2.4750\times V_{341}\\&+2.4805\times V_{342}-0.1968\times V_{151}-0.2958\times V_{312}+0.5740\times V_{132}\\&+0.6664\times V_{321}+0.9251\times V_{211}-0.4888\times V_{311}-0.4883\times V_{322}\\&+0.3232\times V_{331}\end{aligned}$$

三 结果分析

通过以上最终回归方程可知，旋转因子一、三、四都与人才集聚度呈现正相关关系，因子二和因子五均与人才集聚呈现负相关关系，而与这些因子有很好信息重叠的是职工工资、家庭人均可支配收入、物价指数、商品房价格、家庭人均可支配收入/物价指数、每十万人口中的在校大学生数、每万人中参加养老保险的人数、每万人中参加失业保险的人数、每万人中参加工伤保险的人数、每万人中参加基本医疗保险的人数、每万人中参加生育保险的人数、每万人口中卫生人员数和每万人口中医疗机构床位数、地区人均用电量、人均拥有的水资源量、家庭人均可支配净收入、城市用水普及率、R&D经费投入强度、人均公园绿地面积和每万人拥有公共交通数量这些因素，且通过表4-4和表4-7可知，其中，与被解释变量正相关的解释变量有职工工资、家庭人均可支配收入、家庭人均可支配收入/物价指数、每十万人口中的在校大学生数、每万人中参加养老保险的人数、每万人中参加失业保险的人数、每万人中参加工伤保险的人数、每万人中参加基本医疗保险的人数、每万人中参加生育保险的人数、每万人口中卫生人员数和每万人口中医疗机构床位数、地区人均用电量、家庭人均可支配净收入、城市用水普及率及R&D经费投入强度；与被解释变量负相关的解释变量有物价指数、商品房价格、人均拥有的水资源量、人均公园绿地面积和每万人拥有公共交通数量。

以下将按照经济因素、社会因素和环境因素分类，分析各个因素对人才集聚产生或未产生显著影响的原因（表4-10）。

表4-10 与人才集聚度呈显著影响的因素各级指标名称及变量名

第一级指标	第二级指标	第三级指标	变量
经济因素	个人收入	职工平均工资/元	V_{111}
		家庭可配收入/元	V_{112}
	生活成本	物价指数/%	V_{121}
		商品房价格/元	V_{122}
	净收入	（家庭人均可支配收入/物价指数）/元	V_{131}
		家庭人均可支配净收入（=家庭可支配收入－家庭消费性支出）/元	V_{132}
	产业集聚	地区人均用电量/万千瓦	V_{151}
社会因素	高等教育普及度	每十万人中的在校大学生数/人	V_{211}
	科研重视度	R&D经费投入强度/%	V_{221}
	社会保障	每万人中参加养老保险人数/人	V_{231}
		每万人中参加失业保险人数/人	V_{232}
		每万人中参加工伤保险人数/人	V_{233}
		每万人中参加基本医疗保险人数/人	V_{234}
		每万人中参加生育保险人数/人	V_{235}
环境因素	生活环境	人均公园绿地面积/米^2	V_{311}
		人均水资源量/米^3	V_{312}
	公共设施	城市用水普及率/%	V_{321}
		每万人拥有公共交通数量/辆	V_{322}
	医疗卫生	每万人中卫生人员数/人	V_{341}
		每万人中医疗机构床位数/个	V_{342}

（一）经济因素

从回归结果看，在经济因素方面，如表 4-11 所示，其中，职工平均工资、家庭人均可支配收入、物价指数、商品房价格、家庭人均可支配收入/物价指数、家庭人均可支配净收入、地区人均用电量均对人才集聚度有显著的影响。下面我们逐一进行分析。

表 4-11　经济因素中各相关因子的影响程度

一级指标	二级指标	三级指标	变量	P_1	P_2	P_3	P_4	P_5
经济因素	个人收入	职工平均工资/元	V_{111}	0.670 1				
		家庭人均可配收入/元	V_{112}	0.796 7				
	生活成本	物价指数/%	V_{121}	−0.710 8				
		商品房价格/元	V_{122}	0.744 3				
	净收入	(家庭人均可支配收入/物价指数)/元	V_{131}	0.802 9				
		家庭人均可支配净收入/元	V_{132}	0.731				
	产业集聚	地区人均用电量/万千瓦	V_{151}		−0.623 2			

1. 个人实际收入

从个人收入和家庭净收入上分析，同收入有关的两个解释变量——职工平均工资和家庭人均可支配收入，以及同净收入有关的两个解释变量——家庭人均可支配收入/物价指数和家庭人均可支配净收入，均对人才集聚度有显著影响，而且为正相关。从影响程度上分析，家庭净收入对人才集聚的影响程度略大于个人收入的影响程度，因此，较高的个人收入水平特别是较高的家庭净收入将带动人才向这个区域集中，反之亦然。可见，家庭（个人）净收入是人才集聚的直接影响因素。

然而在生活成本方面，一般理论认为生活成本为人才集聚的抑制因素，较高的生活成本将把人才“推出”这个地区，应与人才集聚呈反相关。但是分析结果却显示，与人才集聚有显著影响的地区物价指数和商品房的价格，其中价格指数与人才集聚度呈反向相关性，符合本书之前的理论分析，但地区商品房的价格却与人才集聚度呈正相关关系，即地区商品房的销售价格越高，地区人才集聚程度越大。

要分析其原因，需要从净收益因素入手。净收益因素中的实际收入（实际收入＝人均 GDP/消费者价格指数）说明了剔除物价因素后，人才集聚度高的地区依然是收入高的，而净收入（净收入＝人均可支配收入－人均消费支出）则说明在剔除消费以后，人们剩余的部分越多则人才越愿意向这个区域集聚。物价指数所呈现出的显著负相关性说明生活成本确实对人才集聚产生了负面影响，但是并不是决定性的影响，生活成本需要跟家庭收入结合在一起进行分析。若生活成本增加的幅度明显小于收入增长的幅度，则总体上看，净收益还是增大的，仍会对地区人才集聚产生推动作用。

另外，房地产性质比较特殊，一方面，由于土地资源的稀缺性，市场经济条件下，经济发展程度高、人口密度较大的地区其房价自然比经济发展水平低、人口密度小的地区较高，从这个意义上讲，房地产价格更多是作为一种人才集聚的结果而并非动因；另一方面，房地产本身相对于其他资产而言具有较好的保值增值的作用，也是人们常见的资产投资方式之一，在满足了人们自身居住要求的前提下，较高的房屋售价将带给房屋持有者一定的财富效应，从这方面理解，房地产价格也是推动人才集聚的力量之一。

因此，高收入、低成本，特别是较高的实际净收入，是地区吸引人才集聚的重要的、积极的因素。

2. 地区经济

在前面选择变量时，我们提到，改革开放以来，我国各个地区的经济制度虽然有些许差异，但总体上仍基本相似，因此，在实证分析的过程中可以忽略这一因素。而物价水平等经济因素同个人经济利益因素重叠，因此，地区经济发展水平、产业经济结构等方面是我们考察的重点。

通过因子分析和模型回归的最终结果发现，在选择的变量中，代表第二产业集聚度的人均用电量与人才集聚程度呈现出显著的正相关性，而代表总体经济发展水平的人均 GDP 与代表第三产业集聚度的第三产业 GDP 占比呈现出的相关性不是特别明显。如表 4-5 中所示，因子人均 GDP 与新因子 P_5 的重叠度最大，值为 0.5922，达到了“好”的重叠效果（0.55），但仍未达到“很好”（0.60）。这说明，在我国，相对于地区经济发展水平和第三产业等因素，第二产业是影响地区人才集聚程度的更为重要因素，而地区经济发展水平的提高对人才集聚虽然有一定的推动作用，但其动力不是特别强。

在我国，第二产业的地区集聚程度比地区经济发展水平及第三产业经济占比具有更强的人才集聚效果，其主要是由经济发展规律及我国目前经济现状决定的。

早在 17 世纪，英国经济学家威廉·配第就发现，随着经济的不断发展，产业中心会逐渐由有形物质生产转向无形的服务产品生产，而且劳动力也相应由农转工，再由工转商。美国经济学家科林·克拉克继承前人研究成果，又提出“三次产业划分”理论，并表明在人类历史发展的过程中，社会人力、不同类型的人才在不同产业之间分布数量的消长变化是有一定的规律的。人才资源在不同产业间的分布比例变化遵循以下规律：①第一产业人力、人才资源所占比重不断降低；②第二产业人力、人才资源所占比重不断上升；③第三产业人力、人才资源所占比重终将超过第一、第二产业。该理论所揭示的人力、人才资源具有按照第一、第二、第三产业梯次转移的规律，而这种规律已经为世界发达国家人力、人才资源结构的演变历史所证明。

改革开放 30 多年，我国工业化进程飞速发展并取得了世界瞩目的巨大成就，然而就目前情况而言，如图 4-1 所示，相对于发达国家，第二产业所占比重过大而第三产业所占比重明显不足，我国工业化道路尚未完成，我国经济仍处于经济发展的第二阶段，即第二产业人力、人才资源所占比重不断上升的时期。因此，第二产业仍是我国的第一主导产业，第二产业的发展程度对人才的集聚度依然有着较强的影响。

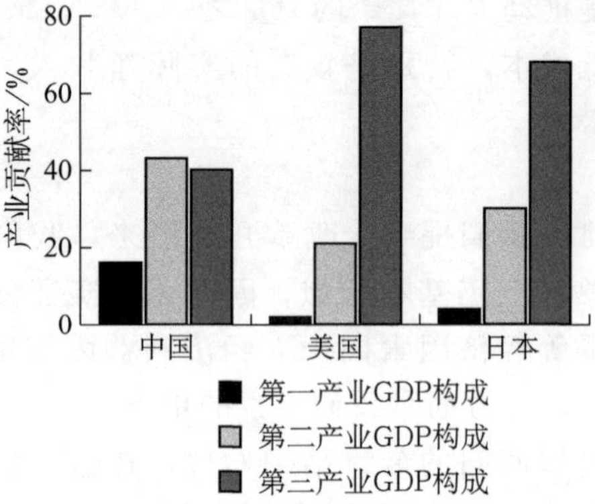

图 4-1　2006 年各国产业贡献率

资料来源：中国人民共和国统计网

根据克拉克的理论，随着工业化进程的不断发展与完善，第三产业所占比重将慢慢上升并逐渐超过第一、第二产业。第三产业的发展水平是衡量生产社会化程度和市场经济发展水平的重要标志，而积极发展第三产业也是促进市场经济发育、优化社会资源（包括自然资源、资金和劳动力）配置、提高国民经济整体效益和效率的重要途径。20 世纪 90 年代末以来，我国逐渐认识到第三产业的重要性并提出了大力发展第三产业的方针政策，效果也十分显著，但是与发达国家相比还是存在着比较大的差距，我国第三产业增加值占 GDP 的比重还未达到英克尔斯现代化标准（即 45％以上）的要求，更不及西方发达国家 60％～80％的水平，发展还很不成熟。同时，在我国，第三产业仍是以传统的第三产业为主，金融保险、科技服务、信息咨询、现代物流等新兴的第三产业比重仍比较低（孙健等，2004a）。第三产业中批发零售业、住宿餐饮业、交通运输业等所占比重较大，就业人口素质普遍偏低，这也是导致我国第三产业总体人才集聚能力不强的原因之一。

（二）社会因素

社会因素包括除经济因素外的其他因素，如社会文化风俗、企业文化等，但由于这些精神方面的因素难以量化分析，本书仅仅选择了两个方面进行讨论：①对高等教育、科研开发的重视；②地区社会保障程度（表 4-12）。

表 4-12　社会因素中各相关因子的影响程度

一级指标	二级指标	三级指标	变量	P_1	P_2	P_3	P_4	P_5
社会因素	高等教育	每十万人中的在校大学生数	V_{211}	0.746 6				
	科研开发	R&D 经费投入强度	V_{221}				0.753 8	
	社会保障	每万人中参加养老保险的人数	V_{231}	0.956 6				
		每万人中参加失业保险的人数	V_{232}	0.906 1				
		每万人中参加工伤保险的人数	V_{233}	0.949 6				
		每万人中参加基本医疗保险的人数	V_{234}	0.957 2				
		每万人中参加生育保险的人数	V_{235}	0.920 0				

1. 教育科研

分析结果表明，代表高等教育重视程度的“每十万人中的在校大学生数”和代表对科研重视程度的“R&D 经费投入强度”均对人才集聚度有显著的影响，并呈现正相关性。

一个地区的人才资源总量从理论上可以划分为两大部分：人才资源存量和人才资源增量。人才资源存量是指已经存在于人才资源队伍之中，并以统计数据显示出来的人才资源数量；人才资源增量指的是每年都将从社会上新加进去的人才资源数量。简言之，前者是既有的，后者是新增的，而其新增量中又分为两个部分，其一是内源性的增长，主要指每年从高等院校和高等专业技术学校毕业，进入人才资源队伍中的专业人才数量；其二是外部性的增长，主要指每年从其他地区流入（或者流出）的人才数量。对高等教育重视程度的提高，使所在地区在校大学生数量所占比重逐渐增大。由于人们都具有一定的地区忠诚度，在校大学生数量的增多能直接带来地区人才内源性的增长，促进人才集聚程度的提高。

现代社会，科学技术是第一生产力，良好的科研环境对人才特别是科技人才具有较大的吸引力，而良好的科研环境很大程度上取决于地区的 R&D 投入力度。良好的科研环境和较高的 R&D 经费投入无疑有利于科研工作的开展，促进人才特别是科研人才的流入，因此，R&D 经费投入强度的大小直接关系着经济发达程度及高科技人才的集聚。R&D 经费投入强度的大小，一方面可以代表地区对科研教育的重视程度；另一方面同样也可说明地区对产业科技创新力度的支持。而不论是从哪个层面来讲，R&D 经费投入都能促进人才特别是高科技人才的地区集聚程度。

2. 社会保障

社会保障程度是关系民生的一个重要方面，通过对 2007 年数据的因子分析与回归，其最终结果表明，在我国，“五险”即养老保险、工伤保险、基本医疗保险、失业保险及生育保险都对人才集聚程度有着非常明显的作用，其地区参保人数占地区就业人数比例与人才集聚度呈显著正相关。也就是说，在我国，社会保障制度越完善，覆盖面越广越全，对人才的集聚作用也就越大。

养老保险，是社会保障制度的重要组成部分，是社会保险五大险种中最重要的险种之一。所谓养老保险（或养老保险制度）是国家和社会根据一定的法律和法规，为解决劳动者在达到国家规定的解除劳动义务的劳动年龄界限，或者因年老丧失劳动能力退出劳动岗位后的基本生活而建立的一种社会保险制度。

工伤保险，是指国家或社会为生产、工作中遭受事故伤害和患职业性疾病的劳动者及家属提供医疗救治、生活保障、经济补偿、医疗和职业康复等物质帮助的一种社会保障制度。它保证了在劳动者因工作原因遭受意外伤害或患职业病而造成死亡、暂时或永久丧失劳动能力时，劳动者及其遗属能够从国家、社会得到必要的物质补偿。

基本医疗保险则是为补偿劳动者因疾病风险造成的经济损失而建立的一项社会保险制度。通过用人单位和个人缴费，建立医疗保险基金，参保人员患病就诊发生医疗费用后，由医疗保险经办机构给予一定的经济补偿，以避免或减轻劳动者因患病、治疗等所带来的经济风险。

失业保险是指国家通过立法强制实行的，由社会集中建立基金，对因失业而暂时中断生活来源的劳动者提供物质帮助的制度。

生育保险是国家通过社会保险立法，对生育职工给予经济、物质等方面帮助的一项社会政策。其宗旨在于通过向生育女职工提供生育津贴、产假及医疗服务等方面的待遇，保障她们因生育而暂时丧失劳动能力时的基本经济收入和医疗保健，帮助生育女职工恢复劳动能力，重返工作岗位，从而体现国家和社会对妇女在这一特殊时期给予的支持和爱护。

从总体上看，我国的基本社会保障制度体系已经基本建立，基本满足了我国各地区人才在养老、工伤、医疗、失业及生育等各个方面的基本需求，为其提供了一定的基础性保障，在一定程度上对人才集聚具有推动作用。社会保障制度的建立及普及，一方面在一定程度上稳定了人们的生活，保证了劳动力生产的顺利进行，维护了社会安定团结；另一方面，也调动了劳动者生产积极性，促进了生产的发展。但是，还必须注意的是，我国的保障制度起步晚、起点较低，相对于其他国家而言，我国的社会保障制度还不太完善，需要进一步的改进。同时，我国的基本保障制度的统筹层次普遍不高，还主要是地区统筹的模式。据统计，截至2007年年底，我国共有13个省市区名义上实行养老保险省级统筹，10个左右的省市区以地市级统筹为主，其余的省市区仍然以县级统筹为主，养老保险被分割为2000多个统筹区；而其他保险更是以地（市）县级统筹为主。可见，目前我国养老保险的统筹层次还普遍偏低，地区统筹方式对人才的流动产生了一定的消极影响。从短时间看，它限制了人才的流出，可以在一定程度上提高地区的人才集聚度，但从长远利益看来，并不意味着这是一种良性的促进作用，它很可能阻止了正常的人才流动，导致人才资源的错配与浪费，不利于地区人才的集聚（表 4-13）。

表 4-13　我国"五险"资金统筹方式

险种	缴费方式	资金筹集方式或原则	统筹层次
养老保险	国家、单位、个人共同缴纳	部分积累制	社会统筹与个人账户相结合；地区统筹
工伤保险	用人单位	以收定制收支平衡	地方统筹
基本医疗保险	用人单位和个人共同缴纳	以收定制收支平衡	社会统筹与个人账户相结合，统筹基金主要支付大额和住院医疗费用，个人账户主要支付小额和门诊医疗费用；地区统筹
失业保险	国家、单位、个人共同缴纳	以收定制收支平衡	地方统筹：直辖市和设区的市实行全市统筹，其他地区的统筹层次由省、自治区政府规定
生育保险	用人单位	以收定制收支平衡	地方统筹：地（市）、县

（三）环境因素

本书所指环境因素包括自然环境和生活环境。前面我们提到，自然环境一般与人口密集程度呈反向相关性，对人才集聚作用不是特别明显，因此，我们在指标选取时只选取了代表生活环境、城市建设、基础教育和医疗卫生等方面的因素（表 4-14）。

表 4-14　环境因素中各相关因子的影响程度

一级指标	二级指标	三级指标	变量	P_1	P_2	P_3	P_4	P_5
环境因素	生活环境	人均公园绿地面积	V_{311}					0.914 6
		人均水资源量	V_{312}		0.936 7			
	城市建设	城市用水普及率	V_{321}			0.848 7		
		每万人拥有公共交通数量	V_{322}					0.833 9
		人均城市道路面积	V_{323}					
	基础教育	每万人中拥有高中数	V_{331}					
	医疗卫生	每万人中卫生人员数	V_{341}	0.850 3				
		每万人中医疗机构床位数	V_{342}	0.852 2				

通过分析，我们可以发现，与人才集聚程度明显相关的只有人均公园绿地面积、人均水资源量、城市用水普及率、每万人中拥有的公共交通数量、每万人中卫生人员数及医疗机构床位数。其中，具有推动作用（正相关）的仅有代表城市建设的城市用水普及率，以及代表医疗卫生状况的每万人中卫生人员数及医疗机构床位数。而对人才集聚影响不显著甚至有阻碍作用的因子主要集中

在交通（人均道路拥有面积和每万人拥有公共交通数量）和环境（人均绿地面积和人均水资源量）两个方面。

根据马斯洛的层次需求理论，人类需求分成生理需求、安全需求、社交需求、尊重需求和自我实现需求。这五种需求可以分为两级，其中生理需求、安全需求和社交需求都属于低一级的需求，这些需求通过物质条件来满足，易于用指标直接显现，而尊重的需求和自我实现的需求是高级需求，它们是通过精神因素来满足的。而且一个人对尊重和自我实现的需求是无止境的，这两种需求难以用指标直接体现。根据这一理论，可以将环境因素中的各个三级指标分别计入这种需求层次，即生理需求、安全需求、社交需求和精神层次的需求（图 4-2）。

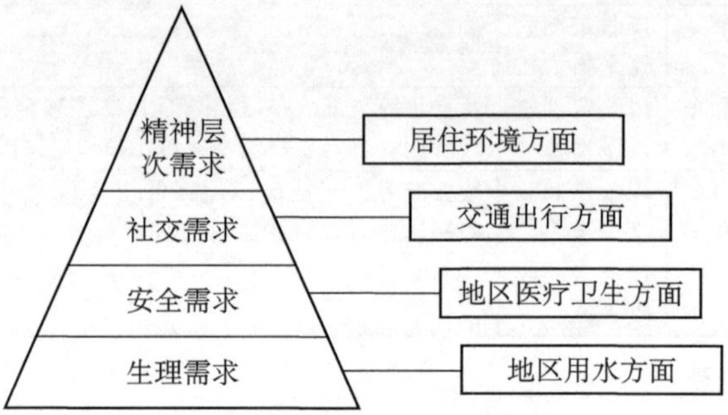

图 4-2　环境指标所对应的需求层次

根据马斯洛和其他的行为科学家的研究发现，一个国家多数人的需要层次结构，是同这个国家的经济发展水平、科技发展水平、文化水平和人民受教育的程度直接相关的。在不发达国家，生理需要和安全需要占主导的人数比例较大，而高级需要占主导的人数比例较小；在发达国家，则刚好相反。另外，同一时期，一个人可能有几种需要，但每一时期总有一种需要占支配地位，对行为起决定作用。任何一种需要都不会因为更高层次需要的发展而消失。各层次的需要相互依赖和重叠，高层次的需要发展后，低层次的需要仍然存在，只是对行为影响的程度大大减小。

如图 4-2 所示，城市水资源量和城市用水普及率均代表了城市用水使用量，是人们的生存需要，应属生理需求层次。但随着科学技术的发展及基础设施建的不断完善，南水北调工程使得城市水资源使用量不再局限于水资源的拥有量，因此，相对于城市水资源量，城市用水普及率更能代表人们水资源的使用情况。而卫生医疗方面的完善程度能使人们的健康得到充分的保障，属安全需求层次。总体来看，对我国人才集聚程度产生显著影响人才集聚的因素涉及生理、安全方面的需求，而不显著的影响因素则是以社交及精神层面为主，这也是与我国目前的经济发展现状相适应的。

第五章 人才集聚的环境建设

第一节 我国实施人才集聚环境建设的必要性

随着经济全球化和知识经济的兴起，国家之间的竞争越来越激烈，而且这种竞争越来越集中到人才方面的竞争。第二次世界大战后，经济发展较快的一些国家和地区，如亚洲“四小龙”、马来西亚、印度等都是走以改善环境集聚人才的经济发展道路。激烈的国际人才竞争，给我国提出了严峻的挑战，要取得人才竞争的主动权，赢得比较优势，就必须加强和改进人才工作，进一步形成育才、引才、聚才和用才的政策优势和良好环境。现在国内很多省市纷纷推出了一系列新举措，力求赢得人才竞争的主动权，如上海市正加紧建设“人才高地”，建立“人才柔性流动”机制，要求来上海求职者只需带上行李和“头脑”；广东省对人才除给予高工资和重奖外，还推行技术入股的政策；四川省正努力实施人口资源大省向人力资本大省转变计划。但是，从整体上说我们距发达国家还有一定差距，人才集聚环境还存在不足。

一 人才基础设施环境处在较低层面上

基础设施是吸引人才集聚的硬环境，它反映了一国或地区满足其人才基本需求的资源和基础设施体系的能力与服务水平，在瑞士洛桑国际管理学院（IMD）的《国际竞争力年度报告》指标体系的设计中，将基础设施要素分为基本基础设施、技术基础设施、科学技术设施、健康与环境、价值体系。21 世纪我国将实现从人力资源大国向人力资源强国的转变，人才的发展要求基础设施为人才提供高效、快捷、方便、廉价的服务，以降低成本，提高环境竞争力。虽然改革开放以来我国基础设施有了大规模的扩张，但与人才强国的标准相比较，我国现有的基础设施无论在数量上还是在质量上还远远不能满足这一要求。表 5-1 中列出了 1999～2003 年中国国际竞争力排名，从中可看出我国经济绩效一直处于世界前列，但是企业效率和基础设施这两个与人才发展密切相关的因素则是我们的弱项，近几年还处于下滑趋势。

表 5-1　中国国际竞争力（1999～2003 年）

年份	国际竞争力	经济绩效	政府效率	企业效率	基础设施
1999	11	2	10	10	14
2000	11	3	11	10	17
2001	12	3	11	13	19
2002	12	4	10	18	14
2003	12	2	9	24	17

资料来源：王海燕，2003

二 人才创业环境建设起步晚、动作慢

因此人才创业环境的建设是集聚人才的一个重要因素。《全球创业观察 2002 中国报告》指出，2002 年中国在全球创业活动中处于活跃状态，全员创业活动指数在 37 个全球创业观察（GEM）参与国家和地区中排名第九位。然而，中国的创业环境不容乐观，排名仅为第二十三位，属中下水平。表 5-2 总结了中国创业环境的优势和劣势。

（一）教育与培训投资总量不足

一国的教育与培训总量是衡量一国劳动力素质的一个重要因素，而一个国家劳动力整体素质的高低决定了这个国家的人文环境，它是人才赖以生存与发展的土壤。虽然今天“大教育”的观点已经将人类接受学校教育的年龄延伸至人生的终止，普通教育仍然是开发人才潜能的基础。在现代社会，学历教育是培养人才的先导性的基础产业。长期以来，我国教育经费投入水平低。据统计，发达国家的教育投资占 GDP 的比例为 6.1%，全世界平均水平达到 5.7%，而我国长期低于 3%，人均教育经费只有美国、日本的 1/150，印度的 2/3。我国教育投资不仅总量不足，而且还存在分配错位的问题。错位突出表现在，国家财政不能确保义务教育，非义务教育个人负担比率过低，在投资总量不足的前提下，形成非义务教育侵占义务教育投资的状况。由于普通教育需要一个相应的周期，很难适应社会新兴行业蓬勃发展和知识更新需要，社会便应运而生出“短、平、快”的员工培训，不但使人力资源开发得到有效补充，还可以使员工产生对企业的归属感，降低人才流动的可能性。我国企业目前的现状和一贯的用人机制，造成了企业“只用人不给加油”的局面，员工培训投入不足，势必使得优秀人才的知识、技能退化，不能有效集聚人才（表 5-2）。

表 5-2　中国有关创业环境优势和劣势及与全球创业观察（GEM）成员的比较

	中国	所有 GEM 成员
金融支持		
当前的融资途径	非常缺乏权益、债务资本来源和 IPO 渠道，创业投资比例极低	有非正式私人投资、创业投资和 IPO 三种途径，以非正式投资为主
教育与培训		
中小学教育内容	相对落后	对于创业及市场规则的教育需要加强
管理与创业教育	很落后	商业和管理有相当的水平，但创业教育不足
研究开发转移		
技术成果转移	能从新技术发源地转移技术	新创企业难以接触最新技术和承担高技术研发，技术转移难度大
知识产权保护	重视程度和实施力度不够，差距明显	总体上较为重视，措施较有力
进入壁垒		
市场变化	很快	不明显
进入壁垒	市场进入成本较低存在不公平壁垒	市场进入成本高，反托拉斯法的实施有一定难度
文化与社会规范		
创业文化	个人优势明显，缺乏团队精神	需要改善

资料来源：佚名．2003. 创业环境．职业技术教育，(18)：9-18

（二）创新源头科技成果与现实生产力之间存在脱节现象

高科技领域的创新和创业文化与校园文化一脉相承，但在我国，科技与经济两张皮、科学研究与现实生产力脱节的现象仍相当严重，具体表现在四个方面。第一，科技成果转化意识不强。科研院所和高等院校是科技成果的主要产出单位，但研究选题往往偏重技术与理论，只注重或停留在实验室实验成功、原理样机完成、文章发表和完成报告的水平上，造成了成果与市场脱节。第二，转化资金投入不足。1993 年我国科技成果转化资金应是 1960 亿元，但实际投入仅为 334.59 亿元，约为理论需求的 17%。发达国家的新技术成果应用于社会生产生活，在实验室成果、中间应用放大试验、工业化或产业化 3 个阶段，资金投入比例大致为 1∶10∶100，而我国仅为 1∶0.7∶100。第三，科技成果转化机制不健全。我国技术经纪人队伍的培育尚处于起步阶段，中介人员平均素质较低，从而影响科技成果的转化，特别是在成果转化方面存在的课题立项多，成果少，成果中能转化的少，转化以后能形成现实生产力的更少。据统计，我国高校目前从事科学技术研究的约有 67 万人，占全国科研力量的 22%，而到 2001 年年底，全国高校共申请专利 27 677 项，仅占全国总量的 7.7%，获专利授权 15 247 件，仅占全国总量的 7.3%。第四，知识产权重视程度和实施力度不够。高新技术及其产业的发展日新月异，尤其是计算机技术、生物技术、基因工程、信息科学、网络技术等高科技出现了突飞猛进的发展趋势，客观上要求强化知识产权的保护，扩大知识产权的保护范围。发达国家正在迅速扩大新型知识产权的客体保护范围，如美国已明确对含有计算机程序的计算机可读载体、基因工程、网络上的经营模式等发明给予专利保护，从立法上强化和扩大知识产权保护范围。与国外著名高等学校知识产权保护相比，中国高等学校科技创新成果知识产权的保护不容乐观，知识经济时代高新技术迅猛发展与高等学校科技创新成果知识产权保护的滞后形成强烈的反差。多年来，高等学校科研经费一直不足，科研人员在选择和设计科研课题时主要是以获得科研经费为目的，而没有进行认真的专利文献联机检索，将已公开技术、他人已完成项目和已取得专利权的发明创造进行立项，重复研究，所获得的科研成果显然不能取得专利权。这一方面浪费了大量的人力、物力和财力；另一方面则严重制约、阻碍高等学校科技开发水平和能力，影响了高等学校开发和拥有自主知识产权。

（三）创业意识淡薄，守业、中庸文化盛行

改革开放以来，虽然出现了许多传统计划经济中难以想象的新事物和新思想，市场经济体制逐步得到发展，但总体看，人们的就业观念、市场观念、风险意识、创业精神等文化价值观仍与发达国家存在很大差距。只承认成功，不允许失败，不鼓励冒险的文化观念，难以培植大量科研人员的创新和创业精神；长期以来统包统配的就业制度使人们习惯于“国家创业、政府指令、民众从业”，人们宁愿等、靠、要岗位也不愿意自我创业，而几千年自给自足的自然经济所形成的淡泊名利、规避风险、无为而治、清心寡欲等传统文化更使广大科研人员安贫乐道，缺乏创业和创新激情。20 世纪 80 年代初期，中关村一批科研人员曾经基于对高技术产业发展和市场经济的先锋性认识，掀起一股下海经商的创业高潮，建立了一大批所谓的“四自”（自筹资金、自愿组合、自主经营、自负盈亏）企业，并形成了独特的“中关村精神”。但当企业发展壮大达到一定规模，这些创业企业家满足了生存和生活的理想之后，他们的创业激情开始减退，企业的封闭和排外倾向开始显现，许多科研人员宁可打工拿高薪也不愿“下海”冒风险，形成政府强企业弱、有白领缺首领的所谓“白领文化”。

三 落后的人力资源制度制约人才作用的发挥

（一）人力资源职能不完善、流程不科学

我国许多企业尤其是高新技术企业由于规模小，仍然处于创业期，许多人力资源管理者未受过正规的专业训练，缺乏专业人力资源管理技巧。公司的人力资源流入环节——人员的招聘和选拔没有一个合理的标准和完整的工作流程，还是停留在传统的人事档案管理水平上，而对于如何吸引人才、利用人才只停留在传统的物质激励的方法上。

（二）人力资源结构不合理

我国高新技术企业的人员专业构成比例为理科占78.93%，经济管理及文学、政治等文科占21.07%。高新技术企业技术人员和理工科人员比例偏大，一方面造成公司的管理水平低下；另一方面人员能力水平重叠，不利于个人能力的发挥，容易产生高的流动率。同时很多企业过于追求人力资源高学历，不利于每个员工发挥自己的专长，这样企业即使引进了人才，但由于人才在企业不能有效发挥应有的作用，最终还是不能集聚人才。《国际竞争力年度报告》中指出，我国"合格工程师可获得程度"列倒数第一，"合格信息技术人员可获得程度"列倒数第二。这反映了我国在这两方面的人才，特别是高新技术人才严重缺乏，也从一个侧面反映出我国高等教育体制改革滞后，高校专业设置过细、过窄、过偏，导致人才培养与社会需求脱节。

（三）人才激励机制陈旧，缺少创新

第一，激励的力度不够。企业领导受传统人事管理思想的影响，领导观念、领导方法还不能满足现代人力资源管理的要求。在企业文化建设方面，共性多，个性少；落在口头上、标语上的多，落到实处的少，难以使人才产生认同感、激励感。第二，激励方法缺乏科学系统性。由于高科技企业的人才激励机制正在从传统的人事管理向现代人力资源管理转变，许多国外成熟的行之有效的激励方法被引进后，有的被闲置一边，有的虽被企业采用，但仍不尽完善。第三，基础性工作不扎实。工作分析是激励的基础性工作，目前工作分析在我国高科技企业中尚处在低水平的模仿、尝试阶段，没有形成一套标准的工作分析系统。第四，职业生涯规划是留住人才，满足人才成长需要的有效手段，但在我国高科技企业这一环节几乎是空白的。第五，培训是企业开发人才潜能、激励人才积极进取、开拓创新的关键。虽然许多高科技企业重视人才培训，但是企业对培训较为急功近利，缺乏清晰的培训目标，培训手段落后，培训效果不佳。

四 作为人才载体的科技园区建设不完备

美国硅谷经验证明，高新技术产业开发区或科技工业园区（简称高新区）是吸引海外科技人才创业、集聚创业的最佳载体之一。目前世界上各种类型的高新区已达1000多个。我国自1991年以来相继开辟了50多个国家级高新区，形成了7个高技术产业密集带，为我国高新技术成果直接转化为现实生产力提供了良好环境，同时也为集聚人才提供了优越的载体。对于任何一个国家而言，科技创新人才供不应求是人力资本积累的基本特征。而能否借助高新区形成促进科技创新人才全球一体化配置的机制和渠道，完善海外科技人才回国创业的条件体系，便成为高新区21世纪发展战略的主要内容。与硅谷等国外成功的高新区相比，我国的高新区还存在很大缺陷。

（一）高新区规模不大

1998年美国硅谷地区全年生产总值为2340亿美元，人均GDP为38 300美元。而同年以中关村为中心的北京科技园区总产值为370亿元人民币，折合45亿美元，仅相当于硅谷的1/50。高新区企业利润水平既是区内企业高新技术产业竞争力的直接反映，也是区内企业技术创新能力的直接反映，是高新技术企业科技人力资本水平的一种指示器，同样，这还是高新区综合实力和企业创业环境的一种客观评价指标，而我国高新区企业利润水平和税收贡献水平低。以江苏省为例，1999年该省15家高新区企业仅实现利润54亿元，11家省级高新区中没有一家利润超过3亿元，超过1亿元的仅有2家，低于0.5亿元的有5家。

（二）高新区政策体系不健全

第一，立法层次较低，并且缺乏统一性。一些国家对高新区的建设和发展制定了专门法，如新加坡有《新兴工业法令》、日本有《高技术密集区促进法》等。而我国目前的高新区政策中真正属于法律层面的只有《中华人民共和国科学技术进步法》，而且它也未对高新区做出实质规范。可以认为，我国高新区的专门立法还是一个空白，不适应高新区蓬勃发展的现实，不能满足加强高新区宏观调控的需要。第二，立法内容不完备，缺乏科学性。这一点突出表现在地方性政策法规上。各地往往是根据当地的实际需要和自身利益确定政策内容，而且在国家没有明文规定的情况下自主出台不科学的甚至有损整体利益的法规和政策。第三，政策执行不力，影响了政策法规的实效。高新区政策法规执行的好坏直接关系到各项政策能否落实到位，取得实效。目前，绝大多数政策和法律、法规对高新区内的各种违法行为，尤其是对国家工作人员的渎职行为如何处罚，尚无较为科学全面的规定，这无形中给高新区政策法规的实施过程埋下了隐患，导致政策在事实上的扭曲或流于形式。

第二节　国内外人才集聚环境建设的经验

伴随着经济全球化、一体化的不断加深，各种生产要素，如资本、人力、物资、信息等跨越国界的自由流动日益频繁，从而在全球范围内形成了资源的有效配置和更加激烈的国际竞争。其中人力资本跨国流动的规模更大、程序更激烈，从而导致了一场非常激烈的世界性人才争夺大战。人才战略将关系到一国经济目标的实现，以及经济和社会的长远发展。他山之石，可以攻玉。研究和探讨世界其他国家和地区成功的人才集聚战略，将对我们制定合理、有效的人才战略和参与国际竞争，具有重要的意义。

一 发达国家人才集聚环境建设的经验

(一) 美国：网罗人才造就强国

世界一流的教学科研设施、充裕的科研基金、丰富的信息资料，以及优越的物质生活条件和创新的企业文化，使美国始终成为人才的集聚地。一项有关诺贝尔科学奖获得者流动情况的分析，充分显示了发达国家的人才吸引力。据统计，1901～1999 年，全世界共有 25 个国家的 44 名诺贝尔奖获得者在国外工作，他们汇集到了 8 个国家，其中英国 6 人、德国 5 人、瑞士 5 人、荷兰 3 人，法国、意大利和瑞典各 1 人，美国以 22 人独占鳌头。相反，获奖人数最多的美国，却只有 3 位诺贝尔奖得主到外国工作。对于其他国家而言，这完全是一场力量悬殊的比赛。100 年来，共有 475 位科学家获得诺贝尔奖，其中，美国占了将近一半。在美国的获奖者中，相当一部分人是来自其他国家和地区的移民。迄今为止，获得该奖的 6 位华人科学家——李政道（1957 年）、杨振宁（1957 年）、丁肇中（1976 年）、李远哲（1986 年）、朱棣文（1997 年）、崔琦（1998 年）全部是在美国学习和工作并在美国获奖的。

美国经济持续十年之久的低通胀、高就业、高收入的动力来自以硅谷为首的高科技园区。它是高科技带动经济腾飞的最佳典范，是当代世界新经济发展的象征。硅谷是一个奇迹，一块面临太平洋的平坦谷地，位于美国西海岸最美丽的城市旧金山附近的圣克拉拉谷地，面积大约 1500 平方千米。1998 年硅谷的产值大约是中国 GDP 的 1/4。2000 年，硅谷的本地生产总值达 2500 亿美元，就业人员平均工资为 6.64 万美元（美国全国平均工资为 3.62 万美元）。当今美国的硅谷，不仅拥有在世界的科技领先地位，而且更是一个庞大的杰出的人才集聚地，汇集了世界各地的精英人才。通过对硅谷人才集聚战略的研究，我们可以得到以下有益的经验。

1. 以高技术产业集群为磁场集聚人才

据统计，20世纪初发达国家科技对国民经济收入增长速度的作用仅为5%～20%，而目前已达到60%～80%，科技对经济增长的贡献率越来越大。近几年的研究还表明，20世纪60年代以前，发达国家在经济增长的各要素中，外延因素（劳动力、资本）占75%，集约因素（技术、技能、管理）占25%；到70年代以后，集约因素占75%，而外延因素占到25%，正好颠倒了过来。这说明，发达国家的经济已由以消耗资源为代价开始转向以高新技术为依托了。世界公认“硅谷”是高科技发源地，是信息技术革命最早的产业核心，是当今信息技术发展的神经中枢，全球电子业、信息业的新产品几乎都是从这里发端的，硅谷的阳光就是高科技的阳光。在过去的30年里，这里诞生了数以千计的高技术公司，除比尔·盖茨和他的微软（Microsoft）之外，其他几乎所有代表美国新经济的传奇人物和公司都集中于此。HP、Intel、Apple、Cisco和Yahoo这些耳熟能详的高技术公司就是其典型代表。

实践证明，高技术产业是一种集约化和高效化的社会组织形式，具有技术中心、信息中心、知识中心、人才中心、金融中心等多种功能，恰似一个“磁场”，它能够产生吸引和辐射作用，对人才的吸容度高，对经济的推动力强。据美国科学基金会的调查，在硅谷工作的高级工程师和科研人员中33%左右的人来自发展中国家和地区。

2. 以风险投资为工具吸引人才

硅谷有大量富有创新精神的科技人才，他们有魄力，有胆识，有新创意，有新技术，也有新管理理念，但缺乏创业最重要的资金和管理经验。风险投资的出现对于这些年轻人来说无疑起到了“雪中送炭”的作用，而硅谷文化鼓励冒险、宽容失败，又给了这些年轻人更多的机会。风险资本是初创高技术企业资金的主要来源，在加速科技成果向生产力转化、推动高科技产业从弱到强的长足发展中起到了举足轻重的作用。硅谷300多家风险投资公司2000年风险资本达170亿美元，使得创业家的才智变成看得见、摸得着的商品。这就是能让硅谷运转起来的源源不绝的动力。

3. 以股票期权为手段激励人才

硅谷的核心激励方法就是有“金手铐”之称的期权制度。正是通过这个“金手铐”，硅谷才能吸引众多优秀人才。“金手铐”的好处在于，在企业现金流短缺的情况下，通过长期激励的股票期权这种形式，可以使企业的核心员工有看得见的物质利益，而且随着企业绩效的增长而“水涨船高”，其实是一种“双赢”的具体表现。根据美国《商业周刊》统计，美国大型上市公司首席执行官（CEO）的平均收入在1998年达到1060万美元，比1997年增长了36%，比

1990年的平均200万美元增长了4倍。1997年美国收入最高的10名首席执行官的收入构成中，长期服务补偿，主要是股票期权收入，占总收入的比重基本上都在96%以上。1988年，微软总裁比尔·盖茨为了吸引一流的软件开发人才，决定让员工拥有公司股票，因而故意把薪水压得比同类企业的竞争对手还低，使得员工的主要经济来源并非是薪水，而是股票的升值。于是，1989年加盟微软的软件开发员中至少有2200名在短短的两年内就变成了百万富翁。据统计，在《财富》排名前100家的公司中，已有90%以上推行了股票期权制度。

4. 以大学和科研院为源头培养人才

斯坦福大学、加利福尼亚大学伯克利分校等著名大学向硅谷源源不断地输送人才。那些学校的学生一边上学一边在硅谷的公司里打工，把书本上的理论知识与实际应用很快结合起来，因此创新亦源源不断。而且由于高新技术发展特别迅速，产品生命周期大大缩短，公司员工的知识必须不断更新。硅谷内的公司对员工的培训特别重视，公司出钱让员工到斯坦福大学或加利福尼亚大学去进修、攻读学位或参加短期培训，使员工知识不断更新。这样硅谷就在以大学和科研院为主的创新源头和产业需求终端之间建立起了不断互动的关系，造就了人才终身学习的有利环境，为集聚人才形成坚实的基础和支撑。

5. 以政府政策为导向争夺人才

从20世纪50年代中期开始，美国就把移民引进人才的战略目标对准了世界各国的年轻优秀人才。1990年美国开始实施专门为吸纳国外人才的H-IB签证计划。这种签证每年签发6.5万个，有效期为6年。1998年美国国会又通过一项法案，将1999年和2000年H-IB名额从6.5万个增加到11.5万个。2000年5月，美国时任总统克林顿向国会提出：2001～2003年，美国对高科技人才引进的名额增加至20万个。此前，美国众议院移民小组委员会通过法院，2001～2003年，将撤销有关外国技术人员在美国工作所必需的签证方面的限制。近年来，随着信息技术的崛起，印度专业人才备受美国青睐，美国在保留给专业人才的签证中有46%是留给印度的。我国也是美国看好的一块人才市场，仅1997年美国就为我国5600多人签证。据统计，在美国硅谷20万名工程技术人员中，有6万名是中国人；硅谷2000多家高科技企业中，有40%的企业领导人是印度人。

（二）日本：制定综合培养人才战略

重视人才培养，是日本能成为世界经济强国的根本所在。在经济全球化的今天，各个领域的竞争日趋激烈，取胜的关键在于人才，以科学立国为国策的日本更加重视人才培养。进入21世纪以后，日本科学技术的方针有所变化，原来的口号一直是追赶世界领先水平，现在则提出要站在世界潮流的前列，因此日本在人才培养方面进一步加大力度，出台了一系列计划，构建了日本人才总体战略。日本人才战略的具体内涵有以下三个方面。

1.240 万科技人才开发综合推进计划

在该计划中，日本政府决定，从 2002 年 6 月开始实施大量培养科技人才国家战略。目标是到 2006 年，培养精通 IT、环境、生物、纳米材料等尖端技术的人才 240 万人，确保企业需求的具有实战能力的技术人才，从根本上改变大学现有教育体制。这一战略计划由日本经济产业省和文部科学省负责，主要包括大量培养实战技术人才计划、240 万人终身教育计划和人才培养机构评价推进计划。其中，实战技术人才培养以大学生、研究生和科研人员为对象。由于这些人才要求具有立即投入科研开发并能很快把技术转化为产品的能力，所以将定期派遣大学生、研究生和科研人员到佳能、索尼等国内大企业研修，希望通过企业的实际锻炼来提高他们的实战能力。

2.21 世纪卓越研究基地计划

这一计划决定从 2002 年开始，由日本文部科学省每年选择 50 所大学的 100 多项重点科研项目进行资助，每个项目资助时间为 5 年，每年 1 亿到 5 亿日元不等。该计划使得日本大学的科研更具战略性，同时更加有助于人才的培养。日本有一个宏伟目标，就是在 21 世纪头 50 年培养 30 名诺贝尔奖获得者，21 世纪卓越研究基地计划的目的就是要建立一流人才培养基地，在取得国际领先重大科研成果的同时，让一批国际顶尖人才脱颖而出。

3. 科学技术人才培养综合计划

这一计划由文部科学省制订，共有四个目标：培养富有创造性的世界顶尖研究人员；培养社会产业所需人才；创造吸引各种人才并使他们充分发挥才能的环境；建设有利于科技人才培养的社会。具体做法是，2004～2008 年，建设具有国际竞争力的研究据点，对被选中的据点重点资助，集中优秀人才，扩充设备。研究者多出成果以后，更有知名度，从而形成良性循环。为了使优秀的学生专心致志搞研究，日本在经济方面对有潜力的博士生进行支援，实行生活费补助制度。到 2008 年获生活补助费的博士研究生将达到 4500 人；为了给青年科学家动力，日本长期派他们到海外一流研究机构研究，派出时间从 2 年延长到 3 年，2003 年度派遣 114 人，以后将增加到 500 人。所有的人才培养计划都有一个标准，就是要多培养综合型人才。日本文部科学省科学技术学术审议会人才委员会于 2002 年 7 月对人才培养问题做出决议，提出要大力培养知识面宽同时专业特长突出的“T”（横线代表知识面，纵线代表专长）型人才。综合型人才可从事科学管理，组织大型多学科项目攻关，深受产业界欢迎。

此外，日本政府还很注意吸引国外优秀人才。虽然日本失业率最高达 6%左右，大学毕业生有 1/5 找不到工作，但日本仍在绞尽脑汁吸引外国优秀人才。

在日本，有很多外国科研人员与日本导师合作搞研究，在筑波市就有近千名中国学者，有的是访问学者，有的已在当地就职。在最先进的信息和生物技术领域也有很多中国人。不久前，日本经团联又提议要促进外国劳动者在日本就业，因为按照现在的规定，如果外国人在日本留学毕业当年找不到工作就要回国，经团联建议后，现在留学生即使找不到工作也要再给两三年的签证。

（三）德国：培育环境“赢取大脑”

德国政府和经济界普遍认为，高素质的人才是保持德国经济和社会发展势头的最根本动力。为了吸引“最好的大脑”，德国最近几年想了不少办法，一方面吸引外国的高级人才来德国，另一方面想办法留住本国的人才。

1. 高素质移民受欢迎

德国于2000年开始推动“绿卡”项目，以吸引外国尤其是印度等第三世界国家的高级信息技术人才。为此，德国颁布了吸引外国高级电脑人才的特别法规，为他们来德国大开绿灯。根据这个法规，外国电脑专家如果在德国找到了接收单位，就可以获得5年的工作许可。他们的年薪最起码是3万欧元。为解除他们的后顾之忧，法规允许他们的配偶及年龄小的子女一同来德国生活。经过一段时间，配偶还可以获得工作许可。这些条件对第三世界国家的信息技术人才尤其有吸引力。“绿卡”项目至今为德国获得了1.5万名信息技术行业的外国高级人才。政府有关部门和信息技术行业联合起来，简化外国信息技术人才来德国定居的手续。在德国，办理移民等手续通常十分烦琐，但对“绿卡”申请者则“特事特办”，通常一个星期就能办好手续。最近由于信息技术行业的不景气，招聘来的外国电脑人才数量大幅回落。但作为一个比较成功地吸引外国高级人才的范例，德国政府正计划把“绿卡”项目推广到所有需要高级人才的领域。就是说，如果某个需要高级人才的位置没有德国人应聘，那么该位置就开放给外国人。在德国学成的外国学生作为高级人才的一部分，也是德国用人单位争取的对象。为了吸引这些毕业生，德国对有关法规进行了调整。根据新规定，外国毕业生如果被德国企业或其他单位聘用，就可以获得德国居留许可；一些毕业后不能马上在德国找到工作的外国学生，可有一年的居留时间用于寻找工作。

2. 政府努力为人才与用人单位牵线搭桥

为了让人才与用人单位接触更方便，德国人才管理部门建立了信息丰富的人才信息系统，尤其是高级人才信息系统。德国劳工局在其网站上建立了一个“高级人才就业信息服务系统”。这里储存着大量各领域的用人单位求才信息和高级人才求职信息，双方可以在这里直接建立联系进行双向选择。为了支持“绿卡”项目，劳工局则专门在网站上建立了德国信息技术企业与外国信息技术人才的交流平台，许多来德国工作的外国电脑人才都是通过这个途径找到工作岗位的。劳工局还有专门机构随时跟踪德国高级人才市场，制作年度报告，对每一个需要高级人才的行业进行就业发展趋势分析，为高级人才就业提供权威的指导信息。高校毕业生作为高级人才的一部分，是人才管理部门工作的重点之一。劳工局有专门帮助高校毕业生就业的机构。这个局在每个州都有分支机构。该机构跟需要高级人才的企业和高校都有广泛联系。它们组织人才招聘会，组织学生参观用人单位，组织用人单位与毕业生进行座谈，而且对毕业生进行求职前的应聘培训和咨询。

在国外工作的德国高级人才也是德国政府和经济界争取的对象。德国在2003年成立了一个名为“德国学者组织”的机构，它致力于吸引海外的德国籍高级人才回国。由于大部分出国发展的人才都是到美国，所以该机构建立了在美国的德国人才网络，并在自己的网站上建立了一个“旅美德籍人才社区”，这里还汇集大量德国知名企业或研究机构的求才信息，便于有意回国发展的德国人才与本国企业联系。

鉴于德国学术界晋升制度过于严格曾经让不少感觉无用武之地的年轻人远走他乡这一状况，联邦教育部几年前开始改革高校晋升制度，实施“年轻教授计划”。根据原来的规定，教授的最低年龄不得低于40岁。而新的规定则是，年轻的研究人员在取得博士学位5年之后，如果能证明其具有独立研究和教学的能力，可以不必写耗时长久的教授资格论文，就可以申请教授资格。自2001年开始实行“年轻教授计划”以来，德国一共产生了800多名年轻教授，包括不少外国人。

此外，大量的研究所、基金会及奖学金项目等，一直吸引着大量国内外高级人才在德国从事研究工作，如国家科学基金会、德国科学研究会、洪堡研究奖学金等。其中洪堡研究奖学金每年资助500名外国年轻的高级研究人员到德国从事较长期的研究工作，同时也鼓励他们的研究项目直接与德国的企业发生直接的联系。与此同时德国的研究机构认为，德国现在大力资助外国人才到德国研究，除了直接带来研究成果外，还有一个长远的目的，那就是培养对德国有感情的外国高级人才，他们今后会为德国带来长远利益。

二 新兴工业化国家和地区人才集聚环境建设的经验

第二次世界大战后经济发展较快的一些国家和地区，如亚洲“四小龙”、马来西亚等，都是走以人才集聚为依托的经济发展道路。这些国家和地区一般都缺少资源，国内市场也比较狭窄，但其经济增长目标却能较快地实现。例如，韩国的人均GDP由1970年的270美元上升到1995年的9700美元，同期中国台湾地区人均GDP由389美元增加到12 396美元，印度尼西亚、马来西亚等几个国家和地区的人均GDP也增加迅速。而且，经济实现人均产出增长1倍所用的时间也大大缩短。例如，印度尼西亚从20世纪70年代初期起用了17年，韩国从20世纪60年代后期仅用了11年，中国台湾地区用的时间更短。原因是这些国家和地区顺应了现代经济发展的根本趋势，构建了有利于集聚人才的社会环境，从而充分发挥了人才的价值，实现了经济的崛起。这些国家和地区成功的经验主要有以下几点。

（一）知识经济时代产业结构的重大调整

知识经济同传统经济的主要区别在于：产业结构进一步优化和升级，经济增长的主要动力是高技术产业，特别是信息产业。与这种经济转型相对应的就是对人才需求的急剧增加，规模超过了以往的任何一个时期。产业结构的升级为新兴工业化国家人才集聚战略的实施创造了有利的条件，同时人才的集聚也加速了这些国家和地区产业结构的优化和经济发展。

新加坡早在20世纪90年代初就提出了在2005年左右建成“智慧岛”的宏伟蓝图，并制订“信息技术2000”（IT2000）战略规划，希望借助“新加坡一号”高速宽带网、洲际信息交换枢纽等8项骨干工程，优先构筑国家信息基础结构，着力推进电子政务应用系统与国际贸易网接轨的电子数据交换（EDI）系统建设，在全岛内实现电子邮政、电子报纸、电子查询网普及化、办公楼宇智能化、计算机网络化，从而增强其国际竞争力。马来西亚政府于1995年提出在吉隆坡附近建一个“多媒体超级走廊”的宏伟计划，以便创建一个马来西亚式的硅谷，作为马来西亚进入信息技术时代的开路先锋，为马来西亚在21世纪全球竞争中争一席之地。韩国三大产业结构在20世纪90年代也发生了明显变化，其第一产业降为7.6%，第二产业为27.7%，第三产业为64.7%；农业人口在全国人口中的比例，从1962年占57%下降到1992年的14%。在这期间韩国政府提出“核心先导技术开发计划”（即“G7项目计划”），选择对提高韩国主导产业在世界市场上的竞争力有显著作用的技术作为发展对象，以便2001年在主要科技领域，如超高集成度半导体芯片、高清晰度电视、广域综合数字业务网（ISDN）等方面进入西方科技发达国家行列。目前，韩国信息高速公路已在贸易、科研、社会文化服务方面实行“无纸化”，并与国际上许多国家联网。产业结构的巨大变化大大增加了对科研人员的需求，是吸纳人才强有力的机制，起到了振奋人心、集聚人才的纽带作用。

（二）巩固基础教育，积极投资高等教育事业

第二次世界大战后，不同的发展中国家采取了不同的发展战略，因而获得

了不同的结果。一种是注重物质资本积累的战略，最终结果是物质资本相对充裕，而受过教育的人力资源短缺，这些国家赢得的是在资本密集型产品生产方面的相对优势。另一种是注重人才集聚方面的战略，限制物质资本方面的提供而大力发展教育，它们赢得的是在技术密集型产品生产方面的相对优势。上述两种战略，带来的经济增长方面的成果也有较大差别：在1960～1978年近20年的时间里，前者实际人均国民生产总值增长率为3.86％，后者为4.68％。进入20世纪80年代，两者差距越来越大。例如，40年前，加纳和韩国的人均收入几乎相等，但到了20世纪90年代初，韩国的人均收入比加纳高6倍。造成这种差异的因素有一半是韩国在人才集聚战略方面获得了较大的成功。

人口受到较高程度的教育意味着有更多的人可以学习采用更好的技术。在中国香港、新加坡、韩国、中国台湾地区这四个经济快速增长的东亚国家和地区所取得的成功中，教育无疑是实现人才集聚经济发展的基础因素。在它们从发展中国家和地区转变为工业化国家和地区之前，它们的学校入学率就要高于其他发展中国家（表5-3）。现代技术的发展缩短了产品的周期，并加速了人力资本的贬值，为了培养一支跟上技术发展不断变化的潮流的劳动力大军，这些国家和地区积极投资于高等教育。以韩国为例，其高校数从1980年的236所增加到1991年的273所，在校大学生从1980年的601 994人增加到1991年的1 761 775人；高校教师数由20 900人增加到44 937人。10年来研究生院也由151所增加到298所。

表5-3　一些国家和地区小学的总体入学率　（单位：％）

国家和地区	1970年	1980年	1990年
中国香港	117	107	102
韩国	103	110	105
新加坡	105	108	104
加纳	64	79	77
印度	73	83	97

注：入学率数据指小学入学总数除以人口中官方统计的小学适龄人口的儿童数量。当学校招收了年龄偏大或偏小的学生时，该比率会超过100％

资料来源：赵玉勤，2002

新兴工业化国家和地区经济发展的经验表明，要使一国人力资本状况适应经济发展需要，教育投资一般要占到GDP的6％以上，教育投资要快于国民收入增长。

（三）科技财力资源和科技人力资源的合理配置

为了实现人才集聚，各新兴工业化国家和地区都增加了对科研的投资。以中国台湾地区为例（表5-4），自1991年以来，中国台湾地区的R&D经费投入及其占GDP的比重一直保持上升趋势。R&D经费投入从1991年的817.56亿新台币增加到1997年的1748.21亿新台币，年均增长率约18.97%；R&D经费占GDP的比重从1991年的1.70%上升到1997年的2.15%，平均每年增长约0.075个百分点。中国台湾地区的R&D经费占GDP的比重已接近发达国家的水平。

表5-4　中国台湾地区R&D经费投入变化趋势

	1991年	1993年	1994年	1995年	1996年	1997年
R&D经费/亿元新台币	817.56	1 036.17	1 146.82	125 0.31	1 385.68	1 748.21
R&D经费占GDP的比重/%	1.70	1.76	1.80	1.81	1.85	2.15

资料来源：唐更华等，2002

中国台湾地区的R&D经费投入能够快速增长的重要原因是：一方面政府保持R&D经费投入稳定增长，从1991年的425.74亿新台币增加到1996年的588.74亿新台币，增长了38.3%；另一方面，企业的R&D经费投入增长很快，其中，在政府财政紧缩，公营企业R&D经费投入略微缩减的情况下，民营企业加快了对研究与试验发展的投入，民营企业的研究与试验发展经费的投入已经从1991年的372.22亿新台币增加到1996年的774.27亿新台币，增长了108%。中国台湾地区的科技人力资源相对来讲比较丰富，从事研究开发的人力已从1991年的82 436人增加到1996年的117 268人，其中研究人员（指科学家和工程师）从1991年的46 173人增加到1996年的71 754人，研究人员的比例已达到61%；每万劳动力研究人员从1991年的54人增加到1996年的77.1人。企业、科研机构和大专院校是中国台湾地区R&D经费的三大主要执行部门和研究人员的主要配置部门，从1991年以来，三大部门的R&D经费的配置比例基本上保持在4∶2∶1左右，研究人员的配置比例基本上保持在2.5∶1∶1左右，其中企业占优势，这反映了中国台湾地区的企业具有从事R&D活动和使科技与经济结合的明显优势，增强了其企业的国际竞争力，使中国台湾地区成为集聚人才的吸收地。

（四）实施人才回流政策

从人才国际流动的演变过程看，20世纪80年代是新兴工业化国家和地区人才流动的重要转折时期，在此之前这些国家和地区是典型的人才外流地，90%的留学生学成不归；而进入20世纪80年代以后，由于新经济的迅猛发展，这些国家和地区为了实现经济发展和人才集聚的相互促进，采取各种举措实施人才回流计划。以韩国为例，一方面通过政府资助，尽量弥补海外学人在生活、工资待遇上的不足，另一方面把工作重点放在改善创业环境上，鼓励海外人才实现事业抱负。1974年韩国创办的大德科技园区，侧重吸引科研与教学类人才，现已建成生化、理工等多学科科研教学基地，韩国政府为此投资约合16亿美元。目前，大德科技园区内拥有科研机构55个，大学3所，已经成为韩国科技发展的一支生力军。除此之外，韩国政府还在光州、釜山、大邱、泉州、江陵等5个地方分别建设了与大德科学园区相似的科学基地。建立高科技园区不仅对科技发展和科技产业化具有重要意义，而且给大批中高级人才提供了就业机会，给吸引海外人才提供了重要的市场需求，成为海外高层次留学人才的吸纳基地。

（五）实行以人才集聚为目的国际合作

韩国自20世纪80年代起加强科技外交，在引进技术时引进人才，在推进科技合作中壮大科技力量。1989年韩国同美国建立了“研究共同体”以参与“战略防御计划”，1992年又与美国签订了新的科技协定和“保护专利秘密协定”，同年，还与美国建立“韩美科技财团”以支持双方的科技合作，并选定了7个共同研究的课题。韩国除了每年向美国派遣几千名留学生外，还有目的地选送专家和教授到美国学习科学技术。在与外国签订技术转让协议或在合资经营的同时，派出大批科技人员向转让技术公司学习科学技术或请外国专家培训在本地工作的科技人员。例如，韩国四大集团公司都在美国硅谷设有分公司，主要是在受聘美国工程师的帮助下进行设计、开发、测试和推销产品。这些设在美国的工厂和公司，尽量聘用美国专家和在美韩国人才，也成为韩国集聚人才的中心。至1992年年末，韩国同24个国家和地区签订了科技合作协定，同48个国家和地区签有经济、技术、科学、文化等方面的协议和协定。这种国际合作的人才开发战略，既推进了韩国“科技立国”战略的事实，又树立了“人才立国”的国家形象，把利用全球人力资源的概念融入了人才集聚当中，有利于在全球人力资本流动中掌握主动权，最大限度地发挥人才的作用。

三 国内先进城市和地区的经验

我国政府做出的“科学技术是第一生产力”、“人才资源是第一资源”的科学论断指引着我国各个城市的发展，其中中关村、长三角经济圈、浦东经济技术开发区和苏州工业园区最为引人瞩目。这些地区之所以能在十几年的时间里实现经济的腾飞，一个共同点就是园区内聚集了大量的人才。它们的成功经验值得借鉴。

（一）清晰的定位

启动之初，苏州工业园区就有清晰的定位，即建设具有国际竞争力的高科技工业园区和现代化、园林化的新城区，同时确立了园区的开发建设“关键在人才”的观念。把人才资源的开发放到园区开发的头等位置，作为“一号”战略任务来抓，在园区形成“人才资源是第一资源”的共识，并将其纳入园区经济和社会发展规划，形成园区开发建设与人才资源引进、培养与开发紧密联系，相互促进的宏观决策机制，对各类人才资源实行超前性投资和开发。十年里，园区区域经济始终以年平均50%左右的速度快速发展。截至2004年4月初，苏州工业园区共批准设立外商投资项目1445个，外商投资总额254亿美元。世界500强中有52家企业在园区内设立了投资项目，合作区内工业项目平均投资额达到3100万美元，每平方公里工业用地投资强度在14.8亿美元，形成了电子信息、精密机械、生物制药、新材料等支柱产业。为适应并推动高科技产业的发展，苏州提出了“十五”期间构建六大人才高峰的总体目标：通过实施“江苏人才高峰行动计划”，加快重点领域人才资源开发，使六大行业（教育、医药卫生、电子信息、机械汽车、建筑、农业）人才资源总量以高于其他行业的速度稳步增长，质量显著提高，结构明显改善，效益不断增强，迅速在六大行业聚集具有一定规模、综合实力较强、在国内处于领先地位的高层次人才群体（包括科研人才、工程技术人才、其他专业技术人才和管理人才），形成人才高峰。到2005年，六大行业人才资源总量达到233万人，年均递增7%以上，其中高层次人才15.7万人，年均递增10%以上。

（二）产学研一体化

上海市6个最大的产业基地都在浦东，即上海浦东微电子产业基地、国家生物医药基地、上海浦东软件开发基地、上海外高桥国际物流基地、金桥现代工业基地和孙桥现代农业开发基地。2003年9月，经全国博士管理办公室确认，上海市张江高科技园区博士后科研工作站成立，在张江园区首批开展博士后工作的企业分站为4家，分别是中芯国际集成电路制造（上海）有限公司、上海宏力半导体制造有限公司、威宇科技测试封装（上海）有限公司、奇码数字信息有限公司。园区工作站、上海宏力半导体制造有限公司分站已分别与复旦大学、中科院冶金所、和记黄浦医药等联合招收、培养博士后，研究的专业领域涉及生物医药、集成电路、IT等高新技术产业的各个主要方面。工作站将充分发挥博士后人才方面的优势，为张江经济的持续腾飞提供强有力的人才保障和高水平的智力支持。这种产学研相结合的人才培养模式大大缩短了人才与企业、人才与技术、人才与市场的距离。

（三）地方性政府的鼓励政策

为了促进北京的经济发展，北京政府先后出台了各种优惠政策，形成了人才引进国内国外比翼双飞的良好态势。

1999 年 4 月，北京市政府发布了《北京市关于进一步促进高新技术产业发展的若干政策》。该政策规定：高新技术企业和高新技术成果产业化项目所需的外省市专业技术和管理人才可获得“北京市工作寄住证”，享受本市市民待遇，工作满 3 年后，可办理北京市户口。2002 年，这方面的制度进一步放宽，园区内高新技术企业所需的人才办理户口进京手续更为直接、便捷。同时，园区还规定在中关村地区建立社会化的专业技术职务评审制度，彻底解决了长期以来园区引进人才的两个重要的“羁绊”——户口和职称。

为创造一个良好的创业环境，吸引留学生来园区创业，从 2001 年开始，北京市政府每年拨专款建立了留学人员专项资金，设立了“北京市留学人员创业奖”；在中关村科技园区设立了“归国留学人员创业专项资金”，经过专家评审，对 49 名留学回国人员给予了共计 210 万元的资助，为 10 名有突出贡献的留学人员颁发了“北京市留学人员创业奖”。2002 年 5 月国际周期间又举办了留学人员科技项目推介会和人才招聘洽谈会，项目协议金额达到 16 亿元。2002 年 4 月，市政府发布了《北京市鼓励留学人员来京创业工作的若干规定》。6 月，中关村科技园区管委会联合其他部门面向社会发布了《中关村科技园区留学人员归国创业服务体系方案》，为有创业意愿的海外留学人员提供接待、咨询、创业等全程服务。一系列吸引人才的政策、办法的推出与实施，构建了中关村园区人才集聚的坚实的基础，为成功实现人才集聚提供了强有力的保障。

第三节　促进我国人才集聚环境建设的对策

一　加快人才集聚的载体建设

人才集聚的载体，包括高新区、高校、高科技企业等，对人才特别是高科技人才的吸引、开发和创新起着至关重要的作用。

（一）加强高新区人才环境建设

我国的高新区是科技与人才的交融点、集聚地，这里的人才环境建设是高新区发展的基石，也是摆在我们面前的一个刻不容缓的课题。

1. 加强制度创新和观念创新，优化人才创业环境

第一，要重视高新区基础设施建设，把高新区建设成环境优美的科技新城区。随着高新区产业发展到一定规模、人才聚集到一定程度，就需要为人才提供一种生活舒适、成本低廉的创业环境。所以高新区应按照科技新城区来建设，既要有产业区又要有商贸区、金融区和休闲区，要体现人才与自然的和谐统一。

要加大科技新城区的基础设施建设力度，做好高新区信息网络建设，高标准建设区内的中小学校和医院等公益设施。

第二，建立创业风险投资机制。在高新区发展风险投资，关键在于建立风险投资机制。一是要拓宽风险投资来源，实行投资主体多元化；二是要加强风险投资的立法工作，构筑完备的法律框架；三是政府采取一定的政策，扶持风险投资企业；四是建立风险资本退出机制。

第三，要倡导冒险、创新的文化氛围。高新区应该选择适应高新技术产业发展的价值观念、行为规范和管理方式，倡导全新的观念和意识，它包括开拓与创新观念、冒险观念、竞争观念、平等观念、功利观念和参与观念，摒弃传统的保守与僵化观念、稳妥与安全观念、权力至上观念、安全观念、等级观念和依附观念。

2. 加快高新区人才创业基地建设

在高质量、高标准兴建好工业园的基础上，要建设多种形式的人才创业孵化服务基地。第一，创办大学科技园。在高新区营建大学科技园，为有创业愿望的科技人员、大学教师、青年学生提供产学研相对完善、专业技术门类相对齐全、同类科技人员相对集中的创业环境。第二，创办留学人员创业园。随着信息产业的高速发展和贸易全球化趋势，近年有大批的海外留学人员回国，成为参与我国高新产业化的一支不可多得的重要力量。他们接近高技术的前沿，了解国外市场和行为规范，熟悉现代企业管理，具有较强的为国服务和回国创业的愿望。因此必须尽快加大力量，在高新区建立规模相当的海外学子创业园，实行相应的优惠政策，有利于更多、更快、更好地吸引留学人员回国创业，有利于产生吸引人才的示范效应。第三，创办企业孵化器。高新技术企业发展到一定程度以后，对高级人才的需求越来越强烈。企业创办自己的孵化器，不仅可以为企业自身的高科技人才提供较好的科技开发条件，也有利于企业吸引大学里的专门人才。

3. 吸引跨国公司在园区内建立研究与开发中心

适应跨国公司全球一体化战略需要，吸引跨国公司在高新区建立研究与开发中心，既是增加高新区投资密度的有效途径，也是提高高新区研究与开发投资强度的重要手段，更是促进科技创新人才在高新区区域集聚的基本手段。这也是提高高新区区域发展和竞争力的战略措施。目前美国硅谷建立的跨国公司研究与开发中心估计在数百个以上，几乎所有世界著名的跨国公司都在硅谷建有研究与开发机构或分支机构。新加坡等国不遗余力地吸引跨国公司建立研究与开发中心，主要目的就是要在大量培养本土人才的基础上吸引海外科技人才回国创业集聚，这方面已取得了不少成功经验。

4. 发挥政府在高新区人才环境建设中的作用

第一，经济推动作用。我国在科技工业园建设上起步较晚，我们没有时间等待科技工业园的自发形成，必须依靠政府加强对建设和科技开发的投入，在短时间内建立起科技工业园区，改善高新区的创业环境，资助科技人员产业化。第二，政策引导作用。我国政府是人才资源的最大拥有者。大学和研究机构大都为国家所有，人才大部分集中在大学和研究机构，高新技术成果大多诞生在大学和科研院所。要使科技成果转化为生产力，政府的政策引导作用是重要的。第三，依法维护作用。我国正处在建立社会主义市场经济的过程中，政府要不断加强科技和经济方面的立法，以规范高新技术成果转化的知识产权保护、中介组织、风险投资等各个环节，以维护创业者的合法利益。

（二）发挥高校的集聚效应，深化教学改革

1. 高校的集聚能够吸引人才，促进高新技术产业的发展和科技创新

高等教育同其他产业一样也是有集聚效应的，集聚效应的取得要靠高校在布局上的集中。高校是高科技人才的集聚地，是科技创新的重要源泉。不同等级的大学，集聚着不同类型的人才。高校人才的集中只有专门的科研机构才能与之相比。一流的大学还具有良好的科研力量，在某些学科研究中，大学是国内甚至是国际上的领跑者。若干所大学集聚在一起，各类专业人员之间有机会进行大量频繁的非正式的、形式多样的接触，形成与创新活动密切相关的无形的信息网络，并通过师生关系、同学关系进行频繁的信息交流和思想碰撞，激发出大量的创新思想，构成永不枯竭的创新动力，这种效应是分散情况下的高校所不具备的。因此各级教育主管部门和地方政府要重视高校的布局问题，尽快制定政策，科学规划，使高等教育资源在空间配置上向有利于高校发展的地区集中。把高校的集聚与高新技术开发区的建设结合起来，把高校集聚地作为区域经济社会的中心，创造条件实现高校的集聚。

2. 高校必须继续深化人才培养的改革，构建合理的人才培养模式

加入世界贸易组织后，面对高质量复合型人才需求的不断增加，高校必须转变过去旧的观念，在高等教育发展中，逐步树立符合时代发展的教育思想和观念：在人才培养与社会需求的关系上，树立人才培养要更加积极主动地适应社会发展需要，坚定不移地走“产学研相结合”的人才培养道路的思想；在基础与专业教育的关系上，树立加强基础教育，拓宽专业口径，增加人才培养适应性的思想；在知识传授与能力和素质培养的关系上，树立注重素质教育，融传授知识、培养能力与提高素质为一体，相互协调发展、综合提高的思想；在理论与实践的关系上，树立理论联系实际，强化实践教学的思想；在教与学的关系上，树立学生是教学活动的主体，更加重视学生独立学习能力和创新精神培养的思想。这样才能培养和造就出既掌握广博的先进科学文化知识，又具有开拓创新能力和实践能力，德才兼备的人才。这正好体现了适应社会发展所需

的复合型人才的质量要求和基本特征：基础扎实、知识面宽、能力强、素质高，具有较强的创新精神和实践能力，具有国际视野。

(三) 发挥高科技企业在人才集聚环境建设中的作用

1. 提供良好的科研开发条件

人才的价值只有在不断的创造中才能获得体现，企业要吸引人才、留住人才，必须为人才提供良好的科研开发条件，这比单纯的高工资、高待遇更有吸引力。

2. 为高科技人才提供富有创新性、挑战性的工作

高科技人才喜欢富有新意的工作，他们觉得重复性的工作索然无味。给他们分配的工作任务，应具有一定的难度，使他们把工作压力看成是对自己能力的挑战，否则，他们会在极短的时间内完成任务而变得无所事事。因此，企业应避免工作的单调乏味，要通过各种方式对工作内容进行扩展。只有员工面临富有挑战性的任务，并决心去努力解决它的时候，才能迸发出个人智慧的火花，为企业创造更多价值。

3. 为高科技人才制订职业生涯规划

要想留住高科技人才，不但需要充分发挥他们的作用，还要让他们有明确的奋斗目标。这就要求管理者帮助员工进行职业生涯规划，了解他们任务完成情况、能力状况、需要、愿望，设身处地帮助员工分析现状，设定未来发展目标，制订培训计划，使员工在为公司作贡献的过程中完成个人的目标，让公司留住人才。

4. 灵活的员工福利计划

企业可以为员工提供同样的基本福利计划，但应为科技人才提供更多福利，如可以让人才选择参加一次专业会议，费用由企业负担，或者提供更多的休假时间。

5. 企业文化的再造

组织的价值观将被视为集聚人才和留住人才的生命线。高科技人才渴求组织的价值取向和自身观点的统一，因而我们要建立一些共同的观念和指导原则，如协作与团队精神、以人为本、公正诚实、自我服务与为他人服务、良好的集体荣誉感、公平对待所有员工等，以增强组织的凝聚力和向心力。

二 完善人才集聚的制度环境建设

建立健全吸引人才和保护人才的各项机制和制度，可以为实施人才战略提供制度保障。

（一）重构人力资源管理的理念，导入现代人力资源的管理制度

在现代社会中，由于科技的发展和应用，人力资源日益成为经济增长的“引擎”，人力资源作为一种资本的经济意义也逐渐被加强和认识。

相应地，人力资源管理的观念也应该及时转变。构造新的人力资源管理的理念，要从建立科学的人力资源管理制度入手，反向推动组织战略、体制和机制的变革。树立人才中心的思想，一改传统的人事管理状况，消除人力资源部长期处于无足轻重、被视为后勤部门的现象。这一点可以借鉴国外企业的经验。这些企业的人力资源部门职能非常广泛，权力很大，在企业经营决策中占据非常重要的地位，而且许多人力资源部门的主管是由企业的高级副总裁兼任的，这对企业把人力资源开发与企业发展战略联系起来很有帮助。管理观念转变了，人力资源部门的战略地位摆正了，那么留住人才、吸引人才也就有了基础。

（二）建立现代企业人才激励机制

人才激励机制是人力资源管理的核心内容，有效的激励机制可以在组织内部造就尊重知识、尊重人才的环境，给人才提供良好的物质和生活条件，特别是给人才创造自我发展、发挥自己能力的机会，从而产生对外界人才强烈的吸引力，使组织得到自己所需的优秀人才。

1. 建立动态的绩效评估体系，提供有竞争力的薪酬水平

公平合理的绩效评价系统有利于留住企业人员，但要真正留住核心员工还需要制订公平合理的薪酬制。这种公平合理包括外部公平和内部公平。外部公平是就某一企业人才的报酬水平与同地域或同行业相比较而言的，如果本企业人才的报酬高于外部平均水平，将会促使员工更好地工作，提高工作效率，降低员工流失率，同时还可以吸引更多的优秀人才加盟；内部公平是就企业内部同层次或不同层次人才的报酬相比较而论的，如果内部报酬缺乏公平合理性，会导致优秀人才的流失及其他人才的不满，对提高企业绩效会产生负作用。当然这种公平合理是建立在公正的考核制度上的。另外，对人才的报酬，不能单纯以固定的模式支付，而应将它与知识、能力挂钩，要创造出“收益与风险相匹配”的政策环境，建立起技术入股制度、科技人员持股经营制度、技术开发奖励制度等，形成与国际惯例接轨，符合高新技术产业特点的、以保护知识产权为核心的分配制度，使技术和成果真正成为生产力要素，获得它应有的价值，最大限度地激发员工的积极性、主动性。

2. 实现物质激励与精神激励的有机结合

现阶段，物质激励机制是形成企业动力的首要的基本机制，但精神激励在推动企业发展的过程中发挥着不可替代的作用。许多高素质人才不单单只追求

高薪酬，往往更看重企业所提供的个人成长和发展的空间，以及工作的成就感、价值感和良好的企业文化氛围。因此，企业不应有所偏废，必须建立物质激励与精神激励有机结合的激励机制，才能真正提供企业运行的动力，才能真正留住人才、用好人才。

第一，要创建学习型企业。人才在参加工作之前接受教育的时间较长，拥有的知识较多，而且在参加工作之后比一般员工更重视知识的更新和补充，更重视自身事业的发展。在知识经济时代，一个企业是否具有良好的发展前途，关键就在于这个企业是否是一个学习型企业，是否有良好的学习氛围，是否具有较强的学习能力。近年来，国际上较为成功的公司都特别重视人才自身事业的发展，重视良好的学习氛围和学习设施的建设，把人才个人事业的成功看做是企业成功的前提和基础，把人才的学习和提高看做是与企业的生存和发展息息相关的事情。只有这样，才能满足人才不断更新和补充知识的需要，从而为企业做出更大的贡献。

第二，注重人才自我价值的实现。自我价值的实现是指人们希望完成与自己能力相称的工作，使自己的潜能得到充分的发挥。马斯洛在需求层次激励理论中，就把自我价值实现的需求放在最重要的位置。由于人才的低层次需求一般都已经得到满足，而且大都具有不甘落后、自尊心强和不断进取的心理特征。所以追求自我价值的实现是其较高层次的需求。企业应创造条件，激发他们的创新思维，发挥他们的全部潜能，满足其自我价值实现的需求。

第三，建立共同的价值观。人才的精神激励价值观代表一系列基本的信念，它是决定人们态度和行为的最深层次的因素。而共同的价值观是在企业的长期发展过程中，在围绕实现企业目标的基础上，全体员工在共同工作中逐渐形成的，虽然没有正式的规章文本，但却通过非正式的道德规范、文化习惯和企业精神的感召力，协调着企业的组织管理和人际关系，影响着企业的凝聚力。共同的价值观能够提供有效的动力来实现企业的运作。如果一个企业的人才认为他们所从事的事业具有广阔的发展前景和崇高的社会价值，他们就会充满热情并最大限度地发挥自己的潜能。

第四，创造公平竞争的环境。人才的成长最需要的条件是一个真正的、全面的公平竞争环境。一个人才辈出、生机勃勃的企业，一定要具有人尽其才、才尽其用的优良环境。这不仅有利于企业内部人才的自我开发，而且有利于人才的自我激励。如果一个企业拥有一个完善的公平的竞争环境，那么，企业内部无论是哪个层面、何种层次的人才，都会比照自身的条件和实际要求，去争取自己最想做而又有能力做的工作。因此，创建一个公平竞争的环境，不仅可以实现人尽其才、才尽其用，而且可以形成一种人才自我发展的动力。因此，企业必须为所有的人才提供公平竞争的机会，以促使他们为实现企业目标而努力。如果有人知道自己为实现企业目标的机会不均等，那么他们就会失去奋斗的动力，甚至对企业失去信心。

第五，合理公正地评价工作业绩。业绩评估是国际上发达国家企业管理中广泛采用的一种激励人才潜能发挥的管理模式。激励强化理论认为，如果行为的结果得到肯定，行为的主体就会巩固和保持原来的行为。反之，如果行为的结果得到否定，行为的主体就会修正甚至放弃原来的行为。所以，对人才的业绩进行实事求是的评价可以提高其积极性并进一步挖掘潜力。只有这样，才能使企业真正做到“能者上、平者让、庸者下、劣者撤”，才能不断提高企业的竞争力。

（三）强化信息机制建设，为人才资源开发工作服务

在现代信息技术日益广泛发展的今天，我们应充分利用现代信息技术为人才资源开发工作服务。第一，要立足应用，加强和规范人才信息库建设，实现网上选才和智力引进。人才信息库，包括人才基本信息、人才流动记录与流动意向、人才供求信息等。可以为企业合理选择、培训、提拔人才提供材料依据，加强行业内部人才使用与流动等方面的透明度，有利于人才引进单位提高对引进人才的了解程度，增强企业对所选人才的信任度，做到不信任的人才不用，要用的人才慎重选择，一旦选准了就大胆使用。要通过调查研究、宏观分析和科学的标准化处理，对当前急需的战略型、科技型、外向型、经营型人才，分门别类建立人才信息库。使原始状态的人才信息具有可用性，为经济服务，实现人才信息资源共享，在企业和人才之间构筑信息桥梁，帮助企业寻找适用人才，也帮助人才寻找合适的企业。各地区的人才信息库应与国内人才市场的信息库联网，与全国性行业协会建立长期性的信息交流制度，以最大限度地发挥人才信息资源效益，提高人才的市场覆盖面。第二，要充分运用电子政务提高人才资源开发的工作效率。要畅通人才引进绿色通道，积极推行网上办理各项审批事项。运用信息技术增加服务内容，扩大服务范围，提高服务质量。积极开展人事人才业务的网上受理、办理工作，减少办事人员不必要的来回奔波，提高双方的工作效率。

（四）建立健全有利于科技成果转化的新机制

加强科技成果转化是我国科技管理工作的一项重要内容。由于我国以前长期实行计划经济体制，在我国科技成果转化过程中，还存在着一些较为突出的共性问题。例如，科研机构的科研活动与企业的技术需求和生产应用脱节；企业的技术创新和成果转化的动力不足；缺少足够的激励措施鼓励科技成果转化；促进科技成果转化的市场机制不健全等。针对我国科技成果转化过程中存在的

主要问题，应进一步采取措施加强科技成果转化工作。一是通过深化改革，推动国家创新体系的建设，进一步克服体制、机制、意识等方面的障碍。二是开拓各种渠道，增加对科技和科技成果转化的投入。政府除了要加大对科技投入的力度外，还要大力发展风险投资，通过税收等激励政策，鼓励企业增加对R&D的投入，特别是增加对科技成果转化的投入。三是通过实行课题制、招投标制，使研究开发项目从立项开始就要考虑、规划科技成果的转化问题。

（五）维护人才权益，实现人才资源管理的法制化

提高中国人才资源开发和政府管理的法制化水平是维护人才权益，保持经济社会稳定、协调、持续发展的基本要求，也是推动人才资源开发工作深化发展的需要。加强人才法制建设对形成尊重知识、尊重人才的氛围和鼓励人才创新，使优秀人才脱颖而出的环境将起到重要的作用。

长期以来，我国人才资源管理主要以内部规章、文件为调整依据，在人才培养、使用、评价、奖惩、待遇、纠纷处理等各个环节，缺乏稳定、系统的法制保障，导致人才市场信用体系不健全，人才市场主体特别是人才个人权益得不到有效的保护。加强人才资源管理的法制化建设，提高管理的法制化、规范化和民主化程度是今后人才资源开发管理的重要任务。

要从多侧面寻求对人才、人才市场的立法或制定相关政策。有关部门要抓紧研究制定人才流动争议仲裁、人才市场管理、专业技术人员继续教育等行政措施。要加强人才流动执法及执法监督工作，推动人才管理逐步走上法制化轨道。要大力开展知识产权法的宣传普及工作，科技、教育、新闻出版、工商、政府法制等部门要加强知识产权执法和执法监督工作。各企事业单位和广大知识分子要牢固树立保护知识产权的法律观念，凡通过调动、辞职、辞退、退休等方式流动的专业技术人员，在办理流动手续时，必须按照国家有关规定与原单位签署知识产权权益协议书，以减少知识产权纠纷。要依法管理人才市场，建立人才中介机构许可证制度和年审制度，各地方应用立法形式制定人才中介服务标准和评价指标，促进人才中介服务机构的规范化，确保人才合理有序流动。要规范人才流动争议的协商、调解和仲裁工作。

（六）建设人才服务体系，提高社会化服务水平

在市场供求关系引导下，人才资源的合理配置是通过优质、高效、规范的人才服务实现的。要以现代化网络信息技术为手段，不断开发社会化服务功能，完善社会化服务体系，为人才培养、引进、使用、流动提供全方位的服务。逐步开设新的人才服务项目，拓展服务领域与对象，创新人才服务手段和服务方式，促进人才服务产业化，逐步实现人才服务从无制约、低效益到有考评、高

产出的良性循环。

在设立中介机构时要实行资质认证制度，要求具有一定数量、一定学历和一定专业技术资格的人员作为设立中介机构的必要条件。同时，中介机构的设立，要注重专业化，加快企业经营管理人才机构、高新技术人才机构和农村人才机构的设置，做到完善布局，专业对口。这样有助于提高中介机构的技术含量，提高人才资源的开发水平及社会化服务水平。

三 重视人才集聚的基础环境建设

人才集聚的基础环境包括生活环境、学习环境、成长环境等，这些环境是影响人才发挥其能力和才智的基础因素，不可忽视。

（一）生活环境

生活环境的好坏，是影响人才去留的一个重要因素之一。人才最容易考虑的生活环境是居住环境和子女入学环境。居住环境在一定程度上反映了人的地位和身份，也是普通人追求美好生活的一项重要内容。中高级人才在这方面比一般人的愿望更强烈。因此，政府和企业应在合理范围内，为人才提供良好的居住环境。此外，政府部门还可以为人才子女购买教育保险，在人才集中的地区建立创办高质量的幼儿园和小学，扎扎实实地为人才创立一个优良的子女入学环境，为其解决后顾之忧，使他们能全身心地投入科技开发和研究。

（二）学习环境

在引进人才和留住人才时，生活环境比较容易引起重视，人才的学习环境则往往容易被忽视。目前我们正处在一个知识爆炸的时代。知识信息的速度越来越快，甚至是以几何级数的速度在增长。因此，人们必须不断地学习。对于人才特别是高科技人才而言，他们处于知识前沿阵地，更加要不断地学习，通过不同的渠道接受新的知识。而人才在学习新知识的过程中，到当地大学学习，与大学或科研机构的同行及相关教授进行交流和合作是最有效的办法。因此政府应重视大学的建设，促进高校和企业联合设立博士后流动站，使之像“滚雪球”一样，起到集聚人才的作用，吸引更多的人才。同时，也不应忽视作为人才学习的重要场所的图书馆和书店的建设。

（三）成长环境

在吸引人才同时，必须重视人才成长环境的建设。成长环境的核心内容应该是给予人才更多的成长的机会，这对青年人才尤其重要。目前各个国家都在不惜成本地争夺人才。随着人才竞争激烈程度的加大，从战略上考虑，必须重视人才的成长环境建设，如给予人才更多的培养机会。在增加培养机会上，企业应发挥主导作用、政府可通过各种政策加以引导和支持。培养的方式是多种多样的，如送人才去本地高质量高校去培养，或者送人才去高校攻读硕士、博士学位，或者送人才去国外进修，或者选派人才到基层锻炼等。人才在这样的环境中，不仅有发挥才能的机会，而且有获得学习和培养的机会，这种成长环境对人才会具有强大的吸引力。这是“留得住”人才的有效办法之一。一个良好的人才成长环境既有助于外地人才的“本土化”，又有利于充分发挥本地人才的作用。因此，成长环境的建设也应该是人才集聚环境建设的重要内容之一。

第六章 我国不同地区人才集聚模式

第一节 国外人才集聚模式

通过对世界各国人才集聚形成、演化过程的考察和比较，我们发现政府干预在每个国家人才集聚形成过程中都存在并发挥着作用。根据政府干预在人才集聚过程中作用的强弱程度及市场机制和政府作用的互动程度，可以将人才集聚的模式分为三种类型。

一 市场主导型人才集聚模式

该种模式主要以欧美等市场经济发达国家为典型代表，市场主导型人才集聚地产生的初始诱因主要是资源禀赋上的先天优势，如美国的硅谷、五大湖工业区，德国的鲁尔工业区。

该模式主要有下列基本特征。①市场机制十分完善，市场经济的高度发展是市场主导型人才集聚国家的基本特征。因此该类型人才集聚地一般拥有完善的法制体系、人才激励机制与风险投资机制，为人才集聚地的发展提供了优越的制度环境。人才集聚的形成、演化基本上依赖市场与人才互动的方式来完成。集聚的产生是自下而上的，是通过人才对集聚区好处的追逐自发形成的。②外部政策力量对人才集聚区的形成、演化的影响是间接的、辅助性的，主要通过调节人才集聚的制约因素，防止集聚外部性的发生。③政府的调节作用主要表现在集聚出现后的事后调节方面。

二 政府扶持型人才集聚模式

该种模式主要出现在日本、中国台湾地区、韩国、印度等经济后发展国家和地区。通过对人才集聚规律的研究，相对落后的国家在理论上可以通过政策变量强化适合人才集聚地区的人才环境，推动人才集聚进程加速进行，从而使落后国家用比发达国家更少的时间完成人才集聚的进程。通过直接投资建立人才集聚载体已被证实是加快人才集聚的有效的措施。

与欧美等市场经济发达国家人才集聚模式相比，这一模式具有下列特征。

①市场经济的历史较短，市场机制相对不是很完善、自发作用比较薄弱，单靠市场机制作用很难在短期内创造足够的条件来实现特定人才集聚。人才集聚的形成、演化需要依靠政府的扶持来完成。也就是说集聚的产生是自上而下的，是通过国家和地区的干预扶持政策而促成的。②政府往往具有干预和控制经济的历史传统，与市场机制相配合，共同促进人才集聚的实现。

随着人才集聚区的逐渐成熟，政府直接干预不再具有优势，无法对人才集聚区的良性发展起到支配作用。这样，政府就需要逐步退出，转为行使市场主导型模式下的职能。这也是一个国家或地区经济逐渐发展壮大的必然结果。

三 计划型人才集聚模式

这一模式是特定历史条件下的产物，是计划经济条件下所特有的人才集聚模式，苏联和改革开放前我国的人才集聚模式都属于该类型。在公有制经济条件下，社会主义国家可以通过中央计划经济的力量，迅速转移和调配人员，一切人员变动都在中央的计划下，在这种情况下形成了独特的人才集聚模式——计划型人才集聚模式。这种模式虽然在一定程度上有利于集中全国的人力资源办大事，但是这种计划体制下的人才集聚模式与经济建设的实际情况不符，也导致了一切听指挥，严重挫伤了个人工作的积极性、主动性和创造性的后果，不利于经济发展。

第二节　我国不同地区人才集聚模式

从经验上讲，中国经济开放程度的提高对地区经济具有双重作用。首先，沿海地区的优越条件使得这类地区易于率先获得对外开放的收益，扩大了地区差距。改革开放以来特别是20世纪80年代中期以来实行沿海地区发展战略，使得改革和发展的重心都集中到了东部，使这一地区获得了率先发展的机会，导致不同地区具有十分不同的发展基础和环境，对外开放在地区间存在着巨大的差异。按经营单位所在地划分，2005年全国进出口总额的91.5%发生在东部地区，5%在中部地区，3.5%在西部地区。2003年引进的外商直接投资84.83%在东部地区，11.95%在中部地区，3.22%在西部地区。其次，沿海地区对外开放的机遇通过区际贸易惠及内地省份，即通过区际贸易使中西部地区的比较优势得以发挥，可以缩小其在生产要素报酬上与东部地区的差距。

一 我国不同地区人才集聚特点

人才集聚可以从数量和质量两方面来衡量。根据人才的定义，用不同地区受教育程度在大专以上就业人员的比重来衡量该地区人才的数量；用研究生总数占人才总数的比重、每万人拥有专利数来衡量人才的质量。建立如下人才集聚的指标体系（表 6-1）。

表 6-1 人才集聚的指标体系

指标		内容
人才集聚	人才数量	大专以上就业人员的比重/%
	人才质量	研究生总数占人才总数的比重/%
		每万人拥有专利数/项

从表 6-2、表 6-3 可以看出，不论是人才数量还是人才质量都呈现出东、中、西部地区依次递减的趋势，东部人才集聚水平明显高于中西部。

表 6-2 我国东、中、西部 15 个主要省（自治区、直辖市）人才集聚的指标

		人口集聚	人才集聚	人才集聚水平		
				人才数量	人才质量	
地区	衡量指标	人口密度/（人/千米^2）	本科及以上人口所占的比重/%	大专以上就业人员的数量/人	研究生总数占人才总数的比重/%	每万人拥有专利数/项
东部	北京	2 623	16.27	3 404 762	8.995 45	6.03
	上海	1 970	10.56	3 106 625	4.351 396	6.1
	江苏	1 375	1.81	3 512 422	1.893 287	1.52
	浙江	1 189	3.75	3 339 545	1.435 407	3.23
	广东	1 659	1.95	3 892 340	2.040 816	3.79
中部	江西	2 647	1.45	1 861 284	0.813 008	0.27
	安徽	1 375	1.68	2 695 652	1.384 083	0.25
	山西	1 566	2.08	1 648 033	2.578 797	0.36
	河南	5 307	1.45	4 017 598	0.854 701	0.34
	湖南	1 110	1.45	3 290 890	0.751 88	0.49
西部	四川	241	1.05	2 992 754	1.176 471	0.51
	贵州	1 080	1.85	1 604 555	0.840 336	0.19
	广西	706	1.63	2 371 636	0.459 418	0.26
	新疆	213	3.45	1 793 996	1.107 011	0.4
	甘肃	5 880	2.18	1 398 551	1.084 011	0.2

注：由于篇幅限制，表中仅列出几个代表性省份的指标，未列出所统计的所有指标

资料来源：《中国统计年鉴（2005）》

（1）东部地区仅占国土面积的 14%，却拥有占全国人才总量 43.2%的人才。从表 6-2 和表 6-3 可以看出东部地区在人才集聚水平上占有绝对的优势。在高层

次人才中占较大比例的科技人才也主要分布在东部（表 6-3）。人才的绝对优势不仅促进了东部地区经济的飞速发展，成为全国经济发展的引擎，同时，也进一步拉大了与中西部经济发展的差距。

表 6-3　每万人中科技人才数量按地区分布状况　（单位：万人）

项目	2003 年	2004 年	2005 年
全国	26.29	28.78	29.71
东部地区	39.72	41.43	44.64
中部地区	19.21	18.57	21.20
西部地区	17.43	17.25	18.59

资料来源：2004～2006 年《中国人口统计年鉴》，2004～2006 年《中国科技统计年鉴》，经笔者整理

（2）中部地区是我国的人口大区，截至 2004 年中部六省总人口达 3.61 亿人，占全国的 28.1%，其中有专业技术人员 752.9 万人，仅占全国的 23.88%，不到东部的 60%，比西部还少。从万人拥有的科技人才来看，2005 年，中部地区为 21.20 人，低于全国平均水平 29.71 人，更是远远落后于东部地区的 44.64 人（表 6-3）。从表6-3我们可以清楚地看到中部地区人口密度较高甚至高于东部地区，人口集聚水平较高；但是与之不相适应的是，中部人才数量和人才质量都与东部地区有较大差距，人才集聚水平较低。可见，中部地区虽然是我国的人口大区，但是，人才资源却位居全国后列，中部是人口大区却又同时是人才弱区。这是目前我国中部地区人才集聚现状最突出的特点。

（3）西部地区是我国人才问题最为严峻的地区，西部地区包括了中国三分之一的行政省区市，面积 540 万千米^2，人口 2.8 亿多，占国土面积的 56%，但各类专业人才仅占全国人才总量的 15.5%。截至 2005 年年底，西部地区每万人中科技人才数量为 18.59 人，不仅低于全国平均水平的 29.71 人，连东部地区 44.64 人的一半都达不到。就整个西部而言，人才问题十分严重，目前，西部地区除个别省（自治区、直辖市）外，其他省（自治区、直辖市）都处于人才奇缺的状态。与此同时，西部地区 12 个省（自治区、直辖市）人才还在大量外流，人才的流出量是流入量的两倍以上，特别是中青年科技人才外流现象更为严重。近几年，仅西北地区调往沿海及内地的科技人员就超过 3.5 万人，且大多为中高级专业人才。西部丰富的自然资源与严重的人才匮乏矛盾与东南部地区形成巨大的反差。在人才集聚水平上西部地区已经远远落后于其他地区。

二　不同地区人才集聚模式分析

中国经济体制改革的目标是建立社会主义市场经济体制，就是要发挥市场在资源配置当中的基础作用。在市场机制下自愿的流动是以追求效率为前提的，

人才的流动也不例外。为了明确在我国市场经济条件下，市场是如何引导人才在我国不同地区流动的，我们对影响人才集聚的相关因素进行了分析。通过分析，我们可以搞清市场与政府在我国不同地区的人才集聚过程中发挥着怎样的作用，并进一步准确定位其应该发挥什么样的作用，从而为不同地区的人才集聚模式指出发展方向。

（一）东部地区人才集聚模式分析

1. 东部地区具有资源禀赋优势

通过以上对人才集聚相关因素的分析，我们发现，东部地区在收入、人才环境、教育和科研水平方面都具有较大优势。在市场机制的作用下，人才大量流入东部地区，东部地区在市场的作用下实现了人才集聚，人才集聚水平明显高于中西部地区。

2. 东部地区市场机制比较完善

东部发达地区是我国最先实行改革开放的地区，市场机制发展较早。在人才机制方面最早进行了一系列创新，较早地进行了人事劳动管理体制改革，建立了完善的人才市场体系，市场配置人才资源的机制已基本形成。市场经济意味着资金、人才、资源的自由流动，价格机制在供求作用下自由地发挥作用。由于东部地区资金投资收益率高于中西部地区的资金投资收益率，人才、资源等在东部有更高的回报率，所以许多中西部的人才由于市场作用流动到了东部，这就是单纯市场经济的结果。

3. 东部地区人才集聚模式现状

东部地区具有资源禀赋的先天优势，再加上较为健全的市场机制，人才集聚主要依赖市场的自发作用，政府只是发挥一种辅助和引导的作用，可以说我国东部地区的人才集聚模式属于市场主导型的人才集聚模式。

4. 东部地区人才集聚模式的发展趋势与方向

由于东部地区自身的优势，未来仍将应以市场主导型的人才集聚模式为主。

（二）中西部地区人才集聚模式分析

1. 中西部地区缺乏人才集聚的先天劣势

通过以上对人才集聚相关因素的分析可以看出，中西部地区在收入、人才环境、教育科研水平方面比起东部地区都处于劣势，从而导致中西部地区的人才集聚劣势。

2. 中西部地区市场机制不健全

中西部地区，没有适宜人才集聚的人才机制。中西部各省份改革开放的时间相对比较晚，市场机制不健全。人才市场建设滞后，人才开发和引进配套机制尚不健全，人才市场机构未能充分发挥铺路架桥的作用。市场配置人才资源的机制还未完全形成，激活人才的用人机制、分配机制的建设才刚起步。因此中西部地区主要依靠市场机制很难形成有效的人才集聚。

3. 中西部地区人才集聚模式现状

中西部地区条件、环境相对较差，加上市场机制不完善，人才大量流入东部地区，人才流失现象严重，人才集聚很难实现，是人才的逆向集聚。

4. 中西部地区人才集聚模式的发展趋势与方向

中西部地区市场机制发展不完善，也缺乏吸引、留住人才的环境，主要依赖市场难以达到吸引、留住人才的目的，无法形成人才集聚，而且要创造人才集聚良好的自然经济环境，建设运行良好的市场机制，不是短时间内能实现的，这种状况在一定时期内还很难改变，因此中西部地区在很长一段时间内还主要依靠政府的作用，依靠政府的相关政策吸引和留住人才。因此我国中西部地区应实行以政府扶持为主的人才集聚模式。

第三节 我国不同地区人才集聚模式的选择

从世界各国及我国不同地区人才集聚模式的比较来看，上文中三种不同的人才集聚模式都有各自得失（表 6-4）。这说明各个国家和地区人才集聚的模式选择有广泛的余地，但在兼顾经济的协调性和培育国家或地区竞争优势方面，市场主导型的人才集聚模式下的政府干预最具有代表性，与计划型集聚模式相比，政府往往是以经济力量的身份发挥作用，起着事后调节和辅助性的作用，而且市场主导型的人才集聚模式也是经济发展的一定阶段的必然选择和最佳选择。

表 6-4 三种人才集聚模式比较与选择

项目	市场主导型人才集聚模式	政府扶持型人才集聚模式	计划型人才集聚模式
市场机制	完善，主要依靠市场引导人才流动	不成熟，市场自动选择的长期性	完全忽略，微观主体没有集聚的动力与能力
政府作用	间接性、辅助性	直接性，以经济力量的身份发挥作用	完全依赖，以行政力量的面目出现
缺陷	人才集聚区竞争优势差距明显、层次性较强	人才集聚区发展过程中政府和市场作用不协调	人才集聚和地区建设的实际情况不符
人才集聚区的特点	各方面条件优越，对人才吸引力大，人才在市场机制作用下自发流入，主动集聚	经济落后，条件相对较差，对人才缺乏吸引力，单纯依靠市场作用难以吸引、留住人才，无法实现人才集聚，需要政府加以扶持	主要是具有政治性、战略性的人才集聚区
模式选择	改革开放较早，市场经济发达的东部沿海地区，如上海、广东、北京、江苏、山东等	改革开放稍晚，经济发展稍微落后的中西部地区，如河南、湖北、甘肃等	计划经济体制下的国家，如苏联、改革开放以前的中国

一 东部地区人才集聚模式选择

东部具有比较完善的市场机制，在东部地区现有人才集聚成果的基础上，东部地区未来的人才集聚模式应该以市场调控为主，充分发挥市场调节资源的作用，促进东部地区的人才集聚达到新的高度。东部地区应该选择市场主导型的人才集聚模式。

东部地区在市场主导型人才集聚模式下更应该健全和完善政府对人才市场的调控手段。政府在对人才市场的调控上，应将调控重心放在政策、法规体系的制定与完善上，形成调控人才市场的综合政策体系，促使人才市场秩序的尽快建立。政府还应加强对人才市场的监察与指导，保证有关法律法规和政策的有效落实，重视宏观导向政策的制定与倾斜，整体规划人才开发与配置，强化对紧缺急需人才的开发、吸纳与管理工作，制定优惠政策。政府应放宽对人才薪酬收入的直接控制，对人才直接投资的控制，加强对人才投资总量和投入流向的管理和引导。

充分发挥人才市场中介机构对人才市场微观供需主体的间接调控功能。为此政府要加强对人才市场中介机构的管理，对各类人才市场中介机构都要纳入规范化管理的轨道。健全多种所有制人才中介机构准入制度，规范民营人才中介机构行为，允许自治的国（境）外人才中介以合资形式进入国内市场，推动人才市场服务多元化和产业化。

二 中西部地区人才集聚模式选择

市场经济作为一种资源配置方式，引导着资源在各个地区之间的自由流动，这种资源的流动，是市场机制作用的结果，而且是以追求效率为前提的，它引导着资源从经济落后的地区流向经济发达地区。我国人才流向效率更高的东部地区，这种流动的方向性，是市场机制作用的结果，任何人也无法改变。

人才的地域不均衡配置，实际上是市场经济条件下要素流动的一种必然和可预见的现象。在现阶段，我们还无法做到既有效率又平均地使用资源。这也是人力资源由行政配置转向市场配置后必然遇到的问题。然而，归根结底，孔雀东南飞不仅有利于东部地区企业效率的提高，从而能有力促进社会总福利的增加，而且能有效地提高西部地区人力资源的边际效用并促进其改进人力资源管理制度。市场配置资源的最终均衡必然是东部地区的人力资源边际效用与西部地区的人力资源边际效用相接近，从而实现人力资源配置与利用的社会总效用最大化。因此，看似非均衡的人才流动，事实上恰恰是人才均衡化配置的表现，而自由流动造成的人才地区失衡——西部大开发面临的物流与人流的异向性流动冲突——大量财政资源投入西部开发而人才却仍然在大量东流，这显然是边际效用规律作用的结果。在市场经济条件下，我们在制度安排上不能限制人才的自由流动，但是这并不意味着政府只是人才流动的旁观者，在这种情况下广大中西部地区更应该发挥政府的作用，从影响人才集聚的相关因素入手，努力营造适合人才集聚的环境。

因此，在中西部地区要吸引留住人才，形成人才集聚，就必须发挥政府这只“看得见的手”的作用，以形成有效的人才集聚，促进人才集聚在这些地区的形成和发展，这是落后地区的必然选择也是最佳选择。也就是说，在我国的中西部地区，目前的人才集聚模式应以政府扶持为主。政府扶持型的人才集聚模式是我国中西部地区在未来一段时期内的发展方向和实现人才集聚的必然选择。

本书通过对我国人才集聚模式的研究，明确了我国不同地区的人才集聚现状和未来的人才集聚模式发展方向。针对目前我国区域人才集聚模式差异性较大的实际，发展具备各自比较优势的人才集聚模式是我们的现实选择。在人才集聚模式的发展中，要改变过去单纯依赖区位与资源比较优势的做法，转而注重人才集聚区内竞争优势的培育；政府要改变过去单纯为人才集聚提供优惠措施的做法，转而注重人才集聚区域治理和创新环境的培育，以地区潜在的竞争优势来吸引优秀人才。

三 结论

在充分借鉴吸收已有的成功人才集聚模式的基础上，结合不同地区现有的条件，包括自然、人文环境条件，经济发展水平和教育及科研水平，充分发挥市场机制和政府的作用，选择适合本地区的、开放的、动态的人才集聚模式，是目前我国不同地区人才集聚模式选择的必然道路。在人才集聚模式选择中还有几个需要注意的方面。

（一）政府作用与市场作用的相互结合

在市场经济条件下，人才市场对人才资源配置起基础性作用。人才市场机制，是在客观经济规律和竞争机制的作用下，通过人才供求双方的双向选择和人才合理流动，实现人才优化配置和有效利用的机制。当某一地区或行业人才信息显示人才供不应求时，体现人才价值的价格形式——工资就会上涨，在一定的条件下，人才为获得较高的工资，就会主动向这一地区或行业流动。可以说，人才市场机制直接影响人才的流速和流向。一个地区人才市场机制越灵活，人才市场发育越成熟，人才流动的成本就越低，对人才的集聚力也就越强。因此，发挥人才市场集聚人才的导向作用，关键的是要激活市场机制。在当前人才市场不够成熟的阶段，仍需要政府给予扶持，培育和壮大人才市场，大力发展多种形式的人才中介机构，扩大人才市场的规模。进一步消除制约人才市场发展的体制性障碍，畅通人才向市场流动的渠道。大力发展网上人才市场，做好人才信息的获取、处理、发布工作，强化市场的供求、价格和信息机制。完善市场的服务体系，提升市场服务功能，更好地满足市场主体对信息的需求。同时，要加强对市场的依法监管，规范市场的秩序，确保市场公平竞争，促进市场的健康发展。

不同地区应选择不同的人才集聚模式，在不同的人才集聚模式下，政府与市场处在不同的地位。在市场主导型人才集聚模式下，市场占据主导地位，人才资源的流动主要依靠市场的力量。而在政府扶持型人才集聚模式下，政府的政策扶持为人才集聚的主要力量。但是，不管选择何种人才集聚模式，都不可忽视政府与市场任何一方的作用，都要将政府的作用与市场的作用相结合，只有这样才能达到促进人才集聚的目的。

（二）加快人才市场建设与政府职能的转换

人才市场作为重要的要素市场，在我国社会主义经济建设过程中的作用越来越明显，一个地区人才市场的发达程度可以在一定程度上代表本地区的经济发展水平。在我国人才市场发展过程中，政府一度既是人才市场的管理者，又是人才市场的具体承办者，这种集行政色彩与市场竞争于一体的模式，在一定时期起到了积极的作用。但从长远看，政府主导型的人才中介模式会逐渐失去其优势，政府不可能既办市场又管市场。我国人才市场要适应社会经济发展的需求，与国际市场接轨，还有很长的一段路要走。

研究探讨我国人才市场的发展对策要坚持正确的方法，首先必须承认人才市场发展的阶段性和渐进性，其次要根据我国的基本国情确定人才市场的发展对策。我们既不能像美国那样建立一个完全市场化、自由化的人才市场，也不能像日本那样建立一个相对僵化的人才市场。我们在具体分析我国人才市场的成绩和优势的同时，也要看到存在的问题和面临的挑战，要根据我国的国情，建设有中国特色的人才市场。政府在人才市场的发展过程中承担像人事代理、社会保障等公共服务功能，不参与市场竞争。政府出台相关政策以规范市场行为，但不具体管理中介组织的运作。各类中介组织的管理由与政府完全脱钩的行业协会来承担，行业协会由中介组织按照相关法律推举产生，既代表中介组织的利益，又在政府的法律框架内规范中介组织的市场行为。各类中介组织凭自己的服务平等地参与市场竞争。要实现这样的目标，我们的对策是：贯彻服务理念，转换政府职能。

政府、用人单位、中介组织、人才都会对人才市场的发展起到重要的作用，其中最重要的还是政府。其他国家的经验表明，政府在推动人才市场发展过程中起到了核心作用，离开市场的政府是没有存在价值的，离开政府的市场也是难以为继的。

根据市场的发展规律，政府与市场必须各就各位，这是一个谁也不能违背的基本原则。现阶段，我国的主要任务是建立服务型政府，明确政府的角色定位，并根据实际情况，及时转换政府职能。

1. 政府职能定位

政府在市场中的定位问题包括两方面的含义：第一，政府的基本职能和角色定位，即根据自身的性质、职能明确应有的角色，纠正错误的角色；第二，根据市场的发展，及时调整政府的职能，转换角色。

在新的形势下，我国政府在人才市场发展中要贯彻服务理念，依法建立与国际接轨的人才市场服务标准和信用体系，缔造公平、公正的法制环境和市场竞争环境；制定市场规则，协调市场法制和制度建设，促进人才市场朝规范化、标准化方向发展；从宏观角度，推动人才供求主体市场到位，提高人才资源的市场化配置程度；当好裁判员，保障各项法规的落实，促进市场中介组织的公平竞争，维护人才市场的正常秩序和协调发展。

2. 政府职能转变

(1) 人才服务市场化。在新形势下，政府的服务对象是社会，管理对象是市场。政府职能的转变是指政府逐步转变服务方式，各地人才中介机构要与政府机关彻底脱离关系，并在企业性质、人员配备、业务经营和管理机制上全方位市场化。实际上，我国有些城市已经开始这方面的探索。例如，上海人才市场从人才交流中心分离出来，成立上海人才有限公司；天津成立完全市场化的北方人才港有限公司等都是一些有益的尝试。从某种意义上讲，政府越早实现人才服务市场化，越有利于市场化进程的推进和人才市场体系的构成。

(2) 弥补市场缺陷。在目前中国的就业形势下，完全依赖市场进行人才配置还有一定的困难，政府必须介入。例如，美国出台的一系列促进公平就业的法律就是对市场自身缺陷的修正。所以说，政府退出市场，并不意味着政府无事可干。市场越开放，越发展，就越需要加强宏观调控和管理。规范人才市场、弥补市场缺陷是我国政府当前的首要任务之一。

除此之外，各地区还应选择符合自身特点的人才集聚模式。上文中已根据我国不同地区的特点对人才集聚模式提出了相应的建议，但是我们的最终目的是促进各地区的人才集聚，因此要选择最有利的人才集聚模式，创造性地建设有特色的人才集聚而不能追求统一的模式。而且，不同地区具有不同的具体情况，应针对具体问题具体分析，不能搞统一化。

附录：农村发达地区人才集聚模式

正文分析了我国不同地区的人才集聚模式，这是按照自然区域来划分的，这与我国经济社会的发展过程基本相等，我国的改革开放就是先从东部沿海地区开始，然后再向中西部地区拓展的，东部地区的市场经济程度更为彻底，而中西部地区的市场经济程度就略显不足，因此，以这样的区域为界限对人才集聚区进行划分也具有一定的合理性。

但是，我国农村和城市的差别较大，本附录将专门对农村地区的人才集聚模式进行分析，并基本沿用正文中的分析框架。农村地区的经济社会发展与本区域的状况是基本吻合的：东部农村地区的市场经济程度较深，而中西部地区则较弱。目前来看，东部地区适宜于采取市场主导型的人才集聚模式，而中西部地区则更适于政府主导型模式。但同时在每个地区内部也有较大的差异，如同为东部地区，以广东、浙江为代表的南方地区市场机制作用的发挥更为明显，市场化的人才集聚模式已经成型；而以山东、东北为代表的北方地区，政府的职能作用则更为明显，要想进一步集聚人才还需要加大市场机制的作用力度。这些都是在本节研究中需要给予重视的问题。

（一）东部发达农村地区人才集聚模式选择

东部地区具有比较完善的市场机制，在东部地区现有人才集聚成果的基础上，东部发达农村地区未来的人才集聚模式，应该以市场调控为主，充分发挥市场调节资源的作用，促进东部农村地区的人才集聚，即东部农村发达地区应该选择市场主导型的人才集聚模式。但是东部地区南北区域的差异，使得选择市场主导型的人才集聚模式也有不同的内涵，主要表现如下：南方发达农村地区市场主导型人才集聚模式已经基本成型，但是政府职能的发挥还不完善，需要加强政府对人才市场的宏观调控；北方农村发达地区政府在人才集聚中的参与较多，市场机制作用的发挥还不够明显，因此，这些地区还需要在发挥市场机制的作用上下工夫，进一步完善人才市场的基础性配置功能，并且要改善政府干预人才市场的方式，从而更好地实现人才集聚。

（二）南方农村发达地区的人才集聚模式选择

南方地区的人才集聚多是在市场这只“看不见的手”指引下自发形成的，特别是在农村发达地区，一个个私营企业都是在小作坊、小加工厂的基础上发展起来的，在经历了市场残酷的“优胜劣汰”后得以存活并壮大后，逐渐摆脱了原始的作坊状态而向现代化工厂和企业转变。在这个过程中，出于企业管理和技术进步的需要，人才变成了这一转变的关键要素之一，而超前的市场意识使得人才市场定价成为一种普遍的现象，从而对人才形成了极大的吸引力，特别是南方城市里国有企业和科研单位大量的人才放弃了城市生活而到农村乡镇企业工作，成为我国人才流动中一道亮丽的风景线；而南方地区在经济发展过程中逐渐实现了专业化分工和产业集群，如浙江温州的打火机产业和广东惠东的制鞋工业，这种集群发展带动了人才的集聚，从而使得南方发达农村地区的人才集聚一开始就是沿着市场主导型模式展开的。

但是，这种纯粹的市场主导型模式遇到了新的挑战，那就是内部机制的不健全与外部因素的冲击。因为地方政府在这种人才集聚过程中几乎未发挥任何作用，几乎完全是依赖市场机制完成的，而此时的市场机制本身并不完善，各种相应的机制建设还不健全，导致了人才集聚模式的动荡。主要原因有以下几个方面：一是人才权益得不到保障，尽管这些地区的人才定价机制基本上实现了市场化，但是定价之后的人才保障机制却严重缺失，企业主给予了人才较高的薪酬并签订了合同，但是当人才为企业解决了面临的问题后，企业主经常以各种理由撕毁原有合同，这种短视的行为在很大程度上影响了人才长期扎根农村的信心，从而导致了人才出走的现象；二是人才管理机制混乱，在发展初期，这些南方企业主多是吸引科技人才，主要目的是解决企业发展中的技术问题，在管理上还是家族企业的架构，“一言堂”现象较为严重，人才在其眼中只是可资利用的工具，并没有将观念提升到人才兴企的高度。而且对人才在生产和科研中的创新缺乏明确的利益分配机制，因此，人才在企业中的地位很低，无法激发人才的斗志，这在很大程度上打击了人才的积极性；三是外部环境不利于人才的稳定，当时城乡严格的二元体制使得人才的流动面临着诸多障碍，即使有人才进入农村工作，也面临着一系列困难，社会保障、医疗保障等都没有着落，子女的教育问题无法解决，家人的落户与就业无法处理等，这些因素都属于外部大环境，即使企业主有心留住人才，这些困境也非个人力量能够解决，人才的稳定性就受到影响。正是在上述多重因素的影响下，南方农村发达地区的人才流向出现了逆转，人才集聚机制面临着动荡和调整的压力。

从外部因素来分析，20 世纪 90 年代以后，城市的改革也全面展开，以承包制为主体的企业改革模式全面推广，再加上外资企业的入驻，加快了对人才价值挖掘和重构的进程，从而削弱了农村地区人才市场化定价的优势。而城市健全的保障体制、完善的生活设施及作为城市人口所能享受到的种种待遇则使得人才对工作地点的选择出现了逆转的倾向，不仅农村吸引城市人才的难度加大，还出现了人才从农村向城市逆向流动的态势，这对农村发达地区的人才集聚提出了严峻的挑战。

在这种条件下，南方的农村发达地区要想进一步吸引集聚人才，就必须在发挥市场基础性作用的前提下，着重完善政府对人才市场的调控和管理。

首先，保持市场的基础性地位不动摇。南方地区的经济发展就是在市场优胜劣汰的环境下实现的，一直到现在，仍旧是随着市场的指挥棒前进，哪里有利润，资源就往哪里集聚，这种资源的市场配置模式自然也引导着人才资源的流向。因此，在南方地区浓厚的市场氛围下，人才的配置仍旧应该发挥市场的基础性作用，只有这样，才能与整个经济的发展步调一致，从而能够更好地发挥人才对经济的促进作用。如果不顾市场的导向而主观地配置人才，很可能会出现南辕北辙的现象，从而不利于地区经济的发展。

其次，在市场主导型人才集聚模式下更应该健全和完善政府对人才市场的调控手段。政府在对人才市场调控时，应将调控重心放在政策、法规体系的制定与完善上，形成调控人才市场的综合政策体系，促使人才市场秩序的尽快建立。政府要加强对人才市场的监察与指导，保证有关法律法规和政策的有效落实；要重视宏观导向政策的制定与倾斜，重视对人才开发与配置的整体规划，尤其是要重视对紧缺急需人才的开发、吸纳与管理工作的强化及其优惠政策的制定。政府要放宽对人才薪酬的直接控制、对人才直接投资的控制，加强对人才投资总量和投入流向的管理和引导。

最后，要充分发挥人才市场中介机构对人才市场微观供需主体的间接调控功能。当前南方的很多农村发达地区都有中介机构，为此政府要加强对人才市场中介机构的管理，对各类人才市场中介机构都要纳入规范化管理的轨道。健全多种所有制人才中介机构准入制度，规范民营人才中介机构行为，允许有资质的国内外人才中介以合资形式进入国内市场，推动人才市场服务多元化和产业化。

（三）北方农村发达地区人才集聚模式选择

北方农村发达地区的人才集聚则显现着政府这只“看得见的手”的身影，特别是在山东等经济发达的地区，其乡镇企业异于南方那种私人作坊的发家之路，而是在地方政府主导下建立的，多是集体企业，由乡镇、村级政府出面组织，从资金募集、人员任命到组织架构，以及企业管理等方面都有着政府的身影；即使有些企业是由私人创立的，但为了能够享受到各种优惠及获取地方政府的支持，也往往选择“戴红帽”的方式。可以说，北方农村发达地区的经济发展具有浓厚的政府导向氛围，政府的意志在很大程度上决定了产业的发展方向、企业的发展思路等。在这样的环境下，人才集聚自然也具有了政府导向的痕迹，特别是因为北方地区的市场经济意识还不够突出，人们更愿意待在政府机关、科研单位及国有企业中，目的是有份安定的工作。因此，单靠市场的方式来吸引集聚人才就具有很大的困难，在这种情况下，地方政府的作用就得以充分发挥出来。

正是因为市场经济的思想尚未深入人心，此时由政府出面来吸引人才就有着事半功倍的效果，而且因为乡镇企业多受政府影响，政府也有积极性来解决企业发展所面临的人才短缺问题。在北方这样的社会环境下，政府的信誉和号召力有其独特的作用，由政府出面在一定程度上可以解决人才的户口、子女教育及家属工作等方面的问题。而且由政府出面协商人才的调动问题，也更容易获得人才原工作单位的认可，因此，北方农村发达地区的人才集聚就在很大程度上受到政府的影响。

但是，随着我国经济体制改革的深入，北方地区原有的经济发展模式受到了挑战，突出表现在如下几个方面：乡镇企业的发展遇到了瓶颈，经营效率低的问题日益明显，而且这种“准”集体企业的经营模式存在着激励机制不明晰、管理制度不合理等问题。随着这些弊病的逐渐显露，对人才的吸引力也逐渐减弱，人才出现了向城市回流或是向南方流动的迹象。

在这种条件下，北方农村发达地区要想实现人才集聚，就需要纠正以前经济发展中的弊病和短板，强化市场机制对人才资源的配置力度，同时改变地方政府直接干预人才配置的工作方法，将其重点转向宏观管理与配套服务，从而形成以市场配置为基础、以政府宏观管理为补充的人才集聚模式。

首先，强化市场机制对人才资源的配置力度。人才的市场机制，是在客观经济规律和竞争机制的作用下，通过人才供求双方的双向选择和人才合理流动，实现人才优化配置和有效利用的机制。人才市场机制直接影响人才的流速和流向。一个地区人才市场机制越灵活，人才市场发育越成熟，人才流动的成本就越低，对人才的集聚力也就越强。因此，要激活北方农村发达地区的市场机制，通过培育和壮大人才市场，大力发展多种形式的人才中介机构，扩大人才市场的规模，做好人才信息的获取、处理、发布工作，强化市场的供求、价格和信息机制，完善市场的服务体系，提升市场服务功能，更好地满足市场主体对信息的需求。

其次，要转变地方政府对人才资源配置的干预手段，变微观直接管理为宏观间接调控。在之前的发展过程中，政府既是人才市场的管理者，又是人才市场的具体承办者，这种集行政色彩与市场竞争于一体的模式，在一定时期起到了积极的作用，但从长远看，政府不可能既办市场又管市场，而是需要承担人事代理、社会保障等公共服务功能，出台相关政策规范市场行为，不直接参与市场运作；从宏观角度，推动人才供求主体市场到位，提高人才资源的市场化配置程度；当好裁判员，保障各项法规的落实，促进市场中介组织的公平竞争，维护人才市场的正常秩序和协调发展，从而实现从微观直接管理向宏观间接调控的角色转变。

（四）中西部地区人才集聚模式选择

中西部农村发达地区尽管经济发展水平达到了一定的层次，但是与东部地区相比，还存在一定差距。市场经济对人们行为选择的影响要更弱一些，人才集聚的作用更弱，出现了“孔雀东南飞”的现象。这是市场经济体制下必然的结果，这种资源的流动，是市场机制作用的结果，是以追求效率为前提的，引导着资源从经济落后地区流向经济发达地区，引导着人才会流向效率更高的东部地区。然而，这种看似非均衡的人才流动，事实上恰恰是人才均衡化配置的表现。在市场经济条件下，中西部农村发达地区更应该发挥政府的作用，从影响人才集聚的相关因素入手，努力营造适合人才集聚的环境。

因此，在中西部农村地区要吸引留住人才，形成人才集聚，就必须发挥政府这只“看得见的手”的作用，以形成有效的人才集聚，促进人才集聚在这些地区的形成和发展。也就是说，我国的中西部发达农村地区目前的人才集聚模式应以政府扶持为主，同时以市场化的手段来增强人才扎根农村的信心，依托相对较强的经济实力实现人才的集聚。

第七章 实现与促进人才集聚的政策建议

前文的分析已经为我们指明了影响人才集聚的诸多因素，分析结果表明，第一，在我国，关于民生的因素仍是影响我国人才集聚的最重要的因子；第二，人才集聚不是由某个特定的因素造成的，而受经济、社会和环境等多个因素综合影响而成的。因此，要引导科技人才的集聚，营造促进区域人才集聚的环境就必须从多个角度出发，从各个方面同时推进，特别应该关注民生问题的解决，确保科技人才切身利益得到实现，只有这样，人才集聚政策才可能取得较大效果。

第一节 城市地区实现人才集聚的建议

一 加快产业结构调整，以产业集聚促进人才集聚

产业集群是拉动经济增长的主要动力，产业集聚亦能促进人才集聚。与第一产业相比，第二、第三产业具有更强的人才集聚力，因此，各地政府要立足于本地的产业优势，以市场为导向，以本地资源优势为依托，提供全方位的公共服务，培育产业集群发展所需要的多种要素和环境，以产业集聚带动人才集聚。

（一）优化产业环境，推动产业升级

产业环境是人才环境建设的硬件，是软环境的基础。良好的产业经济环境，能够为各类人才提供施展才华和不断成长的空间。加强产业经济环境建设，加快经济增长，才能让人才有施展才能的机会、发挥作用的舞台，才能用事业凝聚人才。

同时，在发展高兴技术产业的同时，应对现有的传统产业注入科技活力，用信息技术和其他高新技术改造传统产业，加速产业结构的调整和优化升级。努力形成以高新技术产业为先导、基础产业和制造业为支撑、服务业全面发展的产业格局，以产业集聚带动人才特别是高科技人才集聚。

（二）坚持走新型工业化道路，大力发展第三产业

在信息化时代，传统的工业化道路已经不能适应社会发展的需要。这要求我国各地区要坚持用信息化带动工业化，走一条科技含量高、经济效益好、资源消耗低、环境污染少、人力资源优势得到充分发挥的新型工业化道路。在科技、人才、环境的基础上以产业联动、规模驱动、品牌拉动为路径，积极实施产业集群战略。

相对于发达国家甚至于同等发展水平的国家，我国第三产业还处于较低的发展水平，且第三产业仍然以传统的行业为主，金融保险、信息咨询、科技服务、现代物流等新兴第三产业所占比重仍然很低。而第三产业特别是新兴的第三产业相对于第一、第二产业具有更强的人才吸引力。因此，加大科学技术投入，提高知识创新力度，积极推动第三产业的发展，是实施人才集聚战略的必要途径。

二 深化企业机制改革，推动人才向企业集聚

企业是经济活动的主体，更是人才的主要载体。深化我国企业改革，增强企业的自主创新能力，是吸引人才集聚的基础和关键。

（一）提高企业自主创新能力，吸纳科技创新人才

在市场经济下，企业要想得到长期的生存与发展，就必须不断地创新，成为创新的主体和先锋。随着国际金融危机的不断蔓延，创新的作用更加显现。事实证明，谁的技术含量高，谁能及时调整产品结构，迎合消费者需求，制造高质量的产品，谁就具有更强的抗击风险的能力。

据统计，我国科研经费支出占 GDP 的比重约为 1.44%，远低于美国（2.68%）、日本（3.14%）、韩国（2.64%）。跟国外相比，我国科研投资力度不够强，人才尤其科技人才滞留高校和政府科研机构的现象比较严重，人才向企业集聚的优势没有充分发挥出来。因此，提升企业自主创新能力，促进人才向企业集聚，是我国各地区人才集聚的一项重要的课题。

提高企业的自主创新能力，首先必须从企业自身入手，加大科研经费投入力度，培养自主创新的企业文化，注重企业自主研发能力，吸引科技创新人才。此外，地方政府还必须通过相关法律政策，创造平等、公平、高效的竞争环境，对知识产权和相关产业提供切实和适度的保护，构建并规范人才流动与知识产权交易市场，为科技人才与知识产权的流动提供有效的平台。

（二）加快企业体制改革，健全人才激励机制

对于企业而言，要吸引并留住人才，一方面，要建立现代化的企业管理制

度，通过不断深化改革，建立合理的产权治理结构、科学先进的企业管理理念、有效的人事管理制度，为人才优势的发挥营造良好的企业环境，为人力资源的有效整合与集聚提供有力的制度保障。另一方面，还需要建立公平有效的薪酬管理体系。实行多元化的分配制度，把按劳分配与按生产要素分配结合起来，实现专利、技术、成果入股，使人才的报酬真正由其价值和市场供求关系来决定，以促进人才收入的增加，推进人才集聚。

国外研究发现，人力资源在没有开发、没有激励和没有约束的情况下，其能力只能发挥20%。而当有了激励和开发以后，其能力能发挥到80%。要充分发挥人才特别是高科技人才的集聚效应，还必须实行有效的激励制度。国内外经验表明，建立并实施长期有效的激励制度，比如股票期权等，既能有效地解决企业现金流的问题，又能让员工看见可预计的“物质利益”，从而能有效地留住并激励企业核心人才。

三 加强高等教育建设，推动高校、企业、项目一体化

21世纪，知识信息增长和更新的速度越来越快，甚至是以几何级数的速度在增长。因此，要营造有利于人才发展的环境，提升人才资源的素质，以适应知识经济时代人才集聚的需要。

高等教育人才集聚软环境的建设是一个系统、复杂的工程，这种软环境对人才具有更大的灵活性和持久的吸引力。人才的成长和发挥作用，当然需要必要的物质条件、经济待遇，同时更需要促进事业发展的人才集聚软环境的支持。从一定意义上讲，高等教育对人才集聚的作用更重要，更具有决定性的意义。

要加强地区高等教育的建设，发挥高校吸纳和培养高等人才的作用必须从如下两方面着手。一方面，政府的研发经费投入应向高校倾斜，增加高等教育资金投入，加强高校与研究机构的建设，改善科研条件，重视人才和高校间的国际合作，利用高等学校的集中优势培养并吸纳海内外人才。另一方面，还要增强高校与项目、企业之前的联系。推动科研机构与高校合作，引进科研项目，以项目集聚人才并带动人才发展，以科技研发和项目建设为平台，面向国内外吸引专业技术人才、经营管理人才、技能型人才和实用人才，加快人才聚集。要通过多种政策措施，鼓励和引导企业与科研机构、高校联合建立研发机构、产业技术联盟等技术创新组织，搭建高层次人才平台，促进项目、企业、高校一体化建设，使之像“滚雪球”一样，起到集聚人才的作用，吸引更多的科技创新人才。

第二节　农村地区实现人才集聚的建议

农村地区与城市地区在内外环境、自然禀赋及人才资源等方面都存在着很

大的差距，因此，在农村地区实现人才集聚，要采取的措施就与城市地区有着一定的差异。同时，农村的地区差异极为明显，实现人才集聚还需要一定的基础，并不是所有的农村地区在当前情况下都能实现人才集聚，因此，本节研究的对象进一步缩小到发达农村地区，将针对发达农村地区的特点，对如何实现人才集聚提出有关的建议。

一 发达农村地区实现人才集聚的外部环境建设分析

人才环境的内涵十分丰富，影响农村地区吸引、集聚人才的主要环境问题包括经济环境、社会环境及制度环境三个方面。因此，这里我们也主要就这三个方面来分析如何促进发达农村地区人才集聚环境的改善。

(一) 经济环境

经济环境是一个地区吸引集聚人才的首要因素。一个地区只有经济发达、综合实力增强，才能获得人才的青睐，才能为人才的发挥提供一个广阔的平台。因此，需要通过发展地区经济来改善农村地区集聚人才的经济环境。

1. 全面推进农村的农业产业化

农村地区要从以农业人口为主这一实际出发，站在农业和农村跨世纪发展、实现农业和农村现代化的高度，充分认识农业产业化的重要性；要强化职能、合力兴农；搞好信息和技术服务，不断完善社会化服务体系；大力培育以专业协会为重点的中介组织；抓好流通网络建设；大力培育龙头加工企业；与农户实行产销联合；千方百计增加对农业产业化经营的资金投入。通过农业产业化的实现，不仅带动农村经济的发展，而且派生出更多的农业产业化龙头企业，从而丰富农村人才集聚的载体，为吸引、集聚人才提供更好的条件。

2. 因地制宜地发展农村地区的优势产业

各个地方应根据自身不同的资源优势，不论这种优势表现为得天独厚的旅游资源，还是表现为独特的矿产资源、林木资源等，都应因地制宜地发展地方产业，扩大对人才的需求，以便引进吸收更多的人才。

3. 依托产业转移来吸引、集聚人才

随着经济的发展，劳动力会由第一产业向第二产业移动，再向第三产业移动。经济越向前发展，在低层次产业的劳动力会越来越少，而高层次产业的劳动力会越来越多。一个地方的产业结构优化升级，特别是新的经济增长点的形成，必然要带来各生产要素包括人力资本要素的流动、重组。也就是说，通过物力的投资，促进产业的优化升级，发展壮大产业，创造就业和发展机会，带动对人才资本的需求，吸引人才资本的流入。高层次的产业不仅会提高人才资

本平均利润率，而且会对人才产生强烈的愿望牵引。产业层次越高，对人才资本的牵引力就越大。

农村地区应该积极适应当前产业转移的趋势，积极承接城市转移下来的各种产业，按照产业集聚带动人才集聚的规律，加速推进人才集聚工程。要立足农村产业资源优势，加速产业结构的调整和优化升级，加快产业大项目集群建设，形成一批主业突出、核心竞争力强、具有一定竞争力的公司和企业集团，以扩大对人才的需求，为人才集聚创造前提条件。

4. 把握区位导向规律，大力提升地区的综合竞争力

一个地区一旦形成区位优势，就会对周边地区形成人才集聚势差，进而产生倾向该地区的人才流动现象。因此，对于农村中的发达地区来说，可以通过发展该地的经济水平、完善人居环境、拓展发展空间来强化该地的区位优势，从而吸引人才集聚。

（二）社会环境

社会环境方面，对人才影响较大的就是人才流通机制、社会对人才高收入的看法等问题。

1. 健全和完善人才流通机制

中国的人才市场不仅长期存在着坚固的城乡堡垒，而且还存在着如对性别、年龄、身份等的歧视。在市场经济条件下，经济资源是在价值规律的作用下进行自由流动和优化配置的。而人才作为一种重要的资源，只有实现自由流动才能最大效率地发挥人才的重要作用。因此必须要建立合理的人才流动机制。这个流动机制的建立和完善，不仅仅是指城乡间人才的自由流动，而且还有农村之间的人才流动，这个机制应该是双向流动的机制，只有这样，才能使人才流向最能发挥其作用的地方，而不至于陷入凝固状态。如果人才再次流动面临着种种障碍，将会打击人才立足农村的信心。

2. 引导社会树立良性的人才收入观

农村地区缺乏人才，人才是农村企业发展中的短板，因此，农村企业往往给人才开出高额待遇，这和周围人的收入会形成一个比较大的落差，容易引起原有员工的不满，从而在企业内部形成不和谐的氛围，干扰人才作用的充分发挥。因此，对于农村企业来说，完善收入分配制度，形成“能者多劳，多劳多得”的工作氛围和收入分配环境，在企业内部和社会周围形成一个良好的环境和舆论氛围，通过合理调整收入分配政策来壮大科技、管理和商业性的人才队伍，有利于改变农村的不合理人才结构和布局，有利于农村经济的发展和繁荣。

（三）制度环境

由于农村地区经济发展相对落后，市场化改革的步伐有待加快，制度建设

方面存在较大的不足。农民有土地作为基本生活保障，这些制度性的问题对他们暂时没有太大冲击。但对于即将到农村工作的城市人才来说，农村和城市在制度方面的巨大差异将严重打击人才到农村工作的信心。因此，为了能够吸引集聚人才到农村工作，除了给出优厚的待遇条件外，完善农村的制度建设也是吸引人才集聚的重要措施。

农村的制度环境建设种类繁多，但其中主要的几种应该逐渐健全，因为这些事关流向农村人才的切身利益。如果这些制度建设长期缺乏，就会逐渐泯灭掉人才在农村工作的热情。因此，需要在制度建设方面给予农村地区额外的重视，建立以社会保障为核心的，融合基本医疗保险，辅以多层次养老制度的综合性社会保障制度。

农村的社会保障制度不仅对当地农民具有积极意义，而且对于到农村工作的人才来说也意义非凡，毕竟有了社会保障制度之后，人才将能够拥有与城市生活一样的养老保障，从而最大程度上消除人才的后顾之忧。当前农村社会保障体系建设主要有以下几项任务。

1. 完善农村社会保障的法律框架

全国人大应尽快制定《农村社会保障法》，对农村社会保障的原则、主要内容及形式、管理体制、资金来源与发放、保障项目的标准、社会保障的监督、法律责任等方面做出明确的规定。国务院要根据《农村社会保障法》的要求，制定《农村养老保险条例》、《农村合作医疗条例》、《农村社会救济工作条例》，《农村优待抚恤工作条例》，完善《农村五保供养工作条例》。各地要根据具体情况制定地方性法规和规章，使农村社会保障法律体系更完善，可操作性更强。

2. 完善农村社会保障管理体制

近几年，由于管理监督不力，农民养老保险试点和农村合作医疗制度在实践中出现了争利益，推责任，挪用救灾款、扶贫款，管理不规范等问题。为加快农村社会保障体系建设，必须强化各级政府的行政管理和监督，将其纳入规范化轨道保障其健康发展。主要有三项任务：一是合作，农村社会保障的职能部门包括民政、财政、劳动、卫生等部门，这些部门的管理职能既要明确和有所侧重，又要相互配合，共同促进农村社会保障事业的发展。二是分离，即农村社会保障的行政管理与基金管理、业务管理相分离，政府主要负责行政管理。三是规范，即农村社会保障的各个项目的管理制度、管理内容和管理程序都必须规范化。

3. 提高农村社会保障的管理效率

一是提高行政管理人员的理论水平、业务素质和政策水平；二是改进管理方法和手段，尤其要强化信息化管理手段和方法。为了鼓励农村居民参加社会养老和医疗保险，鼓励有经济实力的农民参加各种商业保险，鼓励农民参与农村福利事业，各级政府应承担社会保险基金保值增值的责任，将其纳入财政预算，逐年增加数额，并实行谁动用谁负责的原则。

4. 实现全国范围内城乡一体化的社会保障体系

大范围社会保障体系的一体化是市场经济有效运作的基本要求和良好外部环境。各种社会保险能够在区域内不同的城市实现对应和对接，对人才流动具有至关重要的作用。全国城乡一体化的社会保障体系，是一个与市场经济发展相一致的方向与目标。目前，各地之间的社会保障系统存在着较大差别，不对应和不对接的现实阻碍了人才的自由流动。因此，要加快以现有城乡经济社会发展水平为基础的社会保障体系的建设，逐步提高社会保障系统的统筹程度，实现城乡一体化的社会保障体系。

5. 要在农村地区实行多元化的养老和保障模式

一是逐步实现城乡一体化养老。要按照统筹城乡发展的要求，进一步完善城乡基本养老保险制度，重点是加强农村基本养老保险制度的改革和创新，建立和完善多层次的基本医疗和基本养老保险体系。实现基本养老保险的全覆盖，缩小城乡之间的差距。二是在大力倡导居家养老的同时，积极发展社会养老。通过积极推进社会福利社会化，逐步形成以政府、集体举办的老年社会福利机构为骨干，以社会力量举办的老年社会福利机构为新的增长点，以社区老年人福利服务为依托，以居家养老为基础的老年人社会服务体系。三是积极探索“本地待遇、异地养老”的服务模式。通过跨区域协议或协定，实现养老保障和医疗保障的异地结算，最大限度地开发和最充分地利用区域内的养老资源。根据不同地区发展的实际情况，开展“本地待遇、异地养老”。

6. 多层次养老制度的逐渐形成

在保障层次上，应由单一的基本养老保险向基本养老保险、企业补充养老保险和个人储蓄养老保险相结合的多层次养老保险过渡。地方政府对企业养老保险也应积极给予政策支持，规定有条件建立补充养老保险的企业，在不超过本单位工资总额5%的范围内列入企业管理费用开支，调动农村企业为职工建立补充养老保险的积极性。多层次养老保险体系的建立，有利于企业增强凝聚力和吸引力，有助于提高退休人员的保障水平。

同时，还可以积极推行“异地养老”。目前大城市的人口老龄化与老年人口高龄化现象加剧，以及家庭规模小型化，老年人的长期照护问题越来越突出。城市附近的农村地区往往经济较为发达，可以积极推进与城市在养老问题上的对接，利用当地的生态环境比大城市好、地价和房价比大城市低、护理人员的工薪比大城市便宜、比大城市的交通便捷等优势，更多地吸纳城市老人入住。可以通过开设跨省区的城镇基本医疗保险的“窗口”，在养老机构规模大、城市老人“异地养老”集中的农村地区，建立本市一级医院和三级医院的分院，按城市规定的基本医疗保险办法实施诊疗，使“异地养老”的老年人能就近、方便地获得医疗卫生服务。如此不仅能够建立多层次的养老体系，降低城市养老费用，而且有利于稳定到农村工作的人才的信心，从而促进农村地区的人才集聚。

二 农村发达地区实现人才集聚的内部机制建设分析

外部环境是人才在进行流动决策时考虑的重要因素，但是农村地区企业的内部机制建设也是人才决策时的重要参照物。如果只有好的外部条件，而人才所在机构的制度不合理，机制不健全，也会直接影响人才的信心。因此，对于农村地区的机构来说，建立合理高效的内部机制，是当前吸引、集聚人才的必由之路。

（一）管理机制

对于农村企业来说，管理机制的建立尤为重要，因为大多数的乡镇企业都存在着管理的“短板”，而这种落后的管理对于城市人才来说是一个很大的顾虑。如果一个企业管理混乱，则人才往往会倾向于离开而不是进入。因此，乡镇企业要从管理方面下手，狠抓制度建设，形成一套科学合理的管理机制，增强人才对企业发展的信心。

1. 建立公开公平的竞争机制

创新人才绩效考核考评机制。根据不同部门的性质，设立不同的考核标准。真正做到唯才是举、任人唯贤，做到选拔的公开性和公正性。在市场经济条件下，人才的配置和流动是通过竞争实现的。人才竞争主要靠人的实际能力，通过平等开放的竞争，实现不拘一格的用人机制，这与“官本位”中所提倡的论资排辈原则是格格不入的。因此，人才资源竞争机制，是人才质量提高与价值效益利用的推动力，它是以满足供求为核心的活动。

2. 选拔机制

健全和有效的选拔机制对人才的激励效用较为明显，通过在企业内部建立公平竞争机制，能提高人才的工作积极性，可以使优秀人才脱颖而出。

（1）建立健全内部晋升制度，完善组织内部竞争机制。内部晋升在组织内的作用主要有两个：一是将有能力者和业绩突出者提升到重要职位；二是提供激励。众所周知，第二次世界大战后，日本经济迅速发展，依赖于人才资源。分析日本各大企业组织的人才管理制度，不难看出人才提升制度已成为日本企业普遍采用的一种重要方式。日本企业人才提升有两种途径：一种是按工龄序列，工作一定年限后，同类人员中成绩卓著者受提升；一种是破格越级提升。

无论哪种方式，都注重强调人才的能力，那些具有战略眼光、开拓精神较强的人才总是会被挖掘和重用的。因此，建立内部晋升制度，有利于充分利用组织人才资源的现有存量，提高人才资源的利用率。与此同时，组织还应建立合理的竞争机制，打破用人上的刚性状况，搞好人才资源的挖潜、调配工作，采用竞争上岗、岗位轮换等方式。

（2）健全人才选拔的公平竞争、监督制约和审议否决机制，完善人才考核的量化标准和可操作性。改变过分集权的人事管理模式，把个体对组织的人身依附关系转化为契约关系，克服、纠正任人唯亲的腐败倾向，营造人尽其才、才尽其用的体制环境。

（3）完善授权管理，即合理划分内部分工范围、管理权限，尽可能地给予个体充分的岗位权限，增强个体自我管理意识，从而增强其主人翁意识，激发其工作热情和积极性。

（4）规范内部管理制度。组织规章制度不健全、管理混乱，会降低个体对组织的信任，导致人才对组织的前途失去信心。所以，应该规范内部管理制度、工作流程、岗位职责、激励机制等基础工作，此外，还应加强对技术资料的管理和备案，使人才流失导致的损失减到最低限度。

（二）激励机制

合理的激励机制可以有效地激发人才的积极性和创造性。激励手段不仅包括物质激励，还包括精神激励和发展激励等，而精神激励有时往往比物质激励更有效。人才更为看中的是人文环境，能否实现自我价值和社会价值。所以，社会的荣誉感程度和享有的社会地位高低是他们选择职业重点要考虑的因素。

农村企业为了能吸引人才并长久留住人才，应该采取多种手段来实现对人才的激励，这种综合性的人才激励机制能够满足人才对金钱、荣誉、社会地位乃至自尊心等多方面的需求，从而更好地激发人才的工作积极性。具体说来，农村企业应该对下面几种激励方式给予重视。

1. 金钱激励

物质激励是激励的主要形式，也是基础形式。人才仍然期望富有竞争力并与业绩紧密相关的薪酬，最突出的人才应得到最好的报酬。金钱激励可以采取工资或奖金、优先认股权、公司支付的保险金等任何其他形式的鼓励性报酬。要使金钱能够成为一种激励因素，必须遵守以下原则：第一，金钱的价值不一，相同的金钱，对不同收入的员工有不同的价值；第二，金钱激励必须公正，一个人对他所得的报酬是否满意不是只看其绝对值，而要进行相对比较，判断自己是否受到了公平对待；第三，金钱激励必须反对平均主义，平均分配等于无激励。

2. 目标激励

每个人实际上除了金钱目标外，还有诸如权力目标、成就目标等其他目标。管理者要将每个人内心深处的这种或隐或现的目标挖掘出来，并协助他们制定详细的实施步骤，在随后的工作中引导和帮助他们努力实现目标。当每个人的目标强烈和迫切地需要实现时，他们就对企业的发展产生热切的关注，对工作产生强大的责任感，平时不用别人监督就能自觉地把工作做好。这种目标激励会产生强大的效果。

3. 尊重激励

尊重是人才自信力爆发的催化剂，它有助于企业员工之间的和谐，有助于企业团队精神和凝聚力的形成。企业应充分信任其人才不需要在经理的监督下也能按时完成工作。只要他们能完成公司的任务，公司就应给予他们这个自由。

4. 参与激励

通过参与形成职工对企业的归属感、认同感，可以进一步满足员工自尊和自我实现的需要。企业可以授予股票期权或将员工的薪酬与公司、部门或项目的业绩相联系，没有做出员工股权安排的企业可以通过给予员工业务授权的方式将员工与企业的利益联系在一起，其他的方式还有授予员工自治权、尊重他们和认可他们的工作成绩等。

5. 荣誉和提升激励

荣誉是众人或组织给予个体或群体的崇高评价，是满足人们自尊需要，激发人们奋力进取的重要手段。对一些工作表现比较突出、具有代表性的先进员工，给予必要的荣誉奖励是很好的精神激励方法。荣誉激励成本低廉且效果很好。另外，提升激励是对表现好、素质高的员工的一种肯定，应将其纳入“能上能下”的动态管理制度。

（三）企业文化

企业文化的建设对农村地区机构吸引人才具有积极的作用，虽然这属于看不见的方面，但是这种“软实力”能够稳定人才的信心，并且有助于人才发挥工作积极性。对于农村机构来说，企业文化建设要着重做好以下几点。

1. 建立良好的信任环境

留人要留心，留住人才最好的办法就是留住他的心，特别是经济发展水平相对落后的农村地区，要留住人的心，莫过于认真培养他，充分信任他，所谓“士为知己者死”。各类组织的领导者对人才应知人善任，在工作中对其委以重任，给人才更多的尝试、创新的机会，信任和尊重人才，给予人才发展、晋升的机会，这种人与人之间的信任可以使人才有一种成就感，从而留住人才的心。

首先，领导应以身作则起到表率作用。领导者应做到言必信、行必果，应注意对自身能力的培养与提高，应与人才进行交流与沟通，交流可以拉近人们之间的距离，可以增强下属的信任感和成就感。

其次，在组织内尽力做到公平、公开、公正。在信任关系中，公开是一个很重要的问题，公正无私可以增强人们对信任关系的信心，加深信任的程度。公平、公开、公正是提高人才的稳定性和对组织的信任度的基本要求。建立完备的信任环境是留住高级人才的重要因素，只有充分的信任才能使组织与人才达到双赢的目标。

2. 建立良好的沟通机制

加强与人才的沟通，建立良性的沟通机制，是企业营造和谐气氛的重要措施。上下级之间良好的沟通能激发人才的创造性和培养人才的归属感，并且缓和人才工作中出现的情绪问题。员工在工作中产生一些怨气是难免的，如果管理者能够及时体察，主动坦诚地与人才沟通，将矛盾消灭在萌芽之中，无疑是争取双赢的有效途径。对于新入职的人才来说，组织上的沟通更加必要。在与员工沟通方面，人力资源部门应该发挥作用，成为人才与管理层之间进行沟通的桥梁与纽带。

第八章 科技人才向企业集聚的机制

前文有关人才集聚的分析多是从宏观角度出发的，更多的是对整个经济运行如何实现人才集聚、促进经济发展的论述，而本章则是从市场经济的微观主体角度出发来探讨实现人才集聚的机制建设，这是因为企业是市场竞争的主体，企业科技人才的质量、数量及结构合理程度直接影响着企业的市场竞争力，因此，企业也需要采取有效举措来促进人才集聚，从而实现市场竞争力的提高。

第一节 科技人才向企业集聚现状

改革开放 30 多年来，我国科技人才的数量和质量都有了很大程度的提升，不仅高校、科研机构的人才数量大幅度上升，而且作为市场竞争主体的企业也积极吸引、培养科技人才以提升自己的科研实力。从总体上说，我国的科技人才状况基本满足了国家经济和社会发展的需要。但是，科技人才的分布结构存在着一定的不足，主要表现在企业的科技人才数量相对不足，而科研机构和高校的科研力量并没有得到充分的发挥上，本节就具体来分析一下当前我国科技人才向企业集聚的现状。

一 科技人才向企业集聚的成就

(一) 科技人力资源状况

经过改革开放 30 多年的不懈努力，我国科技体制不断完善，取得了巨大的成就：科技与经济“两张皮”的问题有了根本改观，科技对传统产业的改造和升级、对经济结构的调整及高新技术发展的作用明显增强；科技经费的配置格局朝着以企业为主体的方向发展，推动了企业成为技术创新主体的进程；产学研之间的不断结合大大加速了科技成果的转化、推广和应用；科技服务体系得到完善，逐步形成了组织网络化、功能社会化、服务产业化的科技服务体系。同时，改革极大地增强了科技界的创新意识和市场意识，科研环境也有明显改善。

关于科技人力资源的建设方面我国也取得了比较突出的成绩，为我国的经济建设培养了大批高层次的科技人才，从而满足了经济建设的多方需求。据统计，2007 年中国科技人力资源总量达到 4200 万人，比 2006 年增加 400 万人，增长 10.5 %。其中大学本科及以上学历约为 1800 万人，比 2006 年增长 12.5%。根据美国《科学与工程指标 2008》，2006 年美国具有大学学位的科学工程劳动力总量（相当于中国的本科及以上学历科技人力资源总量）为 1700 万人。中国本科及以上科技人力资源总量已经赶上美国。

中国科技人力资源总量的增长归功于高速发展的中国高等教育。根据历年教育统计数据，截至 2007 年年底中国大专及以上学历毕业生累计约 6700 万人，其中大学本科及以上学历毕业生约 2650 万人，2000～2007 年年均增长速度分别达到 11.4%和 12.0%。中国人口科技素质继续上升。2007 年每万人口中科技人力资源数从 2006 年的 289 人增加到 318 人（图 8-1）。

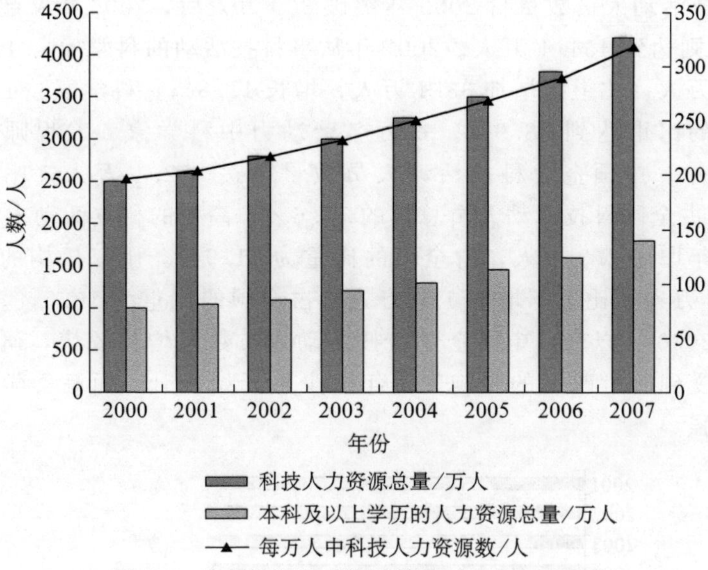

图 8-1　中国科技人力资源总量（2000～2007 年）

资料来源：由《中国科技统计资料汇编》整理

（二）科技活动人员

上一部分介绍的是我国的科技人力资源，主要是说明我国现在拥有了丰富的科技人才储备，但是这些人员并没有都进行科技活动。要想了解科技人员的状况，还需要了解另外一个概念——科技活动人员。

科技活动人员指直接从事科技活动、专门从事科技活动管理和为科技活动提供直接服务的人员，以及累计从事科技活动的实际工作时间占全年制度工作时间 10%以上的人员。它又包括两部分。一是直接从事科技活动的人员：在独立核算的科学研究与技术开发机构、高校、各类企业及其他事业单位内设的研究室、实验室、技术开发中心及中试车间（基地）等机构中从事科技活动的研究人员、工程技术人员、技术工人及其他人员，以及虽不在上述机构工作，但编入科技活动项目（课题）组的人员；科技信息与文献机构中的专业技术人员；从事论文设计的研究生等。二是指专门从事科技活动管理和为科技活动提供直接服务的人员：独立核算的科学研究与技术开发机构、科技信息与文献机构、高校、各类企业及其他事业单位主管科技工作的负责人，专门从事科技活动的计划、行政、人事、财务、物资供应、设备维护、图书资料管理等工作的各类人员，但不包括保卫、医疗保健人员、司机、食堂人员、茶炉工、水暖工、清洁工等为科技活动提供间接服务的人员。

中国科技活动人员数量自 2000 年突破 300 万人后，2006 年又超过 400 万人，2007 年则达到 454.4 万人。2007 年从事科技活动的科学家、工程师总数达到 312.9 万人，比上年增加 33.1 万人，增长 11.8%。科学家、工程师占科技活动人员的比重达到 68.9%。每万名劳动力中科学家、工程师数上升到 39.8 人。其中，中国企业科技活动人员数量已达 352.4 万人，比上年增加 36.3 万人，占全国科技活动人员总数的 77.6%；高校的科技活动人员为 54.2 万人，比上年增加 3.3 万人，占全国的比重为 11.9%。研究机构的科技活动人员为 47.8 万人，比上年增加 1.6 万人，占全国的比重为 10.5%。从图 8-2 可以看出，2000 年以来，中国企业科技活动人员数量增长较快，研究机构科技活动人员受到院所改制的影响先逐年减少后开始回升，而高等学校的科研力量逐年增强。

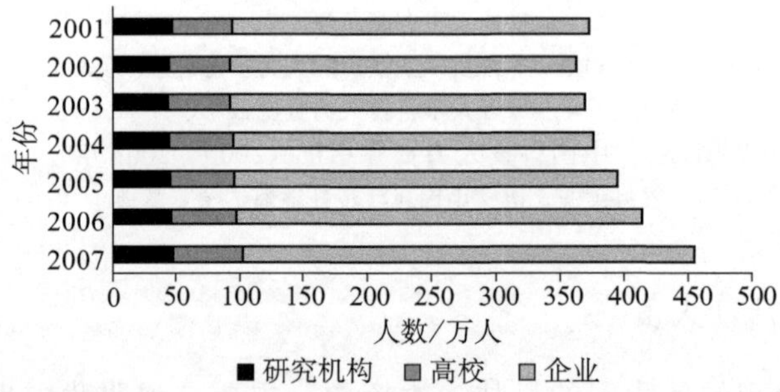

图 8-2　2001～2007 年科技活动人员在执行部门的分布变化

资料来源：由《中国科技统计资料汇编》整理

（三）R&D 人员

R&D 人员是建设创新型国家的核心力量。扩大 R&D 人员队伍规模是实现中国科技发展规划目标的前提条件，是中国政府采取的重要措施。

中国的 R&D 科学家、工程师是指 R&D 人员中具有高、中级专业技术职务的人员，以及虽不具有高、中级专业技术职务但具有大学本科及以上学历或学位的人员。R&D 人员中科学家、工程师所占的比重是反映 R&D 活动质量和 R&D 人员素质的重要指标。2000 年以来，随着大量高等教育毕业生投入 R&D 活动，中国 R&D 科学家、工程师总量增长速度高于 R&D 人员的增长速度，使得中国 R&D 人员中科学家、工程师所占的比重稳步提高，2007 年达到 82.0%（图 8-3）。

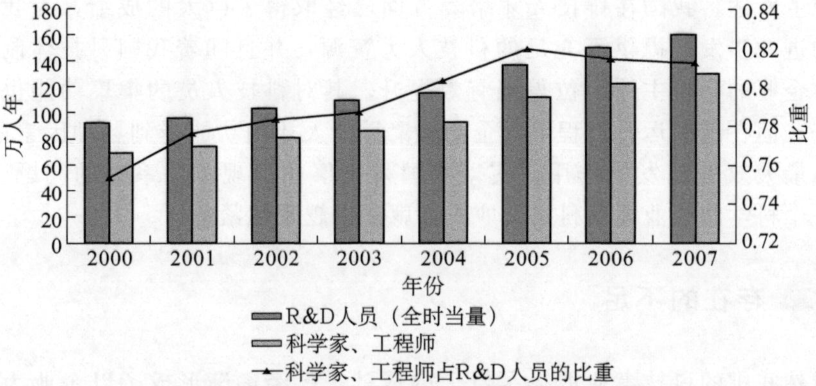

图 8-3 R&D 人员及其科学家、工程师的总量变化趋势（2000～2007 年）

资料来源：根据《中国科技统计资料汇编》整理

企业、研究机构和高校是中国 R&D 活动的三大执行部门。2007 年，中国 R&D 人员在三大执行部门的分布情况是：企业及其他超过 2/3，研究机构和高校合计不足 1/3。全国 R&D 人员的增长主要来自企业的贡献。2007 年，全国 R&D 人员比 2006 年增加了 23.4 万人年，仅大中型企业就增加了 16.2 万人年，占全部增量的 69.2 %。2007 年全国 R&D 人员增长率为 15.6%，而大中型企业 R&D 人员增长率为 23.3%。从 R&D 人力投入看，企业已经成为中国 R&D 活动的主体（表 8-1）。

表 8-1 R&D 人员按执行部门分布（2000～2007 年）

年份	合计		研究机构		高等学校		企业及其他	
	万人年	%	万人年	%	万人年	%	万人年	%
2000	92.2	100	22.7	24.6	16.3	17.7	53.6	58.1
2001	95.7	100	20.5	21.4	17.1	17.9	58.1	60.7
2002	103.5	100	20.6	19.9	18.1	17.5	64.8	62.6
2003	109.5	100	20.4	18.6	18.9	17.3	70.2	64.1

续表

年份	合计		研究机构		高等学校		企业及其他	
	万人年	%	万人年	%	万人年	%	万人年	%
2004	115.3	100	20.3	17.6	21.2	18.4	73.8	64
2005	136.5	100	21.5	15.8	22.7	16.6	92.2	67.6
2006	150.2	100	23.2	15.4	24.2	16.1	102.8	68.4
2007	173.6	100	25.5	14.7	25.4	14.6	122.7	70.7

注：其他是指政府部门所属的从事科技活动但是难以归入研究机构的事业单位

综上所述，我国在科技人才培养方面已经取得了巨大的成绩，为我国科技事业的进一步发展提供了充足的科技人力资源，并且随着我国科技体制改革的推进，企业的科技主体地位得到有效提升，其对科技人员的集聚功能也逐渐凸显出来。但在现实运行过程中，企业集聚科技人才的功能受到各种因素的影响，并没有最大效率地发挥作用，使得我国科技事业出现了一系列的问题。因此，构建一个科学的企业集聚科技人才机制就显得越来越紧迫了。

二 存在的不足

虽然我国的科技事业取得了巨大的成就，已经逐渐形成了以企业为主体的科技创新体系，大量的科技人才已经流向企业。但是，我们通过分析不难发现，现在的科技人才向企业的流动还处于粗放型的状态，虽然在量上已经达到一定规模，但是在质量方面，我们同国外先进国家还有不小的差距。

表 8-2 是对我国 2007 年科技人才结构的一个概括。从表中我们可以很容易地发现，到 2007 年全国科技人力资源数量达到 4200 万人，这是一个非常可观的数字，但是我们需要进一步地分析这一数字的内涵。我们在这里所说的科技人力资源统计数据是从“资格”这个角度进行测算的，即“完成科技领域大专或大专以上学历（学位）教育的人员，或者按联合国教科文组织《国际教育标准分类法 1997》（ISCED 1997）的标准分类，在科技领域完成第五级或第五级以上教育的人员”。这其中学历占了很大的比重，据统计，截至 2005 年，我国本专科学历以上的科技相关专业的毕业生总量已达到 4000 万人，但是这些人力资源并没有成为科技活动人员，即没有真正从事科学事业。

表 8-2　2007 年我国科技人才结构

科技人力资源	本科及以上学历的科技人力资源	科技活动人员	R&D 人员	R&D 科学家、工程师
4200 万人	1800 万人	454.44 万人	173.6 万人	142.3 万人

资料来源：由《中国科技统计资料汇编》整理

从上一节的分析中我们知道，科技活动人员才是真正在社会发展中发挥作用的科技人才群体。2007年这部分科技人员总数达到454.4万人，占总科技人力资源的比重只有10.8%。虽然这部分人有352.4万人（77.6%）分布在企业中，但是总数只有36 252家的大中型工业企业就拥有了220.2万人，占到企业科技活动人员的62.4%，而这部分企业占不到当时全国企业总数的1%。

R&D人员是科技活动人员的主体，他们专门从事R&D工作，是衡量一个国家科技资源的重要指标。我国2007年拥有R&D人员是173.6万人年，其中企业拥有122.7万人年（70.7%），大中型企业拥有85.8万人年(49.2%)。

通过以上对我国科技人才结构的分析，我们可以发现，虽然我国科技人才总量已经实现巨大的飞跃，但是在质量和分布方面还存在着很多问题。其中最主要的一个问题就是，虽然科技人才已经大量流向企业，但是很大一部分流向了占我国企业总数很少的大中型企业。这并不符合我们把企业作为科技创新主体的初衷，影响了我国科技事业的健康发展，使得我国科技事业在发展过程中出现了一系列的问题。

（一）职务发明数量比非职务发明数量少

职务发明是指企业、事业单位、社会团体、国家机关的工作人员执行本单位的任务或主要利用本单位的物质条件所完成的职务发明创造。其申请专利的权利属于该单位。根据《专利法》及其实施细则的规定，职务发明创造包括以下几种情况：①发明人在本职工作中完成的发明创造；②履行本单位交付的与本职工作无关的任务时所完成的发明创造；③主要利用本单位的物质条件（包括资金、设备、零部件、原材料或不向外公开的技术资料等）完成的发明创造；④退职、退休或调动工作一年内做出的与其在原单位承担的本职工作或者分配的任务有关的发明创造。上述情况以外做出的发明创造是非职务发明创造。职务发明创造的专利申请权属于单位。非职务发明创造的专利申请权归个人所有。

根据职务发明与非职务发明内涵与外延的界定我们可以推理得知，职务发明数量的多少代表了一个国家企业创新能力的高低。

虽然不同国家对职务发明与非职务发明在立法模式上存在差异，但是各国职务发明在发明创造中无论是数量还是质量上均占据优势地位。据统计，2002年日本的职务发明占发明总数的97%，其他欧美发达国家职务发明占非职务发明数量的比例一般也达到了95%，而这些职务发明的主体则是本国的企业。

但是中国的情形正好相反。虽然中国职务发明的范畴比日本还要广，且中国采取职务发明直接归属发明人或设计人所在的单位，不需要通过雇佣合同约定或公司管理制度规定来取得职务发明创造专利权，然而自《专利法》实施以来，中国累计职务发明的专利申请量与授权量远远低于非职务发明专利申请量和授权量。从1985年4月至2006年，国内专利申请人申请的中国专利中职务发明仅占37%，而非职务发明占63%，这与发达国家的情况正好相反。

2007年的统计数据显示，当年国内职务发明创造专利申请授权量为133 813件，占44.4%，企业占80.9%；非职务发明创造专利授权量为167 819件，占55.6%；国外职务、非职务发明创造专利申请受理量分别为104 153件和3266件。国内的职务发明专利申请受理量为107 664件，企业占68.6%；实用新型为74 715件，企业占84.8%；外观设计为93 722件，企业占92%。

以上数据显示，我国的职务发明数量占比虽然有所提高，但是与非职务发明数量相比还是有较大的差距，这说明我国还没有真正实现企业成为科技创新主体的战略目标。产生这一现象的原因是多方面的，但最主要的还是和我国重雇主轻发明人的法律法规有直接的关系，加上企业单位缺乏对发明人的相关激励机制，造成发明人职务发明积极性不高。

（二）发明专利占比小

我国《专利法》规定可以获得专利保护的发明创造有发明、实用新型和外观设计三种。专利法所称的发明是指对产品、方法或其改进所提出的新的技术方案。发明人只有将这种技术方案向专利局提出申请，并且通过一系列严格的审查，特别是新颖性、创造性和实用性的审查，才能对符合规定的发明专利申请授予专利权。实用新型专利是指对产品的形状、构造或其结合所提出的适于实用的新的技术方案，保护期是10年。外观设计专利是指对产品的形状、图案、色彩或其结合所做出的富有美感并适于工业上应用的新设计。外观设计是指工业品的外观设计，也就是工业品的式样。它与发明或实用新型完全不同，即外观设计不是技术方案。

就技术水平而言，发明专利的创造性水平要高于实用新型和外观设计，具有巨大的市场经济效益潜力，因此，评估一国发明创造能力和科技竞争力时，发明专利申请量常被视为一个重要的评价指标。

从图8-4可以看出，通过我国政府长期不断的努力，我国专利申请及授权量都有了大幅度的提高，但是从结构上来看，三种发明还是呈现“三分天下”的局面。2007年的统计数据显示，发明专利占总专利数的35%，低于外观设计3个百分点，而且这一趋势还有继续扩大的趋势（图8-5）。

这一点通过分析发明专利的国内外的情况可以发现，国外比国内更加注重科技含量高的发明专利申请。

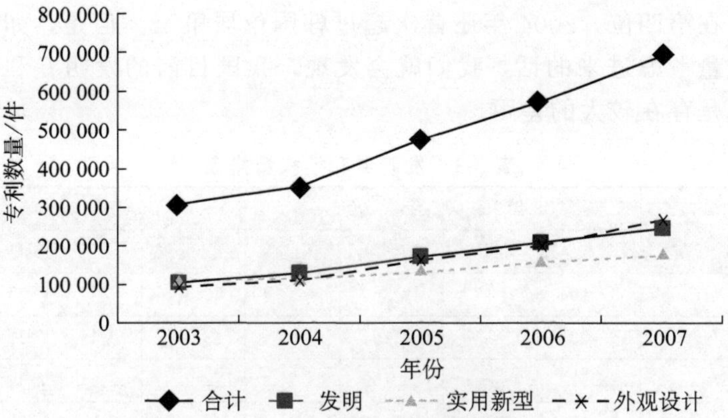

图 8-4　我国专利数量变化图

资料来源：由《中国科技统计资料汇编》整理

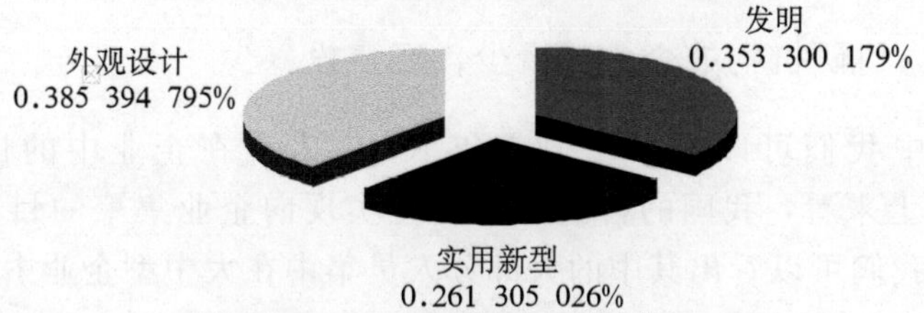

图 8-5　2007 年我国专利结构图

资料来源：由《中国科技统计资料汇编》整理

图 8-6 显示，在总量上虽然国外在中国申请的发明专利数并不多，但是发明专利申请数从 2003 年以来一直占其总申请数的 85%左右，而与我国的 25%形成鲜明的对比。这从另外一个侧面反映出，我国的科研工作将过多的精力放在了科技含量并不多的实用新型和外观设计这两个科技含量并不高、自主创新性并不强的领域，这大大影响了我国科技事业的发展。

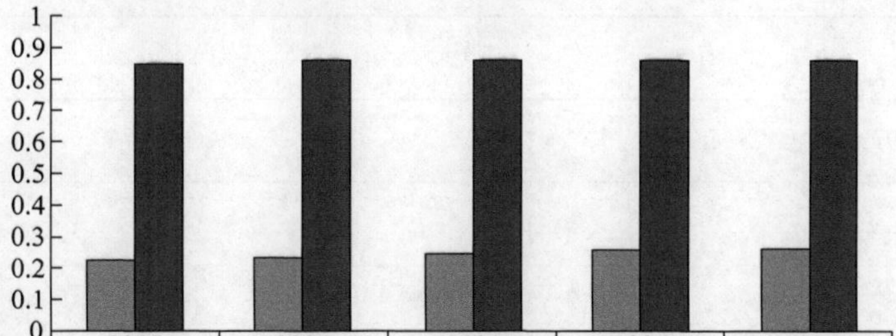

	2003	2004	2005	2006	2007
国内	0.225 957 061	0.235 840 297	0.243 986 147	0.260 061 827	0.260 972 757
国外	0.848 032 28	0.859 518 594	0.857 529 509	0.857 404 022	0.857 399 529

图 8-6　国内外发明专利对比

国内外发明专利占专利申请受理量的比例

通过表 8-3 可以看出，2003 年以来我国的发明专利授权量在国际上的排名基本上保持在第四位，2004 年还首次超过韩国位居第三。但是，如果将我国的科技人员数量考虑进来的话，我们就会发现，我国目前的发明专利能力同发达国家相比还是存在较大的差距。

表 8-3　发明专利授权量排名

国家	2003 年		2004 年		2005 年		2006 年	
	授权量/件	位次	授权量/件	位次	授权量/件	位次	授权量/件	位次
中国	37 154	4	49 360	3	53 305	4	57 786	4
美国	169 035	1	164 291	1	143 806	1	173 770	1
日本	122 522	2	124 192	2	122 944	2	141 399	2
韩国	44 178	3	490 68	4	73 512	3	120 790	3

资料来源：由《中国科技统计资料汇编》整理

(三) 设立科研机构的企业数量少，经费投入少

从表 8-4 中我们可以看出，2007 年 R&D 人员在企业中的比重已经达到 70.7%，从量上来看，我国的科技人员已经实现向企业集聚的目标，但是通过表 8-4 的分析我们可以看出其中的大部分人员集中在大中型企业中。

表 8-4　大中型工业企业主要科技指标

指标名称	2002 年	2003 年	2004 年	2005 年	2006 年	2007 年
企业总数/家	23 096	22 276	27 692	28 567	32 647	36 252
设有科技机构企业的比重/%	25.3	24.9	23.36	23.7	23.2	24.3
科技活动人员/万人	136.7	141.1	144.9	167.9	189.2	220.2
科技活动人员占从业人员比重/%	5	4.5	4.1	4.49	4.4	5
科技活动科学家、工程师/万人	81.3	87.3	84.2	103.1	117.55	140.1
R&D 人员/万人	42.43	47.81	43.82	60.6	69.6	85.8
R&D 人员占从业人员的比重/%	1.57	1.54	1.25	1.62	1.63	1.96
R&D科学家、工程师/万人		34.63	32.7	47.73	54.22	68.17
科技经费筹集额/亿元	1 213.03	1 588.61	2 091	2 665.8	3 300.79	4 312.6
科技经费支出/亿元	1 164.07	1 467.77	2 002.05	2 543.3	3 175.8	4 123.73

续表

指标名称	2002 年	2003 年	2004 年	2005 年	2006 年	2007 年
新产品开发经费支出/亿元	509.2	639	821	1 457.2	1 862.9	2 453.3
科技经费占主营业务收入比重/%	1.73	1.52	1.49	1.54	1.5	1.58
R&D 经费支出/亿元	560.2	720.77	954.4	1 250.29	1 630.19	2 112.46
R&D 经费占主营业务收入比重/%	0.83	0.75	0.71	0.76	0.77	0.81

资料来源：2003～2008 年《中国科技统计年鉴》

通过分析我国大中型工业企业的主要指标我们可以发现，在这些上规模的企业中设有科技机构的比重从 2002 年以来一直在 24%左右徘徊，科技活动人员占其从业人员的比重也一直在 5%以下，而 R&D 人员的比重更低，2007 年没有超过 2%。科研经费支出占主营业务收入的比重也非常低，不管是科技经费还是 R&D 经费都没超过其主营收入的 2%。

这 36 252 家大中型企业所拥有的 R&D 人员数已经占到全国总数的 49.4%，而这些企业占我国企业总量的比重不超过 1%，说明我国大量的科技人才向大中型企业集中。

以上数据表明，我国拥有自己的科研机构的企业数量较少，科技人员占从业人员的比例更是低。这一现象产生的后果就是前面提到的：职务专利少于非职务专利。这一现象也说明目前我国的企业还是注重营销这一短期目标，还是没有认识到 R&D 对企业长期的战略意义，如果这一现象继续发展下去，那么将企业变为自主创新的 R&D 主体也将是一项空谈了。

造成这一现象的原因是多方面的，如企业追求短期目标、实力差、风险高等。但是，最主要的原因还是我国并没有形成鼓励自主创新的环境。虽然我国很早就已经明确提出将企业作为科技创新的主体，但是在现实的操作过程中并没有真正从科技企业的需求着手，为它们提供一个良好的环境。

世界上创新能力最强的美国的做法值得我们学习。美国创新体系最突出的特点，是让企业成为技术创新和产业化的主体。2006 财年，美国政府 R&D 预算为 1320 亿美元，而私人企业的 R&D 预算将达 2000 亿美元。为了争夺和巩固市场，美国企业历来把创新视为提高竞争力的关键手段，除了 Microsoft、Google、IBM 那样知名的公司，还有很多企业同样舍得花钱，依靠层出不穷的新产品、新工艺在市场竞争中保持不败地位。

（四）高科技人才流失严重

中国科协发布的我国第一份《中国科技人力资源发展研究报告》显示，改革开放以来，我国出国留学人数除少数年份稍有回落外，一直呈持续上升趋势，尤其是进入21世纪后，留学人数迅速攀升至10万人以上。

我国出国留学人员总数累计已达90余万人，分布在全球100多个国家和地区，攻读的专业几乎涵盖了全部现有的学科门类。其中赴美留学的人数一直居于首位并且保持连续增长，占出国留学人员总数的一半以上。据不完全统计，毕业后在海外谋求发展的人员也多数选择了美国。

在出国留学的学生中，名牌大学的优秀学生所占比例最高。有关调查显示，1985年以来，清华大学涉及高科技专业的毕业生80%去了美国，北京大学这一比例为76%。以2000年北京大学毕业生为例，直接出国留学的有751人，占毕业生总数的20%，其中有587人选择了美国，比例高达78%。2000年清华大学毕业生直接申请出国的更是突破千人大关，以后每年都持续增长。

调查显示，2000～2003年，在美国获得自然科学和工程博士学位的中国学生有10 089人，有留美意图的比例达92.5%。据报道，美国硅谷20万名工程技术人员中就有6万多名中国人。35%的硅谷软件公司的技术主管和实验室主任是华人。IBM的11个研究所里的研究工作人员近50%是华人。2001年美国从海外引进的11.5万名高级科技人才中中国人占10%。中国也因此成为美国雇佣的外国出生的科学家、工程师最多的国家之一。

在庞大的留学群体中，学成归国的人员不到1/3，2/3以上的人选择在国外发展。但从总体上看，除个别年份外，我国留学归国人员的数量在逐年增加，2003年首次突破2万人，2005年学成归国的人数已经达到3.5万余人。

20多年来，我国向欧美各国的移民数量持续增长。据不完全统计，截至2003年，在中国出生而移居美国的人数多达29.48万人。预计在今后一段时期内，我国仍将扮演科技人力资源输出大国的角色。

（五）国际专利申请数量少

由于国际专利申请要求比较严格，国际专利的申请成功标志着一国的专利技术的质量，并进一步代表着一个国家和企业在国际上的科技竞争力。

《国际专利合作条约》（PCT）是一个旨在便利申请人向各缔约国申请专利的国际条约。按条约规定，任何缔约国国民都可以向其本国专利局或其代办受理国专利局提交国际专利申请。

根据世界知识产权组织的统计，2008年华为技术有限公司（简称华为）凭借1737件PCT申请，跃居单个公司申请国际专利总量排行榜榜首，比位居第二位的日本松下公司多8件。然而，尽管“全球第一”之位首度被华为摘得，但中国企业整体在全球专利排名中仍非强劲，而且除了华为、中兴两家通信设备商外，并没有其他行业的中国企业榜上有名；中国6089项专利申请中，来自此两家公司的就达 2066 项，超过了总数的 1/3。可见，我国企业在国际专利申请竞赛中的优势只是一种个体行为，要实现总体的优势还有很长的路要走。

此外，各国往往把较重要的发明专利拿到美国申请专利，因此各国或公司获得美国发明专利的数量实际上是一个国家专利技术质量的重要的标志。中国与韩国在美国申请专利数量相差很大，反映出了我国专利申请质量是比较低的，甚至远远低于韩国三星电子一个公司在美国的授权量。华为作为我国在美国获得专利最多的企业，一年也只有几项而已，这说明我国发明专利申请中商业价值低的非核心技术较多，真正能给企业和国家带来竞争优势、有商业价值的创新技术则很少，其中还有一些是经不起竞争对手攻击的“垃圾专利”。这些“垃圾专利”很大程度上不可能实施，却在国内发明申请总量中占据了一定比例。

第二节 企业人才集聚不力的原因

国外的人才一般都是在企业中就业，部分留在高等院校和科研机构中工作，很少愿意到政府机构中任职。而我国的情况与之有很大差异，科技人才愿意到企业中就业的很少，之所以出现这种现象，主要是因为下述原因。

一 收入分配机制

一般来说，收入在吸引人才方面起到了决定性的作用，这是对人才自身价值衡量的最直接的标准。而在我国特定的文化背景下，收入并不是直观意义上的基本工资收入，还可以把社会地位、稳定性、福利水平等因素包括进来。下面我们来分析一下我国政府机关、事业单位和企业之间的具体收入问题。

（一）初次分配差距过大

劳动报酬指的是劳动者在一定时期内（一般指一年）获得的货币工资额，它是劳动者最基本也是最主要的收入组成部分，是劳动者就业取向的重要参考指标。

图 8-7 是按企业单位、事业单位和机关单位来细分的我国城镇单位就业人员的平均劳动报酬的变化趋势。从走势我们可以看出机关单位的收入远远超过其他两个部门，事业单位虽然与企业差距不是很大，但是也是超过社会平均水平的，只有企业单位的收入是低于平均水平的。

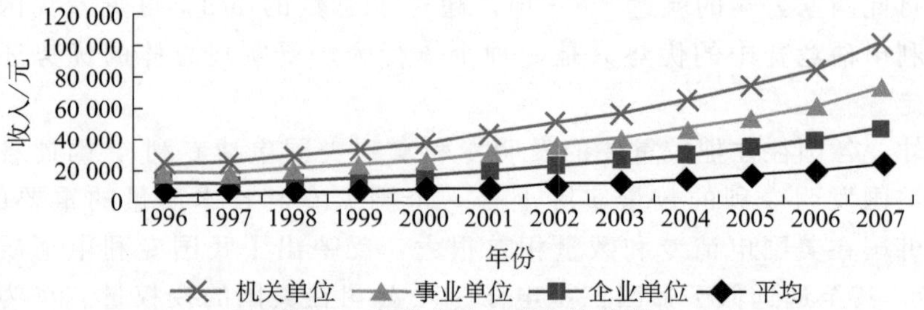

图 8-7　各单位收入变化趋势图

资料来源：由国家统计局历年《中国统计年鉴》数据整理得出

通过图 8-8，可以更加细致地看到企业单位与其他两个部门的收入差距在不断地扩大，尤其是 2007 年，我国城镇就业人员平均报酬为 24 721 元，但是，企业单位平均报酬只有 23 943 元，而事业单位平均报酬为 25 461 元，机关单位平均报酬为 28 340 元，都远远大于企业单位就业人员的报酬水平。

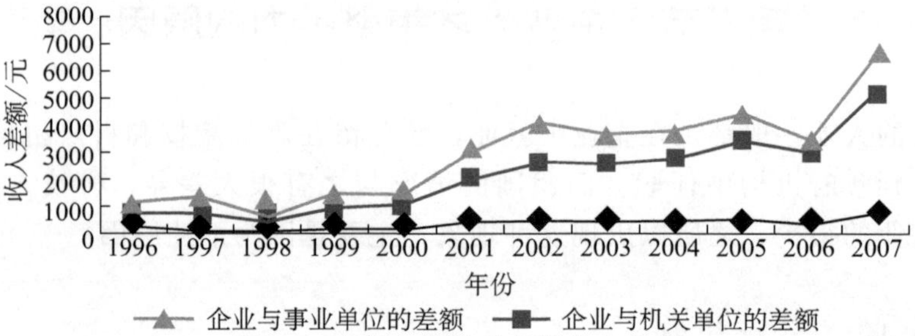

图 8-8　企业与其他单位的收入差额

资料来源：由国家统计局历年《中国统计年鉴》数据整理得出

由上述两部分的分析我们就可以清晰地看到，我国企业职工的平均报酬在三个单位中是最低的。这虽然不能说明科技人员的收入水平，但是这样的现状会影响科技人才的就业取向，每年大量的优秀高校毕业生报考国家机关、事业单位就是有力的证据。

经过 20 多年的不断探索，我国公务员的选拔终于选定“凡进必考”的模式，而且随着竞争程度越来越激烈，进入国家公务员队伍的难度越来越大。2009 年国家公务员报名通过审核的人数创纪录地超过了 105 万人，但录取率不足 2%。这不到 2%的录取者可以说是非常优秀的一个群体，但隐含的问题是，这些被录取者很有可能在工作中并不能发挥其专业特长。

上面分析的只是公务员招考的国家级部分，剩下的省市级别的公务员、各事业单位招考的工作人员数量加起来也是相当可观的。而这部分工作人员往往代表较高的专业素质，但是由于工作性质的因素，其并不能很好地发挥其创造能力。

即使在企业中，国有企业的待遇也是比较高的。表 8-5 和图 8-9 表明，我国 2007 年国有企业职工的平均收入是最高的，比企业平均水平高出 1605 元。通过分析历史数据，我们可以发现这一差距有不断扩大的趋势。

表 8-5　2007 年企业、事业及机关单位职工报酬

项目	平均收入	国有	城镇集体	其他
全国总计	24 721	26 100	15 444	24 271
企业单位	23 943	25 548	14 745	24 269
事业单位	25 461	25 690	19 589	24 502
机关单位	28 340	28 351	20 993	

资料来源：《中国统计年鉴（2008）》

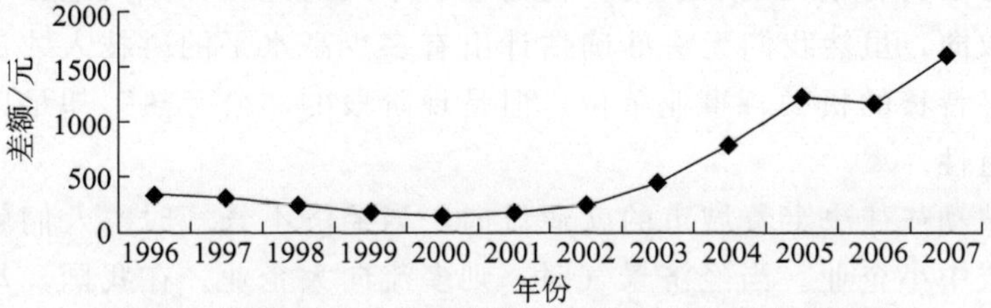

图 8-9　国有企业职工平均收入与企业平均水平差额图

资料来源：国家统计局历年《中国统计年鉴》

（二）社会福利不统一

除了收入方面的差距之外，企业与机关和事业单位的差别还主要表现在社会保障方面，尤其是在养老保障和医疗保障方面。

我国机关和事业单位实行的是单独的养老金制度，它与我国现行的城镇企业养老保险是不一样的。政府和事业单位职工养老保险费用由国家和单位负担，个人不缴费，养老金标准以本人工资为基数，按工龄长短计算发放。政府公务员退休后，基础工资和工龄工资全额发给，职务工资和级别工资按比例发给。事业单位人员退休后，按基础工资和岗位工资两项之和的一定比例发给。

这一制度差异造成了机关和事业单位职工与企业职工的退休金数额产生了较大的差距。据清华大学养老金工作室主任杨燕绥教授分析，一名事业单位的工作人员，在职工资是每月 5000 元，按现行制度，那他退休后最少应该拿到 4000 元，因为现行的标准是按最后工资的 80％来算。若他有 35 年以上工龄，还可能达到 90％。若改按企业的方式来计发，可能就 2000 元左右（有的比这还低）。据她测算，现在的企业养老金的平均替代率大约是 50％，机关要比企业高出 1.1 倍，事业单位要高出 4/5。

一方面机关、事业单位职工不需要缴纳养老保险金，另一方面他们领取养老保险金的替代率还比企业高出许多，这对于一个理性的人来说不能不说是一个巨大的诱惑，大量人员对政府机关和事业单位趋之若鹜，持续不断的公务员招考热便是明证。这一方面导致政府机关和事业单位难以裁减冗员，并加重了政府机构和事业单位的负担。另一方面，也阻碍和抑制了大量有才能和创造性的公民投身于企业、服务业及能直接创造财富的其他行业中。

另外，以往的机关、事业单位现在也实行与企业不一样的医疗保障制度，即公费医疗制。虽然2009年的新医改已经进行了改革，但是政府财政为公务员建立起来的医疗补助仍然要比企业职工有保障得多。

除了上述社会福利方面的优势之外，机关、事业单位还在工作稳定性、社会地位等方面具有很大的吸引力。正是这一系列的差距，大大地影响了社会大众的择业取向，虽然我们无法准确估计出有多少高水平的科技人才流向了并不能发挥自己特长的机关、事业单位，但是现阶段的“公考热”却足以说明这一问题的严重性。

经济波动往往决定着城市的就业流向，当经济不景气时，人们就业多流向机关单位或中小企业。当经济景气时，则多流向大企业。在我国，却并没有依照这样的规律，近两年，在国家经济持续增长的情况下，国有大中型企业和公务员队伍始终是就业热点，就业流向跟经济波动没有必然联系。这说明我们国家的就业引导工作做得不够好，说明就业市场的平衡指挥棒没有发挥其应有的作用。对此，政府部门应该加大其引导作用。

二 企业因素

我国将企业作为科技创新的主体，但是通过上面的分析我们发现，企业虽然在这一过程中发挥了很大的作用，但是要让企业成为国家真正的自主创新主体还有很长的路要走。这一现象的原因主要有以下两点：一是我国企业实力不强；二是我国企业缺乏形成科技创新的环境。

（一）企业创新模式的博弈分析

随着我国参与全球竞争的不断深入，我国的企业与国际市场的接触越来越密切。但是由于我国企业发展起步晚，自身积累不够，面对国内国际日益膨胀的需求市场，我国企业走了一条“引进—模仿、改进—落后—再引进”的技术路线。接下来我们将通过博弈论的原理来分析我国选择这一模式的原因。

1. 基本范畴分析

模仿创新是指通过模仿竞争者的技术，充分利用企业现有资源，改造企业现有的技术水平，实现企业相对技术改进的二次创新行为；自主创新是指建立在竞争者现有技术水平之上的技术突破，超越竞争者的原发型创新行为。模仿创新与自主创新作为企业技术创新的两种选择模式，其特点如表 8-6 所示。

表 8-6　模仿创新与自主创新模式比较

项目	模仿创新	自主创新
创新内容及幅度	依托于学习模仿实现二次创新； 创新幅度小； 很难超越竞争者	依托自主突破实现首发创新； 创新幅度大； 可能超越竞争者
企业市场地位	市场跟随者或市场补缺者	市场领先者或市场挑战者
资源要素投入	R&D 资源投入少，成本低	R&D 资源投入较多，成本高
创新风险因素及可能结果	技术风险小，市场风险小成本小	技术风险较大，市场风险较大，收益高，可能实现技术竞争锁定

本书用企业的市场地位来代表企业的实力，企业的市场地位以企业在其所在的行业中所占有的市场份额为划分标准。另外，所以我们假设市场中只有两家企业 A 和 B。所以，A 和 B 的市场地位存在着两种关系：一是其中一家企业的市场份额大于另外一家的市场份额，即两家企业实力不等（$A>B$ 或 $A<B$）；二是两家的市场份额一样大，两家企业势均力敌（$A=B$）。一般而言，企业的市场份额占有率也大，其实力也就越雄厚，抵御创新活动的风险能力也就越强，实力较强的企业为了进一步占领市场，对创新活动投入也就越高，所以企业越倾向于选择自主创新模式。相反，实力比较单薄的企业，由于资源的限制，其抵御风险的能力较低，一旦创新活动失败，其当前的市场地位也可能不保，而且企业对技术创新活动的投入也有限，所以企业倾向于模拟市场领导者的技术。但是，如果两家企业的实力相当，企业是否选择自主创新模式还取决于企业进行创新活动的风险性、投入成本和收益等多方面的权衡。

综上所述，企业对创新模式的选择是基于寻求企业在市场中更有利的地位。不过，企业技术创新活动与企业市场地位有较大的联系。本书将通过分析处于不同市场地位的企业对技术创新模式选择来回答这一问题。

2. 企业实力不等情况下的博弈模型

假定市场上只存在两家企业 A 企业和 B 企业，若两厂商沿着相同的路径进行自主技术创新，若同时成功，两厂商分别获得 qA 和 qB 的收益；qA 和 qB 分别表示两家企业都在模仿竞争对手的技术所获得的基本收益；β（B/A）表示 A 企业进行创新时，B 企业模仿其技术，搭便车所获得的额外受益；β（A/B）表示 B 企业进行技术创时，A 企业搭便车获得的额外受益。两家企业的收益见表 8-7。

表 8-7 不同实力企业博弈模型

A企业 \ B企业	自主创新	模仿创新
自主创新	(qA，qB)	(qA，$qB+\beta$ (B/A))
模仿创新	($qA+\beta$ (A/B)，qB)	(qA，qB)

假设 A 企业的实力大于 B 企业，一般有 $qA>qB$，这是由于 A 企业的市场占有率大于 B 企业的市场占有率，所以无论 A、B 企业是同时进行自主创新还是都进行模仿创新，A 企业的收益均大于 B 企业。同样由于 A 企业的实力大于 B 企业，一般有 β (B/A) $>\beta$ (A/B) >0，这就给小企业搭便车足够的刺激，而且在 A、B 两企业实力悬殊太大的情况下，β (A/B) 几乎趋近于零，因为大企业很难得搭上小企业的便车，即有下述不等式：

$$qA>qA+\beta\ (A/B)\ >qA \tag{8-1}$$

所以，对于大企业而言，创新是其最佳的选择；但是对于小企业而言，收益存在着两种可能的情况

$$qB+\beta\ (B/A)\ >qB \tag{8-2}$$

$$qB>qB+\beta\ (B/A)\ >qB \tag{8-3}$$

当式（8-2）成立时，B 企业进行模仿创新是其最佳的选择，此时的纳什均衡是（自主创新，模仿创新）；当式（8-3）成立时 B 企业进行自主创新是其最佳的选择，此时的纳什均衡是（自主创新，自主创新）。所以，B 企业是否愿意主动创新，主要取决于其搭便车获得额外利益的多少。

由上述分析可知，当两家企业实力不等时，为了巩固市场优势地位，大企业倾向于进行自主创新，这一策略也符合大企业对收益最大化的追求；然而，小企业可以在模仿创新和自主创新之间进行选择，选择的依据是模仿大企业的技术所获得的搭便车收益 β (B/A) 的大小。

3. 现实分析

我国的企业是从 20 世纪 80 年代中期逐渐发展起来的，到目前为止其发展的时间不到 30 年。随着我国经济制度改革的推进，虽然企业得到长足的发展，但是在这么短的时间内我国的企业积累是十分有限的，这就决定了我们需要走一条模仿创新的路。

中国企业的比较优势是廉价劳动力和“非常善于做市场”，能够针对本土消费者进行特色设计和服务。而自主研发则需要很大的资金投入，据 2007 年规模以上工业企业的统计数据显示，拥有研发机构的企业的平均科技经费为 4000 万元，仅此一项就会使很多企业对自主创新望而生畏，更不要说还包括研发人员、设备及研究风险这些成本了。

这一现状并不能完全归罪于中国企业，企业是市场参与者，它的选择是市

场行为。技术研发需要长期大量的投入和人才的培养，并面临巨大的风险。

技术的产生到成熟需要时间，在一个自由竞争的开放市场中，如果企业坚持自主技术研发，必然面临技术的不成熟性，从而导致丧失市场份额，难以在市场中生存。

企业作为追求利益最大化的经济体，在综合考虑了风险与收益后，会选择对自己有利的方式，那就是靠引进国外的成熟技术获得短期收益。那么是不是说在中国目前的国情下，企业要想比较好地发展就必定要走引进模仿的道路呢？答案是否定的，华为的例子就是最好的证据。作为中国电信业的标杆企业，华为的成功屡屡为人称道。在2007年华为以125.6亿美元的实际销售额跻身全球电信设备商前五。而在2008年全球经济疲软的情况下，华为仍在全球市场上实现了稳健的增长。来自华为的消息称，华为全年的合同销售额达到233亿美元，较2007年同期增长了46%，其中来自海外市场的贡献占到75%。

华为的持续创新实力来自其庞大的研发团队和持续的研发投入。据统计，华为在全球拥有14个研发中心，在87 502名员工中，研发员工大约占一半。华为每年将超过10%的销售收入投入研发，其中10%用于预研，从而保证“客户需要什么华为就能拿出什么”。同时这也带来了华为在专利与标准上的优势，2007年的数据显示，华为PCT申请量居全球第四、通信领域第一，累计申请专利达35 773件。目前华为已经加入了91个国际标准组织，参与各类通信标准的制定工作，是全球第五大UMTS3G基础专利拥有者。

通过上面的分析我们可以认为：我国目前存在的自主创新能力低的问题是政府和企业两方面的原因造成的。要想增强企业的创新能力，需要从政府引导和企业自身规划两方面入手，构造一种良好的科技发展机制。

(二) 缺乏吸引高科技人才的环境

美国哈佛大学的一项研究结果表明，企业要想吸引和留住高层次人才需要从四个维度入手：品牌、机会、目标和文化。下面是对这四个因素在现实中的作用的简单概括。

1. 品牌

一般来说，发展中国家的雇员在发展时期不太关心未来的事情，但是，现在这一情况有了一些改变，他们的工作目的已不再是赚钱这么简单了。他们开始关注品牌，尤其是当这一品牌有一种令人振奋的力量时，会使他们自我挑战成为领导或帮助公司在世界上成为一个伟大的企业。

2. 机会

机会在发达国家和发展中国家有着同样的含义：具有挑战性的工作，广泛的放权，持续的培训和发展机会，具有竞争力的薪酬。在新兴投资国家，机会对于员工来说还包括加速向高级职位晋升。对于一个优秀的员工来说，他们也并不只是仅仅专注于职务的纵向提升，只要他们的技能提高和经验积累能和市场同步，他们也乐于职位横向的变动。

3. 目标

新兴国家的求职者比较倾向于那些能够改变商业模式的企业，在这些企业里面，他们可以作为一分子来重新定义本国甚至是世界的经济。另外，很多求职者经历过贫穷，所以他们也被那些关注弱势群体的企业吸引。

4. 文化

企业文化的作用在新兴国家有几个比较独特的特点。首先，企业承诺必须是真实可靠的；其次，员工必须是按照成绩来奖励的；第三，虽然员工都希望企业能认识到他们的个人成就，但是他们仍然希望有一个相互联系的团队；最后，公司文化必须是真正地以人才为中心，这样的话他们才会感到自己对企业的成功是至关重要的。

通过对大量企业案例的深入分析，他们发现，这四个因素是在两个指导性的原则下被有机地联系在一起的：承诺的制定（综合了品牌、机会和目标三个因素）和承诺的保持（主要是雇员在日常的工作中感受到的）。这四个因素在企业的人才管理方面都起着关键作用，但是，它们在吸引和留住人才方面所起的作用却是不一样的。很多大公司依然认为靠着丰厚的报酬和知名品牌就可以解决公司的人才问题，但是，那些为员工提供了更多机会、具有令人向往的企业文化的企业在人才管理方面显然更胜一筹。

不同的员工重视的东西是不一样的，所以企业需要根据不同的市场环境变换自己的策略。在不同的人群中，有时机会比目标显得更加重要，个体的偏好也是有很大差别的。但是，抛开具体企业的情况，一种适用于一切企业的基本原则还是存在的。

本书将吸引人才称为承诺制定阶段，他们用了联想的例子来说明品牌、机会和目标对人才的强大吸引力。2005 年，联想收购 IBM 的个人电脑业务，从而成为全球第三大个人电脑企业。1994 年，联想的创始人柳传志预测联想将会是一个伟大的公司——这在 20 世纪 90 年代初期是一个令人震惊的信念。“在那个时代，中国没有几家伟大的公司，所以传志的远景使得联想脱颖而出”，联想大中华区经理及高级副总裁陈少鹏说，“在中国，最伟大的蓝图就是联想的雄心和远景。”对 IBM 的收购给联想带来了晕轮效应，中国的员工为中国能够购买美国巨擘的一部分而感到非常骄傲。联想的品牌吸引有梦想的员工的过程中起到了很重要的作用，这些人都有自己的职业规划，而不单纯地看重具体的工作职位。联想已经成为这些人才工作单位的首选。

另外，联想还在它的品牌承诺中注入全球视野概念：要想成为伟大的企业就必须在全球范围内进行发展。这就意味着机会。联想前首席执行官 Bill Amelio 认为联想对于每一个员工来说是“没有天花板的舞台”。为了贯彻这种全球精神，联想高层会议的地点并不固定，而是辗转于中国北京、中国香港、新加坡、法国巴黎及美国罗利。Amelio 说：“不必让他们都来找我，我去找他们。”联想的品牌承诺让员工相信国际不是问题，只要你展现出你的能力和眼光，你的发展将是没有限制的。“联想的竞技场是平的。”

本书将留住人才称为承诺实现阶段。在这一阶段中企业文化起着至关重要的作用。比如企业为员工提供的职业生涯规划，英才式的教育培训，“员工第一，顾客第二”的理念，领导力的开发等，这些因素都给员工提供了一个良好的工作氛围，能激发其工作热情。

在目前大多数的中国企业中，这四个因素并没有被充分认识，并不是企业不想这样做，而是没有能力这样做。这其中最直接的一个原因还是企业实力差、寿命短及长期的低水平技术模仿使其并不重视自有技术的研发。

第三节 实现人才向企业集聚的对策建议

一 完善我国收入分配机制

通过上一节的分析，我们发现我国企业职工的收入与机关、事业单位的收入相比存在着较大的差距，从而导致大量的高素质人才流向了机关、事业单位，影响了我国科技人才向企业的集聚。一般来说，企业科技人才的待遇是由企业自身的经营状况决定的，但是由于我国分配机制存在的缺陷，造成了初次分配及再分配的不公平现象，对我国科技人才的流动产生了负面的导向作用。要想改变这一现状，就需要从分配机制角度来入手，彻底消除我国不同群体间的收入差距问题。

(一) 重视并提高初次分配的公平性

我国收入分配政策的原则是：初次分配注重效率，再分配注重公平。一般来说，资源的占有和配置、市场的准入等因素决定了初次分配的起点。由于历史因素，我国企业存在着国有与非国有、垄断性与非垄断性的差别。政府拥有过大的资源支配能力而且缺乏有力的监督机制导致资源过分集中到国有企业与垄断性行业。这些是我国目前初次分配不公的主要原因。

政府在垄断性行业中起主导性作用造成了初次分配的不公平。垄断性行业本来就有先天的支配资源的优势，对此各国都制定了相关的反垄断法来限制其过度占用社会资源，而我国由于政府在其中的利益而改革缓慢。而在初次分配中机关事业单位与一般民营企业相比并没有太大吸引力，而垄断性行业则恰恰相反。因此加大垄断性行业的改革力度，在调节收入差距、建立正常的人才引导机制方面将会发挥正的效应。

在我国特殊历史背景下，其实反垄断的核心就是反行政垄断。这应该从体制上转变政府的职能，实现政府与一般性的垄断企业分开，使其之间的职责彻底分开。行政垄断的背后是行政权力，权力如果不从市场的竞争领域退出，政府不从直接管理和干预企业的职能中转变出来，反垄断只是一句空话。另外还需要加大反垄断法的执行力度，完善全国统一的市场竞争格局，建立完善的市场竞争机制。将市场化改革从一般竞争性领域推向基础部门和公用事业领域，不仅可以为非公有制经济的发展提供广阔空间和促进这些部门的发展，而且有利于消除垄断部门与竞争部门的收入差距，减少因行政垄断产生的“设租”和“寻租”行为，促进初次分配的社会公平。

（二）建立公平的统一的社会保障制度

社会保障是收入再分配的主要内容，我国再分配的原则是体现公平，但是在现实的运行过程中，我国社会保障制度却导致了人们收入差距的扩大。我国城镇社会保障制度主要存在两方面的问题：一是覆盖面不足，城镇中还存在着民营企业社会保障覆盖率和保障水平低的问题；二是制度不统一，企业与事业单位的社保制度存在差别，即社会保障实质上实行的是“双轨制”。这些都拉大了不同部门就业者的收入差距，我国作为社会保障水平不高的国家，这部分的收入还是很有吸引力的，在人才的流动方面会起到很大的导向作用。

在社会保障体系中养老金是最重要的一块，因此改革我国现行养老保险制度迫在眉睫。改革现行养老保险制度的一条基本原则应该是让企业的养老金向事业单位的养老金靠，提高工人的生活待遇，让其充分享受我国改革开放的成果。

按照全国人大代表程恩富的观点，我们应该立即制定“机关、事业和企业三单位联动的养老保险制度改革方案”，可参照“双层养老保险制度”的模式，其基本思路如下。

第一层制度：建立统一的城镇职工养老保险制度，实行养老保险统一运营。在缴费上，要按照社会统筹与个人账户相结合的原则，像企业一样为机关、事业单位工作人员建立基本养老保险个人账户，以便与企业养老保险制度相衔接。在统一制度内，要保证所有退休人员均享受同等的退休待遇，即机关、事业和企业人员的退休养老金占工资的比例应相同。

第二层制度：在统一的城镇职工养老保险之外，建立机关、事业单位补充养老保险制度，使机关、事业单位的养老保险结构形成两个部分，第一部分是基本养老保险，是基础；第二部分是补充养老保险，是补充和提高。以此保证机关、事业单位人员养老待遇不降低，同时又不造成在统一制度内与企业人员之间的待遇不平等。

在上述模式中，为机关、事业单位人员增加一块补充待遇，是工作性质所带来的待遇差别，是科学发展和改革中“成果须分享”与“福利须增加”原则的体现，显示出机关、事业与企业三者之间的公平与公正。由于机关、事业单位与企业并轨统一，在统一制度内部不存在原有的待遇差别。同时，由于改革仅是对原有退休金制度的替代，并不会增加现有财政支出压力。

二 改善企业自主创新的宏观环境

我国的科技规划中早已把企业作为自主创新的主体，经过长期的改革我国企业的自主创新能力有了大幅的提高，但我国企业的创新能力还是整体偏弱。为进一步提高其创新能力，企业需要增强其创新主体意识，加强创新能力建设，培育企业创新文化。政府也有责任为企业提供一个良好的制度环境来支持其开展自主创新活动。

（一）政府加强知识产权的保护

企业的自主创新一方面要有大量前期的投入，另一方面还要面临巨大的市场风险。因此要想鼓励企业进行创新活动，就要对其成果进行有力的保护，使其得到高额的回报。这就对我国企业自主知识产权的保护提出了较高的要求，政府应尽快完善相关法规，加大执法力度保护知识产权。另外在微观操作方面也需要对保护知识产权的方式进行改善，比如为了降低被保护者的成本，可以适当调整专利申请的费用及年费的标准，还可以对侵权诉讼周期作适当调整。此外，政府应该为企业提供完善的知识产权服务体系，让企业尤其是中小企业能更加方便地进行自主创新，其中最主要的是加大对知识产权公共信息网络建设和服务的投入。

（二）要通过规划和协调促进技术链的整体突破

现代产业技术通常以技术链的形态存在，单项技术创新很难取得效益，需要技术链的整体突破。因此，要引导和协调企业在创新活动中的分工协作，建立和发展企业创新战略联盟，促进形成以大企业为龙头的创新链。中小企业则可通过参与大企业的分工协作，获得大企业技术扩散的效益，使处于技术链不同环节的企业都能分享创新收益，推动行业关键技术的整体突破。

（三）要加大对共性技术的投入和供给

加强财政直接投入共性技术研发的立法工作，明确政府支持共性技术研发的责任和义务；加强对共性技术研发的有效组织，优先支持战略性共性技术和关键共性技术；通过政府采购方式，促进共性技术的转移和扩散，发挥共性技术的社会经济效益。

另外，国家科技计划和重大科技项目，特别是具有市场应用前景的项目，也应以企业为主体，由企业牵头申报和组织，形成由企业牵头实施国家重大科技项目的机制，同时使项目更好地面向产业发展和市场需求。还应支持企业建立研发机构并加大研发投入，在有条件的企业，建立国家工程技术中心和产业化基地，吸引科技人才向企业流动，培育一批集研发、设计、制造于一体并能提供系统集成服务的大型企业；支持和帮助企业提高研发人员水平，通过财政补助等形式鼓励大学和科研院所吸纳企业研发人员参与科研活动。

（四）促进企业自主创新的激励政策

财税方面，要逐步推进实施消费型增值税，加大企业研发投入的税前抵扣，允许企业加快研发设备的折旧，继续完善和实施促进高新技术企业发展的税收优惠政策。金融方面，要引导各类金融机构支持企业的自主创新与产业化，继续推进创业板市场建设，鼓励有条件的高科技企业在中小企业板上市。政府采购方面，要把具有自主知识产权的产品纳入政府采购优先目录，使用政府资金的采购活动和国家重大项目建设，都要优先采购具有自主知识产权的产品，通过政府采购的示范作用，影响国民认识和市场行为，提高自主品牌的知名度和影响力。

三 建立基于市场价值的科技人员成果价值界定体系

企业应当建立基于市场价值的科技人员成果价值界定体系。在建立这个体系过程中，应当始终遵循一个基本原则——市场价值原则，即在市场经济的条件下，技术成果的价值界定和科技人员相应的贡献量化不应脱离市场，而且其出发点应当是市场。现行的评估理论与体系之所以实用性不强，就是因为没有考虑市场的因素在科技成果价值界定中的作用，而我们的解决思路则充分考虑了市场的因素，即对于一项较为成熟的技术，衡量其投入生产后，在它的技术周期中究竟可以带来多少价值，然后确定其中技术的贡献，将这部分就作为该技术的价值；而对于其他还不够成熟或未投入生产的成果，则由专家对相关指标进行评分，运用运筹学中决策分析的方法，求出与上述已评估技术的相对重要性（价值间的比例），最后再加入一些系数进行修正，便可得出技术成果相对准确的价值。再由各方面的专家进行评分，确定技术人员的价值分成率，就可以较为准确地量化科技人员的贡献。具体解决方案如下。

（一）确定基准技术的价值

所谓基准技术，我们定义为投入生产时间较长、投入产出量和技术周期都较容易被预测的较为成熟的技术。其价值

$$V=\left[\sum F_t/(1+i)t+S/(1+i)n-C\right]\beta \tag{8-4}$$

式中，V 为技术的价值；F_t 为第 t 期工程项目的现金流量；S 为项目残值；C 为项目的成本；β 为技术收益率（贡献率）；i 为折现率

F、S、C 在实际工作中都比较容易确定，所以关键问题就是如何确定技术的收益分成率。确定了技术的收益分成率就基本确定了基准技术的价值 V，而技术收益分成率问题的理论依据即为“三分说”和“四分说”。“三分说”认为资金、管理能力和技术三个因素对企业产出起主要作用，其权重为各占 1/3 或 2∶2∶4；“四分法”则认为资金、劳动、组织和技术的作用各占 1/4。联合国工业发展组织在对印度等发展中国家引进技术的价格进行分析后得到结论，技术的收益分成率取值一般为 16%～27%最为合理。

根据联合国贸易和发展组织对各国技术贸易合同提成率的分析，如果是以净售价作为提成基础的话，各个行业有较大的差别。其中机械制造业 15%～3%、光学电子产品 7%～10%等。所以在实践中，应当根据具体行业确定收入提成率的范围，再采取专家分析法确定利润分成率的具体数值。在评分中应充分考虑到整个产业及企业具体的情况。

（二）确定其他技术与基准技术价值间的相对关系

假定决定技术价值的因素有技术成熟度、实用性、创造性和对未来科技经济发展的启示性等（针对特定的技术可以酌情增减某些指标）。由专家对这些指标的相对重要性进行评估，得出矩阵 A，A 中的元素 a_{ij}（i，$j=1$，…，n）是第 i 个目标对第 j 个目标的相对重要性的评估值（可以规定 a_{ij} 为 1～9 九个数字中的一个）。

$$A=\begin{pmatrix} a_{11} & a_{12} & \cdots & a_{1n} \\ a_{21} & a_{22} & \cdots & a_{2n} \\ \vdots & \vdots & \vdots & \vdots \\ a_{n1} & a_{n2} & \cdots & a_{nn} \end{pmatrix}$$

运用特征向量法

$$A\omega=\lambda \max \omega \tag{8-5}$$

式中，$\lambda_{\max}$为矩阵 A 的最大特征值。

另外问题受约束于

$$\sum \omega_i = 1 \tag{8-6}$$

假设在这个问题中只涉及四个属性，则由式（8-5）、式（8-6）可得，四个指标各自的权重

$$\omega=(\omega_1, \omega_2, \omega_3, \omega_4)^{\mathrm{T}}$$

然后由专家对其他技术（x_2，x_3，…，x_n）和基准技术（x_1）的四项指标分别打分（分值为 1～10 ），形成决策矩阵 B，如表 8-8 所示。

表 8-8 决策矩阵

技术	属性			
	y_1	y_2	y_3	y_4
	成熟度	创造性	实用性	启示性
x_1	b_{11}	b_{12}	b_{13}	b_{14}
x_2	b_{21}	b_{22}	b_{23}	b_{24}
⋮	⋮	⋮	⋮	⋮
x_n	b_{n1}	b_{n2}	b_{n3}	b_{n4}

$$U = B\omega=(u_1, u_2, u_3, u_4, \cdots, u_n)$$

式中，通过 u_1，u_2，u_3，u_4，…，u_n 间的相互对比，即可得到待评估技术与基准技术价值间的比例关系。

（三）确定技术的价值并修正

1. 待评估技术价值

$$V_i=\frac{u_i}{u_1}V, \quad i=2, 3, \cdots, n \tag{8-7}$$

2. 相应的修正

（1）修正中加入一定的转化系数 α（$0<\alpha<1$）。基准技术是已获得稳定收益的技术，而这些待评估技术并未投入生产，所以其价值应当是评估出的价值乘以一定的转化系数（度量技术投入生产的可能性）。

（2）技术具有共益性和风险的不确定性，所以在交易过程中其价值一般会低于理论评估价值。在具体实践中，可以给项目经理人或决策人以一定的权利，允许其在理论价值基础上，根据实际的情况实施一定的上下浮动。

（四）量化科技人员的贡献

对一项技术的发明，至少有社会环境、科技人员和科研设备等因素的作用。所以应当在管理、科研等部门选择专家对上述因素进行评分，从而得出科技人员的价值分成率 θ，科技人员贡献 $V' = V_i \cdot \theta$。需要注意的是对于每项特定的技术，其各项因素的作用都有较大的差异，所以对每项技术都应当分别进行认真的专家评估，而不应依赖于历史数据。

四 完善对技术人员的激励及成果保护机制

对于企业来说，吸引、集聚人才仅仅靠确定了他们的成果价值是远远不够的，建立一种完善的产权机制、创造长期有效的政策法律经济环境才是问题的关键。只有建立健全了这种机制，才能真正对科技人员的成果价值进行有效的保护，从而促进技术创新的发展。

（一）培育鼓励创新的企业文化，为技术创新提供良好的内环境

纵观国际知名大企业，特别是高新技术企业，几乎都拥有鼓励创新的企业文化，这种企业文化为它们技术的不断创新并一直处于领先的地位起到了很大的作用。在一个企业中，只有从管理层到普通员工都树立起尊重知识、鼓励创新的观念，才可能真正地尊重技术人员的成果，进而对其实施有效的保护。其中的措施包括减少组织结构层次，对科研人员实行直接领导，划拨特定的经费等等。

（二）实施适当的激励政策是企业鼓励技术创新的关键

在国外，技术入股是企业激励科技人员普遍采用的方式。技术人员将成果折价成公司股份，员工凭借拥有的公司股份参与分红。这种方式使知识与资本紧密结合起来，并可以通过将科技人员的收益与企业发展状况密切联系而激发其内在动力，因此成为世界上对技术人员进行激励所普遍采用的手段。但是在中国大面积地推行技术入股模式还有一定的困难。首先，据有关研究，大多数科技人员并不过多在意对企业财产的支配权和所有权，他们最关心的是财产的剩余追索权，即实现实在的利益。所以技术人员所持股份在一定期限后或一定条件下，应该允许部分或全部出卖，只有这样才能确保技术成果的价值得到保护和体现。但我国资本市场还不够成熟，市场窗口量偏小，企业上市还比较困难，特别是缺乏二板市场，大量依赖技术成果的高新技术企业无法上市。其直接后果就是技术股份缺乏必要的退出渠道，技术人员的股份很难变现；其次，

即使使用了前文所述的量化模型，由于客观环境的变化，模型预测中的偏差等因素也可能使技术投入生产后所产生的效益与之前预测的价值存在较大的偏差。而按预测价值对技术一次性折价入股再出现这种情况，缺乏必要的补救和调整措施。这不但会造成企业资产的流失，而且也有可能使科技人员在技术投入生产后，便不再注意对技术进一步完善与提高，在根本上不利于企业的技术创新和持续发展。

因此在现阶段，我国不应以技术入股为主要的保护方式（当然可以在具备条件的地区企业中使用），而应推行一次性奖励与期股制相结合的“一奖双酬”制度，具体措施是：职务发明授予专利权（或作为商业秘密保护）后，所在单位应对发明人和设计人给予一次性的奖励，而对其技术价值的剩余部分以期股制的形式发放，并视在技术推广应用中获得的经济效益与预期效益的对比情况酌情增加或减少期股数额。这样一方面仍然具有技术入股中资本和知识直接结合，技术人员收益与企业经营状况相联系的优点；另一方面，通过在一定比例上先实现技术价值的变现（通过一次性奖励），从而给技术人员以较大的激励，弥补退出机制的不足。同时，期股制的存在及相关制度的影响，则可以激励科技人员在技术投入使用后继续跟踪，并积极地进行改进与完善。

第四节　案例研究——华为的人才集聚机制

本节将以我国知名企业华为作为分析标的，具体分析我国企业是如何实现人才集聚的，在分析中，我们将采用 Ready 等（2008）的分析框架，结合华为的具体情况，研究我国企业在吸引利用人才方面应解决的问题和应采取的策略。

一　基于四因素的科技人才集聚分析

Ready 等（2008）对发展中经济体如何吸引和留住人才相关研究的成果，提出了一个新的分析框架，用以分析企业中科技人才的集聚问题。上述作者在对全球 20 多个跨国公司长达 8 个月的研究后，提出了影响企业吸引和留住人才的四个主要方面：品牌（brand）、个人发展机会（opportunity）、企业愿景（purpose）和企业文化（culture），本书称之为 BOPC 模型，这个分析框架提供了分析科技人才集聚的新角度。四个因素可以被分为两个方面：前三个因素是吸引科技人才的主要影响因素，而企业文化是留住科技人才的主要影响因素。四个方面贯穿于企业科技人才管理的整个过程。许多企业注重薪资和公司品牌声誉，而忽视了企业文化条件对科技人才集聚的影响作用，这成为科技人才流失的主要原因（图 8-10）。

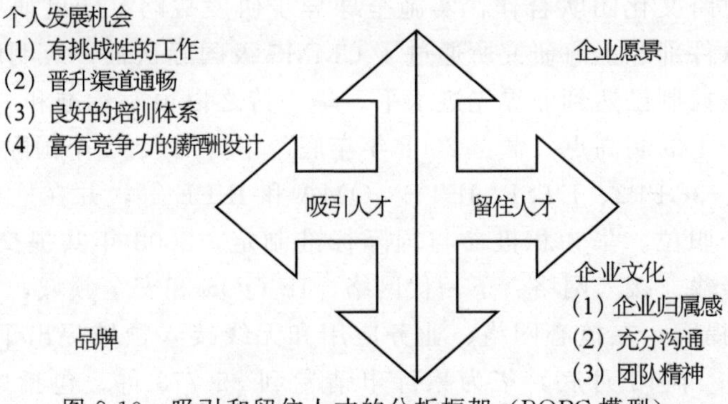

图 8-10　吸引和留住人才的分析框架（BOPC 模型）

二 华为的人才集聚机制

华为从一个仅有 2.4 万元的代理商起家，发展成现在每年销售收入达 60 亿美元的大企业，用短短的 20 年，占据了世界通信舞台的重要位置，引起业界广泛的关注。华为的发展离不开优秀的员工，科研人才是华为最大的财富，华为通过不断优化人力资源各个领域的管理，为员工提供良好的工作环境和事业发展的空间（图 8-11）来吸引和留住人才。

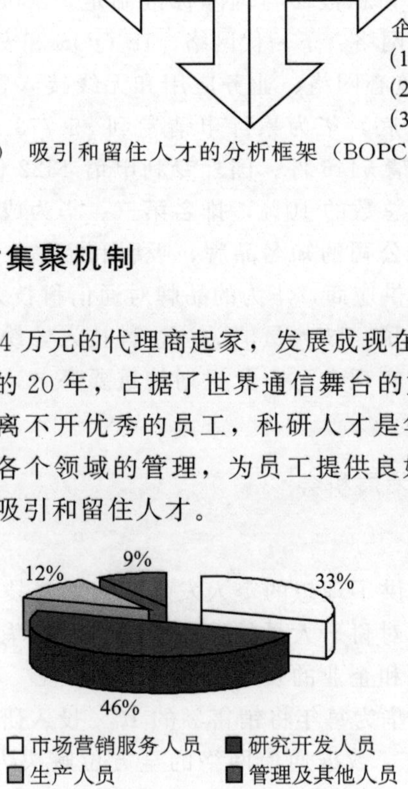

图 8-11　华为公司人员构成结构

华为公司进行科研人才集聚的策略有以下几个方面。

（一）实施品牌战略

围绕客户需求，华为不断提升其创新能力，长期保持不少于销售收入 10％的研发投入，并坚持将研发投入的 10％用于预研，对新技术、新领域进行持续不断的研究和跟踪。目前，华为在 FMC、IMS、WiMAX、IPTV 等新技术和新应用领域，都已经成功推出了新的产品。华为主动应对未来网络融合和业务转型的趋势，从业务与应用层、核心层、承载层、接入层到终端，提供全网端到端的解决方案，全面构筑面向未来网络融合的独特优势。在世界各地设立了研发机构，通过跨文化团队合作，实施全球异步研发战略。印度研究所、南京研究所、中央软件部和上海研究所通过了 CMM5 级国际认证，表明华为的软件过程管理与质量控制已达到业界先进水平。华为持之以恒对标准和专利进行投入，掌握了未来技术的制高点。截至 2008 年年底，华为加入 91 个国际标准组织，如 ITU、3GPP、3GPP2、ETSI、IETF、OMA 和 IEEE 等，并在这些标准组织中担任 100 多个职位。华为积极参与国际标准制定，2008 年共提交文稿 4100 多篇；在光纤传输、接入网络、下一代网络、IP QOS 和安全领域，华为已经提交了 1300 多篇提案；在核心网络、业务应用和无线接入领域提出了 2800 多项提案。截至 2008 年 12 月底，华为累计申请专利 35 773 件，包括中国专利申请 26 005件、国际专利申请 5446 件、国外专利申请 4322 件。在 LTE 领域，华为基本（核心）专利数占总数的 10%，排名第三。华为成为世界通信领域的先进技术的代表。华为依靠公司的知名品牌，吸引和招揽一流的人才。作为目前全球领先的电信解决方案供应商，华为的品牌对通信科技人员具有很强的吸引力，良好的声誉使华为赢得了科技人员的关注，科技人才纷纷加入华为。许多科技人员以工作在华为作为实现自己职业规划的重要环节，加入华为成为他们实现自身价值的途径。

（二）丰富的个人发展机会

1. 有挑战性的工作

华为为科技人才提供了理想的个人发展环境。科技人才来到华为能够迅速地接触到核心技术，这对科研人员的发展至关重要。华为“以技术为根本”的发展方式使人们对个人和企业的发展前景充满了信心。华为设有我国第一批企业博士后流动工作站。华为每年将销售额的 10%投入研究开发。华为已经能提供有线通信、无线通信、数据通信网络的全方位解决方案，产品涵盖了交换、接入、传输、移动通信、智能网、支撑网、数据通信、ATM、通信电源等主要通信领域。产品的关键部件全部采用自行设计的大规模集成电路芯片，设计精度 0.18 微米，达到世界先进水平。作为华为的科技员工，能够接触到世界上最先进的技术。这种公司和个人的良性互动，成为华为吸引科技人才的重要原因。

人力资源管理最具挑战的工作就是让合适的人去做合适的工作。尊重个人的发展和提高，充分发掘潜力，给科技人才提供最好的发展机会和实现个人自我价值的平台，才能以事业吸引人才，以企业美好的发展前景凝聚人才。华为在开发项目时，结合相关技术人员的特长、兴趣，设置了具有挑战性和发展潜力的岗位，使科技人才在工作中得到了充分的发展。这是科技研发人员未来发展的保证。

2. 晋升渠道通畅

华为在企业内部设置了两条平行的职业晋升通道：技术类——技术专家；管理类——行政干部。两类职位的级别基本对应，对应的级别享受相同的待遇。这样，华为的科技员工可以制定更明确的工作目标，选择适合自己的职业上升道路。既可以走技术专家的道路，也可以选择管理型人才晋升的道路。两条渠道的设置有效地拓宽了科技人才的晋升途径。

由于管理岗位的需求要比技术性岗位的需求多，所以，华为在设计职业通道时，有意识地强化了技术性通道，鼓励科技员工走专业化技术性专家的道路。在行政管理岗位的设置上严格把关，不断压缩编制，尽量做到行政管理人员的规模最小化。另外，增加专业及业务工作队伍的人数，引导科技人员不断提升技术水平，走资深专家的道路。这实际上是转变了华为的科技人才观念——以能力而非职位定位自己的职业生涯，科技员工可以根据自身特点和业务发展，为自己设计切实可行的职业发展道路，并通过不断提升自身科研生产能力，逐步实现职业发展规划（图 8-12）。

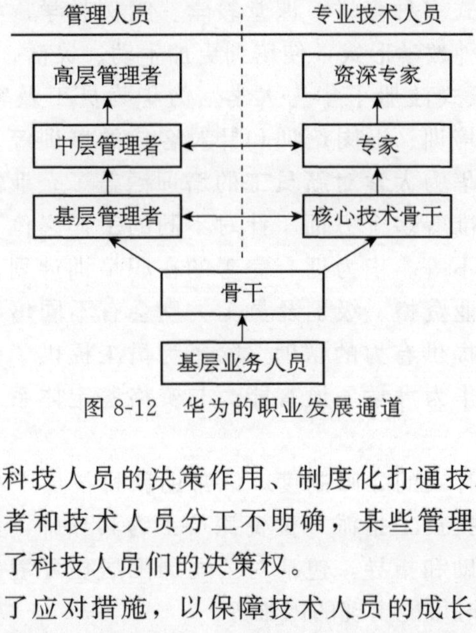

图 8-12 华为的职业发展通道

在实际工作中，科技人员的决策作用、制度化打通技术任职通道仍然存在一些问题。由于管理者和技术人员分工不明确，某些管理者过多干预了技术决策，一定程度上剥夺了科技人员们的决策权。

为此，华为启动了应对措施，以保障技术人员的成长和作用发挥：根据公司的发展战略及业界经验，在各部门设立技术任职岗位配置模型，将科技专家的培养纳入例行工作中。在已经建设的技术任职通道建设基础上，实施高端技术任职公示及任命技术副总裁等，这激励了科技人员的工作积极性，对员工的发展起到了积极牵引作用。华为制定了相应的流程和制度，保证技术专家享有与同级别管理者同样的考评和薪酬待遇，将被行政管理者剥夺的技术决策权归还给科技人员。保留职务上的公平竞争机制，坚决推行能上能下的晋升制度。

华为遵循人才成长规律，依据客观公正的考评结果而不拘泥于资历与级别，按公司组织目标与事业机会的要求，依据制度性甄别程序，对有突出才干和突出贡献者实施破格晋升。通过这样的做法，华为把危机意识和压力传递到每一位员工，通过无依赖的压力传递，使科技人员的内部机制处于激活状态。华为实行自由雇佣制，可以使每个员工成为自强、自立、自尊的强者。人才流动是市场经济发展的必然，华为保持着很高的人才流动量，但公司科技人才的存量近几年却不断增长。良好的晋升渠道为华为吸收了更多的优秀科技人才。

3. 良好的培训体系

华为公司将持续的人力资源开发作为实现人力资本增值的重要途径。实行在职培训与脱产培训相结合，自我开发与教育开发相结合的开发方式来进行人力资源开发。个人的发展是员工普遍关注的方面，而培训是促进个人发展的一个重要手段。在瞬息万变的社会，如果没有培训、没有获取新知识的机会，个人必将被社会淘汰。培训已越来越成为吸引、保留和开发科技人才的一项重要举措。在这种思想指导下，华为建立起完善的系统化、个性化技术员工培训体系。华为员工培训方式多种多样：课堂教学、案例教学、实际操作、工程维护实习和网络教学等多种教学形式，使培训更加生动、灵活。

华为在 2005 年正式注册了华为大学，为华为员工及客户提供众多培训课程，包括新员工文化培训、上岗培训和针对客户的培训等。为帮助新员工尽快适应公司工作环境，华为大学对新员工的培训涵盖了企业文化、产品知识、营销技巧及产品开发标准等多个方面。针对不同的工作岗位和工作性质，培训时间从一个月到六个月不等。华为拥有完善的在职培训计划，包括管理和技术两方面。针对不同的职业资格、级别及员工类别会有不同培训计划，从而为每个科技员工的事业发展提供有力的帮助。除了为员工提供了多种培训资源，帮助其进行自我提高外，华为大学还设有能力与资格鉴定体系，对员工的技术和能力进行鉴定。

华为建立了一套有效的导师制度，以帮助新科技员工尽快适应华为。部门领导为每一位新入科技员工指派一位资深员工为其导师，为其答疑解惑，在工作生活等方面进行帮助和指导，包括对公司周围居住环境的介绍，及帮助他们克服刚接手技术项目时可能出现的困难等。

在新员工成为正式员工的三个月里，导师要对新员工的绩效负责，新员工的绩效也会影响到导师本人的工作绩效。在每个部门，华为配有一支资深的教授专家团队，为员工提供技术顾问支持；团队成员大多为来自各所名牌大学的教授，以及一些研发中心退休的老专家。他们利用自己丰富的工作和生活经验，向员工提出富有成效的建议。

华为与大学等科研机构进行互动，建立企业与大学、科研机构合作培养企业科技人才队伍的共建机制，鼓励企业与大学科研机构联合培养研究生，共同培养企业所需要的各类创新人才。为推动高校网络技术教育和人才培训，并为华为培养后备力量，华为在2002年年底全面启动了网络学院计划，推进高校开展实用、高效的网络教育课程，在全球范围内推出网络教育计划，加入该计划的机构将作为华为的培训合作伙伴，开设华为网络学院课程，并得到持续的技术培训和支持。

在高校看来，华为网络学院是对高校现有课程的有益补充，提高了学生工程实践素质，增加了学生的就业机会。这种培训活动使学生在学校就开始了解华为、接触华为，逐步接受华为价值观，毕业后选择华为的概率更大，对于华为来说，其需求的专业人才稀缺的局面将逐步得到改善。随着一批批接受过华为网络学院培训的学生毕业，华为在科技人才战略上就占据了主动地位。

华为给员工的回报中有很大的一部分就是给员工升职、培训的机会等，因为华为觉得给员工机会比给金钱更重要。华为在这方面引入了国际先进的员工培训经验，培养出了一大批懂技术、懂国际规范的职业化的工程师和管理者。在华为人力培养中，有一个“资源池”的概念，即不同的人才在不同的“资源池”内进行培养。这个人希望当一个系统工程师，公司就通过设计一些课程，并且让他在一定的项目里担当适当的职位，通过一定工作实践的锻炼，使他经过考核从零级变成了一级，再从适合一级系统工程师的发展空间经过实践和课程就变成了二级或三级。同样，培养项目经理就用项目经理资源池。在考核方面，华为提出了一个“为改变而考核”的思路，即不是为了考核而考核，考核是为了指出他的问题在哪里，确定他下一步改进的方案。考评时不但要考虑这个月的工作贡献，还要考虑员工的进步大小。所以华为的每一个科技员工既有个人成才的长远规划，又有眼前的改进目标，个人目标与企业发展有机地结合在了一起，是华为科技人才集聚的原因。

4. 富有竞争力的薪酬设计（以贡献评价员工）

华为有着公平的薪金和激励机制。根据薪酬调查数据，一个行业中最具竞争力的企业通常不是行业中薪酬最高的。薪酬高低并不能完全决定人才的去留，有些人才跳槽不是因为原企业给的钱少，而是因为给得不公平。在企业的人员流失中，对薪酬不满而引发的流失比较普遍。员工因为薪酬问题而离职不外乎就是觉得薪酬不公平。所以企业薪酬的制定一般要遵循对外要有竞争、对内要公平的原则。建立客观公正的绩效评价和激励体系。通过体系的运作，使每个人的工作业绩、工作态度、工作能力得到客观公正的评价，这有利于科技人才的稳定。

以贡献评价员工，而不是以知识来评价员工，这是华为企业价值评价体系和价值分配体系竞争性和公平性的客观基础。知识是学校评价学生的重要依据，企业与此不同。华为是以员工的贡献进行评价的。进入华为不意味着高薪，因为华为是根据贡献确定报酬、根据责任确定待遇。

企业和员工的关系不再是简单的雇佣和被雇佣的关系，从更深层次上看，两者已经变成一种互相合作的关系，是一种共同分享所创造出来的价值的合作关系。只有企业愿意和员工分享，员工才能以最大的积极性和热情投入工作中，企业也才能获得更大的利益。华为深刻地认识到这一点，除了给员工提供在中国企业中排在前列的待遇外，还通过知识参与分配等多种形式和员工分享价值：华为每年会根据员工的工作年限让员工认购公司的内部股票，共同持股，共担责任与风险，结成企业与科技员工的利益与命运共同体；通过股权结构的合理调整和配股倾斜，形成企业科技力量的核心层、中坚层；年终根据企业利润为每个员工分得一笔可观的奖金，在内部契约的基础上形成股权的动态分配——企业持续发展的动力机制，并使人力资本不断增值；认同华为的模范科技员工，对其进行激励，同时吸纳外界的优秀科技人才。在利益共享的原则下，诸多高校的毕业生和大量业界优秀通信人才归入华为，极大地增强了华为的技术研发能力。

（三）公司愿景

企业愿景是企业战略发展的重要组成部分，是根据企业现有阶段经营与管理发展的需要，对企业未来发展方向的一种期望、一种预测、一种定位，并通过市场的效应，及时有效地整合企业内外信息渠道和资源渠道，以此来规划和制定企业未来的发展方向、企业的核心价值、企业的原则、企业的精神、企业的信条等抽象的观念或姿态，以及企业的使命、存在意义、经营方针、事业领域、核心竞争力、行为方针、执行力度等细微性的工作。从而让企业的全体员工及时有效地通晓企业赋予的使命和责任，使企业在计划—实行—评价—反馈的循环过程中，不断地增强自身解决问题的力度和强度。

华为能够吸引人才，并留住人才，原因有很多。除给人才以极大的发展空间，并有着合理的人力资源管理之外，华为非常注重科技员工对公司愿景的认同。华为建立之初就确立了如下愿景。

丰富人们的沟通和生活，华为致力于人人享有基本通信和信息业务的权利，在进行商业活动的同时，关注社会与环境的可持续发展，努力消除数字鸿沟，通过通信为人们提供更多更好的工作、生活、教育和机会等，不断丰富人们的沟通与生活。

聚焦客户关注的挑战和压力，提供有竞争力的通信解决方案和服务，持续为客户创造最大价值。为客户服务是华为存在的唯一理由；客户需求是华为发展的原动力。质量好、服务好、运作成本低，优先满足客户需求，提升客户竞争力和赢利能力。持续管理变革，实现高效的流程化运作，确保技术项目的优质交付。鼓励员工积极参与社会捐助及社区志愿者活动，引导我们的供应链伙伴达到社会责任体系的要求，共同创造良好的生存空间，共享价值链的利益。并倡导员工把国家前途、民族命运、企业的兴衰、个人得失、家庭幸福看成一条生命链。倡导一个团结向上的企业文化，用企业的成功来激发所有员工的成就感，使得他们能够认同企业，愿意为企业作贡献，并能从中得到乐趣。

(四) 企业文化

1. 企业归属感

一个企业如果缺乏集聚科技人才的企业文化，待遇再好技术人员也不会留下。企业文化是企业组织在其发展过程中形成的组织成员所共同信仰的管理哲学、行为规范和价值体系的总和。良好的企业文化是增强激励效果、提高员工满意度的重要保证，因为企业文化能为公司科学合理的薪酬体系的顺利实施提供人尽其才的环境。世界各国企业的实践已充分证明了企业文化的重要作用。在IBM、索尼、通用电气及我国的海尔等众多著名企业的成功过程中，公司强有力的企业文化对企业竞争力的增强起到了决定性的作用。华为以其特有的远见卓识从成立的那一天起就认识到“资源是会枯竭的，唯有文化生生不息”，时刻注意精心培育华为的企业文化，并自觉地将这种独具特色的文化注入企业的经营管理活动之中，从而产生了巨大的文化管理效能。在企业文化的昭示下，华为留住并吸引了很多难得的人才。

华为还与国内几所在业内具有领先科技水平的著名高校建立了定向关系，院校负责专业知识和技能的培训，华为负责为院校提供经济资助和企业文化培训，学生毕业后到华为工作。还在这些名牌大学里设有专门的奖学金（奖励学业优秀的学生）、奖教金（奖励教学有突出贡献的老师）、贷学金（帮助那些经济困难的学生）。设立了华为科研开发基金，只要开发的项目对华为有利，就会得到支持。

华为通过这种先入为主、潜移默化的方式，使学生在学校期间就对华为有了强烈的归属感，对华为的企业文化理念有了强烈的认同感，以此培养忠于华为、认同华为价值观念、能够长期服务华为的大批员工。目前，公司核心层、科研中坚，多数都是华为与对口高校培养出来的，大约占总人数的70%。

2. 与专业技术人员进行充分沟通

华为管理层善于与科技人才沟通技术。作为企业的管理者，不仅要懂管理，还要懂技术。这是留住人才的重要因素。管理者只有了解技术，才能善于与人才沟通技术，更有利于理解技术人才。对于那些努力想留住技术人才的经理人来说，人际沟通技巧可能比他们的技术专长和公司的待遇政策更为重要。即使别的地方薪酬丰厚，技术人才也更愿意留在受到赏识的公司里工作。沟通不仅鼓舞了研发人员，也有利于研发队伍的稳定。

3. 作为个人和团队得到企业的承认

随着技术复杂程度的提高，学科的交叉，技术创新越来越依靠科研集体的智慧。随着企业规模的壮大、市场层次的丰富，华为的技术研发是通过团队实现的。无论是进行艰苦的研发，还是在市场上拼杀，没有团队精神是行不通的。华为充分认识到了这一点，华为的产品开发依靠科研人员，但不依赖个人技术，每个人都会开放自己，吸收他人的经验，形成一个和谐的奋斗集体，使集体智慧在产品设计、中试、生产过程中得到最佳的发挥，产品越做越精良。公司注重培育科技员工的团结合作、群体奋斗的精神。当员工适应了本职工作后，华为会更多地放松一些对个性的管理，让员工适当发展。这样科技人员个人和团队利益有机统一起来，都得到了实现。

4. 以科技研发人才为中心的发展战略

理想与信仰是华为人前进的动力。但是，人才的价值更需要有明确的体现。华为推崇"知识资本化"，其理论是：知识经济时代是知识支配资本，知识产权和技术的价值和支配力超过了资本，资本只有依附于知识，才能保值和增值。通过多年来在人力资源管理上的苦心经营，华为将一大批杰出人才网罗下。为了满足业务扩展的需要，华为还会继续扩大企业规模，尤其是加强研发力量。华为之所以在人才引进上下如此大手笔，在于其对未来市场竞争的清醒认识。

和众多高科技企业一样，华为认识到技术和管理的不断创新是企业生存和发展的关键，而优秀的人才是实现这些创新的主体，所以，人才越来越成为企业发展的根本。随着中国市场的迅速扩大，专业人才尤其是高级专业人才的短缺已经成为一个不容忽视的问题。对于国内基础相当的厂商来说，赢得了人才，便是在未来的市场竞争中抢得了先机，便是成功了一半。

三 分析结论

华为从代理商起家，利用短短20年，在世界通信舞台上占据重要位置，引起业界广泛的关注。华为的发展离不开优秀的科技员工，科技人才是华为最大的财富，通过不断优化人力资源各个领域的管理，为员工提供良好的工作环境和事业发展的空间。华为实施以科技研发人才为中心的发展战略使人才的价值得到明确的体现，为科技企业集聚人才提供了很好的借鉴。国内企业应该重视科技人员的引进与管理，不断探索新的模式和思路，激发其创造力和积极性，形成新的竞争优势，从而为国家自主创新做出贡献。

参考文献

陈春花，肖智星．2000．人才流动的微观动因分析．科技进步与对策，(6)：104-105.

陈惠雄．2003．人才流动中的知识定价与地区失衡．经济学家，(2)：72-77.

陈建辉．2005．人才流动基本理论及应用．中国人才，(12)：26-27.

陈学法．2005．人力资本与人力资本投资理论之比较．经济社会体制比较，(2)：114-119.

程玉莲．2005．企业文化建设与企业人才集聚．中南民族大学学报（人文社会科学版），(1)：180-181.

代谦，别朝霞．2006．FDI、人力资本积累与经济增长．经济研究，(4)：15-27.

戴园晨．2002．民营企业发展关键在人才战略．宏观经济研究，(11)：11-13.

杜恒波．2008．国内发达产业集群区人才开发经验及启示．北方经济，(4)：25-26.

杜闻贞．1990．城市人口经济分析．南京：南京大学出版社．

范剑勇，王立军，沈林洁．2004．产业集聚与农村劳动力的跨区域流动．管理世界，(4)：22-29.

封素敏，陈昭锋．2003．论科技园区的创业人才集聚机制．中国科技论坛，(5)：132-135.

侯风云．1999．中国人力资本形成及现状．北京：经济科学出版社．

侯风云．2007．中国人力资本投资与城乡就业相关性研究．上海：上海人民出版社．

侯亚非，王金营．2001．人力资本与经济增长方式转变．人口研究，(3)：13-19.

胡鞍钢．2002．从人口大国到人力资本大国：1980～2000 年．中国人口科学，(5)：1-10.

花军，罗庆玖．2006．扬州地区人才集聚状况调研与探讨．扬州职业大学学报，(3)：27-29.

加里·S贝克尔．1987．人力资本投资．北京：北京大学出版社．

姜怀宇，徐效坡，李铁立．2005．1990 年代以来中国人才分布的空间变动分析．经济地理，(9)：702-706.

姜守明．2002．论人力资源流动与社会保障制度．陕西经贸学院学报，(6)：9-14.

李宝元．2001．人力资本产权安排与国有企业制度改革．财经问题研究，(8)：31-36.

李光红，陈学中，孙丽丽．2006．高层次人才集聚与管理机制创新．理论学刊，(3)：37-39.

李京文，张国初．1997．现代人力资源经济分析——理论·模型·应用．北京：社会科学文献出版社．

李景山，雷金屹．2005．实施人才战略与黑龙江省老工业基地振兴．黑龙江社会科学，(5)：63-65.

李敏娜．2006．东北老工业基地体制创新之人才集聚战略．北方经贸，(5)：17-18.

李锡元，查盈盈．2006．人才生态环境评价体系及其优化．科技进步与对策，(3)：37-39.

李玉平．2003．营造人才成长和发展的良好环境．求实，(11)：162-163.

李忠民．1999．人力资本投资——一个理论框架及其对中国一些问题的解释．北京：经济科学出版社．

李仲生．2001．中国的经济开放与经济型人口流动．人口与经济，(6)：37-42.

廖建桥，黄书毅，刘智强．2007. 中国区域人才集聚合理性及其评价——中美500强企业地区分布的对比视．经济管理，（19）：76-81.
林双泉．2004. 人才汇集机制的形成简论．教育评论，27-29.
刘思安．2003. 论人才流失与智力引进．大学教育科学，（6）：18-20.
刘迎秋．1997. 论人力资本投资及其对中国经济成长的意义．管理世界，（3）：55-63.
陆根尧．2002. 经济增长中的人力资本效应——对中国高速增长区域的统计分析．统计研究，（10）：13-16.
栾敬东．2003. 流动人口的社会特征及收入影响因素分析．中国人口科学，（2）：66-71.
罗文标，黄照升，王斌伟．2003. 产业结构调整过程中人才结构的构建．科技进步与对策，（9）：117-119.
马新建．1999. 人力资本属性与人才资源流动，（3）：19-24.
牛冲槐，高祖艳，王娟．2007. 科技型人才聚集环境评判及优化研究．科学学与科学技术管理，（12）：127-133.
钱雪亚，邓娜．2004. 人力资本水平计量体系研究．浙江学刊，（6）：212-215.
仇光永，吴冰．2000. 一流人才流动的动因分析．科技管理研究，（5）：73-77.
瞿振元，李小云，王秀清，等．2006. 中国社会主义新农村建设研究．北京：社会科学文献出版社．
荣芳，何晋秋．2000. 国际人力资本流动的可持续性探讨．中国软科学，（6）：82-85.
荣芳，赵劲松．2000. 我国人力资本外流的成因分析及对策建议．科学学与科学技术管理，（12）10-14.
沈利生，朱运法．1999. 人力资本与经济增长分析．北京：社会科学文献出版社．
石军伟，付海艳．2001. 人力资本流动模型．中国人力资源开发，（4）：34-35.
石英．1994. 科技人才流动的“马太效应”探析．科学管理研究，（5）：75-77.
孙健．2001. 海尔的人力资源管理．北京：企业管理出版社．
孙健．2003a. 360度绩效考核．北京：企业管理出版社．
孙健．2003b. 核心员工的管理艺术．北京：企业管理出版社．
孙健．2003c. 学习型员工的培养．北京：企业管理出版社．
孙健．2003d. 员工忠诚度的培养．北京：企业管理出版社．
孙健．2004. 人力资源开发与管理．北京：企业管理出版社．
孙健，陈建林，李桂玲．2007a. 我国不同地区人才集聚的成本收益分析．经济问题探索，（6）：170-173.
孙健，盖丽丽．2008. 欠发达地区人才集聚陷阱研究．广东社会科学，（1）：24-30.
孙健，韩广智，游桂云，等．2004a. 科技人员成果价值的界定与保护．广东社会科学，（6）：65-69.
孙健，邵秀娟，纪建悦．2004b. 新兴工业化国家和地区人才集聚环境建设的经验及启示．中国海洋大学学报，（6）：170-182.
孙健，宋美丽．2010. 国外人才集聚模式的经验及对我国的启示．经济纵横，（2）：119-122.
孙健，孙启文，孙嘉琪．2007b. 中国不同地区人才集聚模式研究．人口与经济，（3）：13-18.
孙健，王东．2007. 中国四大企业的管理模式．北京：企业管理出版社．

孙健，王东．2008. 地方政府在人才集聚过程中的角色定位研究．中国海洋大学学报（社科版），（4）：48-52.
孙健，徐辉，张文静．2007c. 国有、民营、外资企业人才集聚模式比较研究．软科学，（3）：138-141.
孙健，尤雯．2008. 人才集聚与产业集聚的互动关系研究．管理世界，（3）：177-178.
孙健，张泉，朱建武．2003. 完善对技术人员激励及成果保护机制的政策建议．管理世界，（2）：147-148.
孙丽丽，陈学中．2006. 高层次人才集聚模式与对策．商业研究，（9）：131-134.
唐更华，黄荣斌，汪博天．2002. 硅谷高科技产业化的十大借鉴．深圳：海天出版社．
王宝荣．2007. 广西"人才高地"：人才集聚与自主创新互动机制．经济管理，（5）：63-66.
王东，孙健．2008. 基于 SPPD 分析范式的人才集聚机制研究．中央财经大学学报，（12）：90-96.
王海燕．2003. 从科学基础设施要素国际地位排名看我国科技发展状况——2003 年《洛桑报告》要点评述．调研报告．
王金营．2001. 人力资本与经济增长：理论与实证．北京：中国财政经济出版社．
王培根，牛敏．2002. 浅析高技术人才的国际流动．科学学研究，（3）：262-265.
王萍，章守明．2006. 区域人才集聚策略研究．经济问题，（11）：14-15.
王琦．2004. 对企业人才机制创新的探讨．生产力研究，（7）：138-140.
王乾亮．1998. 人力资本投资与可持续发展．山东医科大学学报（社会科学版），（1）：51-54
王晓羚，彭云雁．2005. 成都电子信息产业人才集聚研究．当代经济，（12）：53-54.
王永斌，蔡中宏．2005. 甘肃人力资源开发和人才集聚对策探讨．社科纵横，（6）：27-30.
魏艳春．2005. 现行人才流动政策存在的问题及其原因．中国人才，（12）：22-23.
西奥多·舒尔茨．1982. 教育的经济价值．吉林：吉林人民出版社．
西奥多·舒尔茨．1990. 蒋斌、张衡译．人力资本投资——教育和研究的作用．北京：商务印书馆：52-53.
夏业良．1999. 论人力资本投入与转移中的后发利益．市场与人口分析，（5）：14-17
向东．1997. 影响人才流动的非体制性因素．中国人才，（7）：4-7.
熊斌，李进，唐中荚．2001. 吸引海外留学人员回国工作的思考．武汉冶金管理干部学院学报，（3）：18-20.
熊启泉．1999. 中国农村国内生产总值（GDP）的估计：理论、方法及实证测算．统计研究，（1）：29-34.
徐国祥，檀向球．2001. 上海市人才指数体系及其应用研究．财经研究，（12）：36-43.
雅各布·明塞尔．2001. 人力资本研究．北京：中国经济出版社．
杨浩余，战炤磊．2003. 论人力资源流动壁垒与优化机制．现代管理科学，（9）：70-72.
杨立岩，潘慧峰．2003. 人力资本、基础研究与经济增长．经济研究，（4）：72-94.
姚先国．2006. 人才战略与区域经济发展．杭州：浙江大学出版社．
姚裕群．2000. 人才流动的体制环境与个人决策．中国人才，（10）：14-15.
俞启定．2003. 关于人才实行有偿流动的思考．北京师范大学学报（社科版），（3）：78-84.
詹姆士·J. 海克曼．2003. 提升人力资本投资的政策．上海：复旦大学出版社．

查奇芬，张珍花，王瑛.2003. 人才指数和人才环境指数相关性的实证研究——以江苏省为例.软科学，(5)：49-51.
张建武，李永杰.2005. 产业结构与就业结构互动关系及政策含义.广东经济管理学院学报，(1)：12-18.
张秀艳，徐立本.2003. 人才流动的经济学分析.吉林大学社会科学学报，(5)：118-123.
张玉兰.2005. 把握人才集聚规律推进人才集聚工程.中国人才，(12)：30-31.
张志刚.2001. 论大连建设北方人才高地的环境优势.大连大学学报，(5)：8-10.
赵曙明.2002. 新经济时代的人力资源管理.南京大学学报，(3)：34-42.
赵希男，王邦林，王玉琦.2006. 双因素理论在高校人才集聚过程中的应用.辽宁教育研究，(7)：31-33.
赵翔宇，姜宁.2003. 产业集聚与区域人力资本集聚.技术经济，(2)：22-23.
赵延东，王奋宇.2004. 当前我国城市职业流动的障碍分析.人口与经济，(5)：34-39.
赵玉勤.2002. 知识经济条件下的人力资本问题研究.武汉：湖北科学技术出版社.
赵志涛.2001. 人才流动中的非经济因素分析.科技进步与对策，(8)：110-111.
中国社会科学院农村发展研究所.2003.2002-2003 中国农村经济形势分析与预测（农村经济绿皮书）.北京：社会科学文献出版社.
朱达明.2001. 人才环境初探.中国人力资源开发，(7)：4-8
朱杏珍.2002. 人才集聚过程中的羊群行为分析.数量经济技术经济研究，(7)：53-56.
Armknecht P A，Early J F. 1972. Quits in manufacturing of their causes，(95)：31.
Arrow K J. 1962. The economic implication learning by doing. Review of Economic Studies，29：155-173.
Arthur L W. 1954. Economic development with unlimited supplies of labour. The Manchester School of Economic and Social Studies ，22：139-191.
Banister J，Taylor J R. 1989. China：surplus labour and migration. Asia-Pacific Population Journal，4 (4)：3-20.
Blackburn M L. 1994. Policy watch：the worker adjustment and retraining notification act. The Journal of Economic Perspectives，(8)：81-190.
Denison E F. 1968. The contribution of education to the quality of labor：comment. The American Economic Review，59 (5)：935-943.
Denison E F. 1967. Why Growth Rates Differ：Post War Experience in Nine Western Countries. Washington：Brosking Institution Press.
Embeddedness L D. 2000. Milieu and innovation among high technology firm：a Richardson Texascase study . Environment and Planning，32：891-908.
Harris J R. ，Michael P T. 1980. Migration，Unemployment and Development：A Two-Sector Analysis. The Economic Journal，60 (1)：126-142.
Krugman P. 1995. Development Geography and Economic Theory. Cambridge：MIT Press.
Krugman P. 1991. History and industry location：the case of the manufacturing belt. American Economic Review，81 (2)：80-83.
Krugman P R，Venables A J. 1990. Integration and the competitiveness of peripheral industry//

Bliss C，Braga de Macedo J. Unity with Diversityin the European Community. Cambridge：Cambridge University Press.

Lucas Jr，Robert E. 1988. On the mechanics of economic development. Journal of Monetary Economics，(22)：3-42.

Lucas R E. 1988. On the mechanics of economic development. Journal of Monetary Economics，34：95-124.

Malmberg A. 1996. Industrial geography：agglomeration and local milieu. Progress in Human Geography，20 (3)：392-403.

Malmberg A. 1997. Industrial geography：location and learning. Progress of Human Geography，21 (4)：573.

Massey D S，Arango J，Hugo G，et al. 1993. Theories of international migration：a review and appraisal. Population and Development Review，19 (3)：431-466.

Michael J P. 1980. Birds of Passage：Migrant Labor and Industrial Societies. Cambridge：Cambridge University Press.

Palivos T，1996. Government purchase and real interest rates with endogenous labor supply. Economic Record，(72)：332-340.

Petrakis P E，Stamatakisb D. 2002. Growth and educational levels：a comparative analysis. Economics of Education Review，(21)：513-521.

Piore M J. 1979. Birds of Passage：Migrant Labor in Industrial Societies. Cambridge：Cambridge University Press.

Ranis G，Fei J C H. 1961. A theory of economic development. American Economic Review，51：533-565.

Ready D A，Hill L A，Conger J A. 2008. Winning the race of talent in emerging markets. Harvard Business Review，(86)：62-70.

Romer P. 1990. Endogenous technological. Journal of Political Economy，98：389.

Romer P M. 1990. Endogenous technological change. Journal of Political Economy，98：71-102.

Romer P M. 1986. Increasing returns and long-run growth. Journal of Political Economy，94：1002-1037.

Schultz T W. 1960. Capital formation by education. Journal of Political Economy，68：571-583.

Schultz T W. 1959. Investment in man：an economist's view. Social Service Review，33 (1-4)：109-117.

Scott A J. 1986. High technology industry and territorial development：the rise of the orange country complex. Urban Geography，(7)：3-45.

Scott A J. 1988. Metropolis：from the division of labor to urban form. Berkeley and Los Angeles. California：University of California Press.

Scott A J. Storper M，1986. High technology industry and regional development：a theoretical critique and reconstruction. International Social Science Journal，(39)：215.

Scott A J. 1992. The spatial organization of a local labor market：employment and residential patterns in a cohort of engineering and scientific workers. Growth and Change，(23)：94-115.

Scott A. 1998. New Industrial Spaces: Flexible Production Organization and Regional Development in North America and Western Europe. London: Pion.

Stark O, Bloom O E. 1985. The new economics of labor migration. American Economic Review, 75 (2): 173-178.

Stark O, Taylor J E. 1991. Migration incentives. Migration types: the role of relative deprivation. The Economic Journal, 101 (408): 11-63.

Taylor L R, Taylor R A. 1977. Aggregation, migration and population mechanics, Nature, February.

Todaro M P. 1969. A model of labor migration and urban unemployment in less developed countries. American Economic Review , 59 (1): 138-148.

Uzawa H. 1961. On a two-sector model of economic growth. The Review of Economic Studies, (29): 40-47.

William F B, Nicole B, Simpson B. 2004. Public education expenditures and growth. Journal of Development Economics, (73): 583-605.

Zhao Y H. 1999. Migration and earnings difference: The case of rural China. Economic Development and Cultural Change, 47 (4): 767-782.

后 记

人才作为国家和民族发展的重要因素受到社会各界的广泛关注，吸引人才、集聚人才、增强地区的人才资源是发展经济、提升实力的重要途径，本书对人才集聚这一现象进行了理论和实证的研究，希望能够对人才理论创新和政策制定提供一定的借鉴。

本书得到了笔者主持的多项科研课题的赞助："十一五"国家重点图书出版规划项目、国家自然科学基金"我国人才集聚的理论分析与实证研究"（批准号：70573102），国家软科学"人才集聚环境建设研究"（批准号：2003DGQ1D062），国家软科学"科技人才向企业集聚的机制研究"（批准号：2007GXS3D107），以及教育部人文社科基金"基于SPPD分析范式的我国人才集聚模式研究"（批准号：05JA790074）。正是在这些课题的支持和赞助下，我们才有机会对人才集聚这一现象进行全面的研究，才取得了一些有价值的研究成果，本书正是对这些年来笔者有关人才问题研究的总结和汇报。因此，在本书出版之际，笔者在这里对国家自然科学基金委员会、科技部及教育部对本系列研究的支持表示深深的感谢！

在本书的写作及系列课题的研究过程中，笔者指导的多名研究生参加了这些课题的研究，他们是博士研究生盖丽丽、宋美丽、白全民，以及硕士研究生张泉、朱建武、吉晓莉、燕欣春、王晔、邵秀娟、武晓楠、王丹、尤雯、赵旖旎、康旺霖、张红、葛文红、徐辉、孙启文、花军委、陈建林等，对他们在其中付出的辛勤劳动，表示深深的感谢！

本书的写作及课题的研究吸收采纳了很多学者的意见和观点，如果说我们的研究能有些许成果的话，那也是在前人研究的基础上，因此，笔者对为我们提供过借鉴的学者表示诚挚的谢意！

对人才问题的研究还有很长的路要走，本书只是一个开始，在后续的研究中我们将会从更深的层面展开研究，也期望同领域的学者能够在这一问题上给予有益的指点，从而将人才集聚问题的研究推向前进！

孙 健

2013 年 12 月 27 日